Python desde el laboratorio

Estructuras de control

Teodoro Córdova Neri y Sara Arana Torres

EDITORIAL MACRO®

Python desde el laboratorio
Estructuras de control

© Teodoro Córdova Neri y Sara Arana Torres

Derechos reservados © Empresa Editora Macro EIRL, Lima – Perú
Primera edición: Empresa Editora Macro EIRL, Lima – Perú, julio de 2023

Primera edición: MARCOMBO, S.L. 2024

© 2024 MARCOMBO, S.L.
www.marcombo.com

Ilustración de cubierta: Jotaká

ISBN: 978-84-267-3766-3
D.L.: B 2726-2024

Impreso en Servicepoint
Printed in Spain

Libro ecológico
Impreso con papel procedente de bosques gestionados de manera eficiente, libre de cloro.

Teodoro Córdova Neri, MSc

Director del Instituto de Ingeniería de Software (IISOFT) y del Departamento Académico de Ingeniería de Sistemas y del Instituto de Sistemas UNI (FIIS). Egresado del doctorado en la especialidad de Ingeniería de Sistemas por la Universidad Nacional de Ingeniería. Magíster en Ingeniería de Sistemas y docente investigador en la Facultad de Ingeniería Industrial y de Sistemas de la Universidad Nacional de Ingeniería desde el año 1984.

Es consultor en tecnologías de la información en entidades públicas y privadas, y ha sido jefe de proyectos públicos en el Banco de la Nación y en la Municipalidad Metropolitana de Lima. También es autor de textos sobre programación de nivel universitario, como *Lenguaje de programación estructurada y sus aplicaciones en Borland C++5.02, Lenguaje interpretado Python, Sistemas operativos* y *Modelamiento dinámico en Stella*.

Ha participado como expositor en eventos académicos realizados en importantes universidades, como la Universidad de Buenos Aires (UBA) de Argentina, Universidad de Santiago de Chile (Chile), Universidad de Sao Paulo (Brasil) y el Instituto Tecnológico y de Estudios Superiores de Monterrey, campus Puebla (México). En Perú, ha sido expositor en la Universidad Peruana Unión, Universidad Los Ángeles de Chimbote y Universidad Femenina del Sagrado Corazón. Se ha desempeñado como catedrático en las siguientes universidades: Universidad Nacional de Ingeniería, Universidad Católica del Perú, Universidad San Martín de Porres, Universidad Femenina del Sagrado Corazón, Universidad Peruana Unión y Universidad Santiago Antúnez de Mayolo.

Dra. Sara Arana Torres

Docente universitaria y doctora en Ingeniería de Sistemas por la Universidad Nacional Federico Villarreal. Magíster en Gerencia en Estadística e Informática y licenciada en Estadística por la Universidad Nacional de Trujillo. Actualmente, es vicedecana de Investigación, directora de posgrado y de la Escuela Profesional de Economía Internacional en la Facultad de Ciencias Económicas de la Universidad Nacional Mayor de San Marcos. Asimismo, es asesora de trabajos de investigación y cuenta con una diversa producción intelectual y científica, como *Estadística en el quehacer cotidiano de profesionales y hombres de a pie* y *Modelo estadístico para determinar la demanda de textos escolares en la ciudad de Trujillo*. Actualmente, ejerce la labor de enseñanza en diversas instituciones, como la Universidad Nacional de Ingeniería, Universidad Nacional Mayor de San Marcos, Universidad Ricardo Palma, entre otras.

Índice }

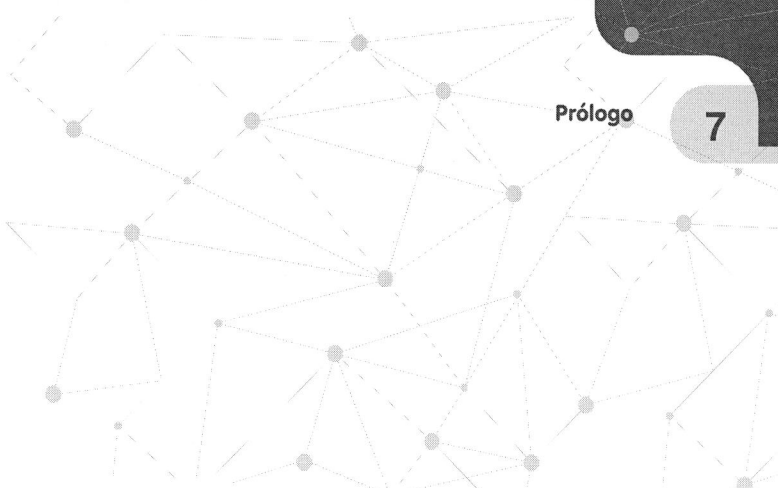

Prólogo

"Caminante, no hay camino, se hace camino al andar", dice el poeta. Aquí entregamos un deseo hecho realidad: mostrar un lenguaje de programación muy popular que crece sin límites y de código abierto, casi gratis, porque hay que trabajar programando en una forma elegante y fácil. Hoy se puede decir, hablando de sistemas, que existe una bifurcación o tenedor (*fork*), pues hay dos caminos: Python 2.x y Python 3.x. Esto no debe desanimarnos, pues ambos nos llevan al mismo destino para poner nuestros prototipos a trabajar lo más pronto posible. Para facilitar este proceso, junto con Python 3 se ha publicado una herramienta automática llamada 2to3. No hay divergencia y estamos en las manos del Dictador Benévolo de por Vida, su inventor Guido van Rossum.

Resumiendo, Python ofrece una gran base de código abierto, bibliotecas y marcos que facilitan el trabajo. Esto se debe al resultado de años de impulso en los que ha sido seleccionado una y otra vez para nuevos proyectos.

Este libro es producto de un arduo trabajo de Teodoro L. Córdova Neri, MSc, mi exalumno en la maestría que cuenta con estudios de Doctorado en Ingeniería de Sistemas en la Universidad Nacional de Ingeniería, quien hace realidad el sueño de un viejo profesor y es pionero en computación en dicha casa de estudios.

Para no cansar más, repetiré lo que los usuarios refieren sobre la filosofía Python, que es casi análoga a la de Unix. Se dice que el código que sigue los principios de legibilidad y transparencia de Python es "pythonico". Contrariamente, el código opaco u ofuscado es bautizado como "no pythonico" (*unpythonic* en inglés). Estos principios fueron famosamente descritos por Tim Peters, desarrollador de este lenguaje de programación, en el zen de Python:

a. Complejo es mejor que complicado.

b. Plano es mejor que anidado.

c. Los casos especiales no son tan especiales como para quebrantar las reglas.

d. Lo práctico gana a lo puro.

e. Frente a la ambigüedad, rechaza la tentación de adivinar.

José Portillo Campbell, MSc, PhD

Introducción

En la vida diaria, todas las personas toman decisiones para realizar sus actividades, sean estas en beneficio propio o en favor de las reglas del negocio en la empresa, con el fin de lograr el objetivo definido. En forma análoga, el ordenador, comandado por el programador, tiene que tomar decisiones de acuerdo con las instrucciones lógicas establecidas por él.

Por lo tanto, las estructuras de control son el conjunto de reglas o condiciones impuestas por el programador para controlar el flujo de ejecución de las instrucciones de un programa fuente. En la actualidad, la mayoría de lenguajes de programación estructurada u orientada a objetos o lenguajes, orientados a gestión de base de datos (SQL) o a inteligencia artificial, soportan o utilizan las mismas estructuras de control con diferencias en su sintaxis. Por ejemplo, en los lenguajes de inteligencia artificial, como Prolog (programación lógica), su sintaxis está basada en reglas o hechos con base en la estructura condicional compuesta.

En un lenguaje de programación estructurada, un cliente de una entidad bancaria que desea retirar su dinero del cajero automático usa la estructura condicional compuesta para validar su usuario y su clave. Se mejora cuando se complementa con la estructura repetitiva "mientras sea verdadero" para intentar ingresar nuevamente si existen errores.

Las estructuras de control permiten lo siguiente:

- La estructura If... then... else, al evaluar la condición, puede dar false o true, cualquiera que sea el caso para ejecutar un bloque de instrucciones.

- La estructura repetitiva while (condición) ejecuta una o más instrucciones cuando la condición es true y cuando es false no hace nada.

- La estructura while true vuelve a repetir una instrucción cuando el resultado de la condición es false, pero aquí debe definir un contador para controlar el número de errores.

- La estructura repetitiva for i in range(n) permite ejecutar un número de instrucciones conociendo el valor de n. El valor de n debe leerse o se debe inicializar.

Responsable principal

tcordova@uni.edu.pe

Córdova Neri, Teodoro L.

Universidad Nacional de Ingeniería (UNI)

Capítulo 1

Lenguajes compilados e interpretados

C++ es un lenguaje de programación compilado, pues tiene una interfaz en la cual se desarrolla el programa fuente. Luego, este se compila y si no existen errores, se crea automáticamente un programa denominado "ejecutable", el cual no requiere del programa fuente para su ejecución.

Se afirma que el programa ejecutable resultante es muy eficiente.

Los lenguajes de programación interpretadores, tales como Python, tienen una ventana interactiva para pruebas (IDLE) y una ventana de edición para crear los programas.

En la ventana interactiva se muestran los resultados, por lo que se requiere que el interpretador de instrucciones esté presente.

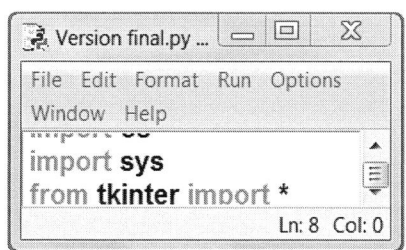
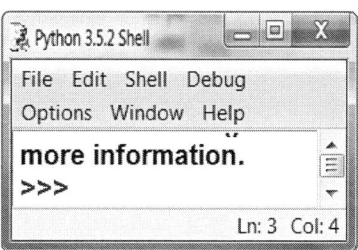

1.1. Características del lenguaje computacional Python

Los principales rasgos del lenguaje de Python son los siguientes:

a. Visión computacional

b. Computación científica y matemática

c. Estadística y optimización

d. Desarrollo de interfaz visual

e. Desarrollo de aplicaciones web

f. Interfaz para manejo de bases de datos

g. Interfaz con GSBD: SQLite

h. Se puede instalar en varias plataformas: Windows, Linux, etc.

1.2. Carga e instalación de Python

El traductor del lenguaje de programación Python es de dominio público. Se puede descargar e instalar para el sistema Windows de 32 o 64 bits, dependiendo de sus editores; por ejemplo, en el caso de Spyder, se debe especificar el sistema de 32 o 64 bits. También está disponible para otros sistemas operativos. Para descargarlo, se debe ingresar a la dirección https://www.python.org/.

1.3. Interfaz de edición de Python

Después de instalar y ejecutar la versión que se disponga, desde Windows se debe ejecutar el programa.

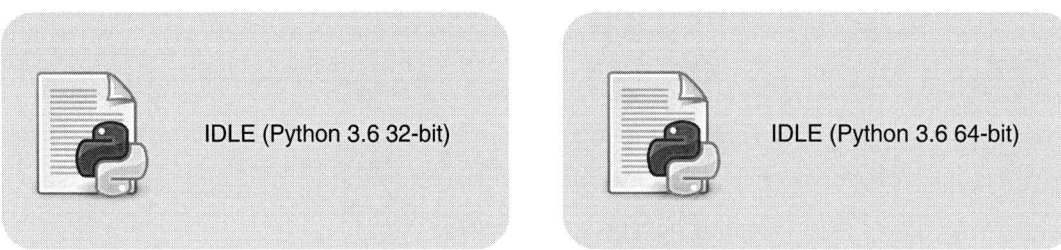

Luego se obtiene la interfaz donde se editarán las instrucciones que conforman el programa fuente.

Observación:

También se pueden ejecutar instrucciones desde la consola Python:

a. Si el programa está instalado, se puede ejecutar C:>python.

b. Ejecutar Edit with IDLE 3.6 (32-bit), que genera la interfaz principal o shell de Python.

1.4. Ejecutar el programa fuente

Se debe grabar y presionar F5. A continuación, se solicitan datos.

Aquí se pueden establecer todas las características del editor: tipo de letra, color de fondo y tamaño de letra, entre otras.

1.5. Carga de editores

Los editores permiten escribir el código Python.

1.5.1. Brackets

Desde Windows, se debe cargar el editor y, dentro de su interfaz de edición, se puede diseñar el programa respectivo. Desde la consola, se ejecuta el programa de la siguiente forma: se graba con el nombre de ejemplo.py o también "ejecutar" usando Python. Después, se debe presionar F5.

Brackets

1.5.2. Spyder

Spyder, de Anaconda, también permite editar código Python. Es un entorno de desarrollo en Python orientado a científicos y con características similares a MATLAB: editor con resaltado de sintaxis, navegador de clases/funciones, análisis de código y autocompletado de código.

Observación:

a. Se debe instalar Anaconda para que Spyder esté disponible.

b. Se debe verificar la versión de Spyder y su correspondiente versión de Python, después se puede ejecutar.

1.6. Desarrollo de interfaces gráficas con Tkinter (labels, buttons y entries)

Desarrollar aplicaciones con interfaces gráficas en Python es algo muy común, pero muchas veces es un reto. Tkinter es un módulo de Python que provee de funciones para el desarrollo de interfaces gráficas del usuario, tal y como se ilustra en el módulo de validación. Los datos de validación deben ser cargados desde una tabla, usando SQLite, o definidos dentro del código Python.

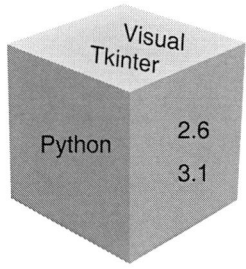

1.7. Elementos básicos para editar programas

Son los componentes elementales con los que se opera en el lenguaje Python.

a. Enteros:int.- Son números sin punto decimal.

b. Reales o números de punto flotante:float.- Números con punto decimal o expresados en notación de potencias de 10.

c. Complejos:complex.- Números expresados con una parte real y una imaginaria.

d. Cadenas de caracteres: str.- Expresiones encerradas entre comillas simples o dobles.

e. Valores lógicos: bool.- Puede ser true, que representa al valor lógico verdadero (1) o false, que representa al valor lógico falso (0).

1.8. Variables o identificadores

Para escribir variables se pueden usar letras mayúsculas y minúsculas, dígitos y guion bajo, pero deben comenzar con una letra o con guion bajo. Se pueden usar tildes.

1.9. Operadores

Son los símbolos utilizados para expresar las operaciones básicas en los programas.

Operación	Python
Suma	+
Resta	-
Multiplicación	*
División real	/
Potenciación	**

1.9.1. Operadores aritméticos

Se utilizan para escribir expresiones aritméticas. También se pueden usar los paréntesis ( ) para definir el orden de las operaciones. El resultado es un valor aritmético.

1.9.2. Operadores relacionales

Estos símbolos se usan para comparar valores. El resultado de esta comparación es un valor lógico: true o false. Por ejemplo, si n < 9, el resultado será true si el contenido de n es menor o igual que 9, en caso contrario, sería false.

Matemáticas	Python
<	<
>	>
≤	<
≥	>
=	=

1.9.3. Conectores lógicos

Estos símbolos se utilizan para construir expresiones lógicas. El resultado es true o false.

Matemáticas	Python
Conjunción: ∧	a
Disyunción: ∨	o
Negación: ~	n

1.9.4. Precedencia de operadores

Se debe considerar el siguiente orden: primero, las operaciones aritméticas; luego, las relacionales y, finalmente, las lógicas. Los paréntesis ( ) se pueden usar para definir con claridad la precedencia de las operaciones. Por ejemplo, en la expresión (63>1) and (10<12), la salida es true.

1.9.5. Operador especial

Considere lista = [1,2,4,3] entonces:

a. 2 in lista   **b.** 2 not in lista

1.10. Comentarios

1.10.1. Comentarios en línea

Usar ## para crear una línea en la que Python no tome interés.

1.10.2. Comentario en bloque

Usar "'''''"   < instrucciones >   "'''''":

"'''''

un comentario es un conjunto de líneas en las que Python no toma interés. Sin embargo, es importante para el programador, pues informa sin afectar la programación...

'''''

1.11. Operador de concatenación

Permite unir dos cadenas:

x='algo',   y='ritmos'

z=x+y

1.12. Desarrollo de programas

Se usa el editor para desarrollar un programa, el cual es la descripción de un algoritmo en un lenguaje de programación. Se debe considerar el término de encolumnado, es decir, por cada estructura y su bloque de instrucciones se debe ir "tabulando" de izquierda a derecha.

Ejemplo:

Mostrar el encolumnado bajo las estructuras de control en la teoría y, luego, la sintaxis de la aplicación en Python.

Solución:

Ejemplo:

Leer un número n y luego clasificar en números impares y pares. Mostrar la suma respectiva.

Solución:

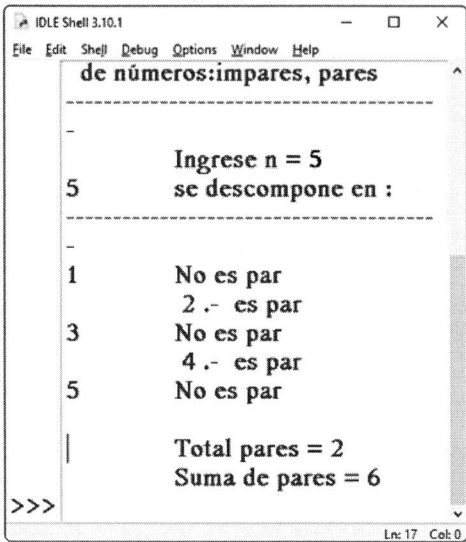

Ejemplo:

Diseñar un programa que permita ejecutar las siguientes instrucciones sobre la base de operadores relacionales con datos numéricos.

Solución:

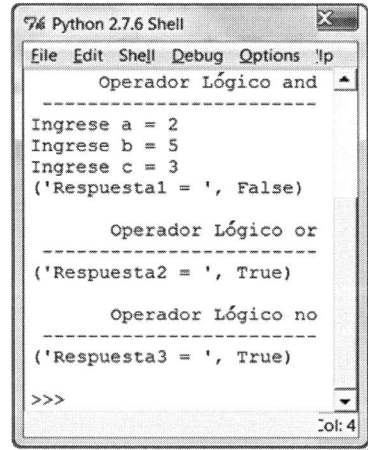

Ejemplo:

Diseñar un programa que permita ejecutar las siguientes instrucciones mostradas en código Python, usando operadores relacionales con cadenas.

Solución:

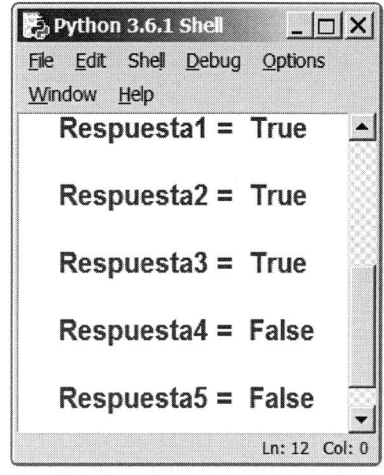

1.13. Conversión de tipos de datos

Siempre que el tipo de dato sea compatible, se puede convertir a otro tipo de dato mediante una especificación requerida. En las siguientes interfaces se ilustran algunas conversiones:

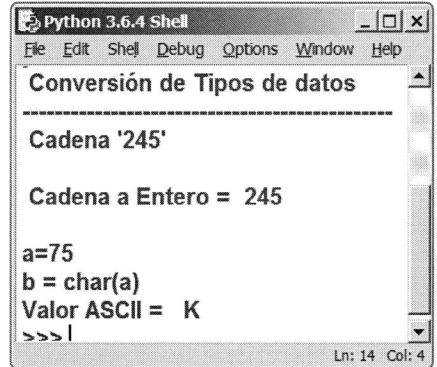

Ejemplo:

Diseñar un programa que permita leer un número n real y luego mostrarlo con formato real.

Solución:

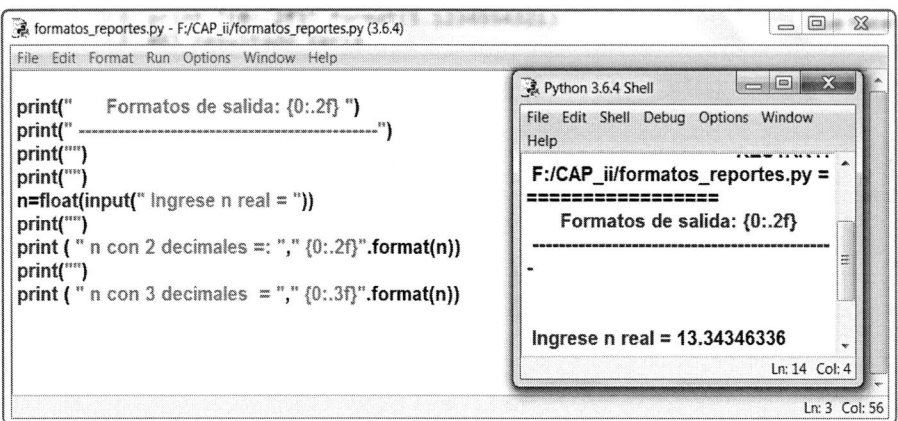

1.14. Formatos para salida/reportes

En todo sistema informático se debe realizar el proceso de reportes y, en especial, cuando se trata de datos cuantitativos como peso, promedios, edades, pago de facturas, etc. Entonces, se necesita usar los formatos de impresión con una cantidad de cifras decimales. Opcionalmente, la instrucción **"print"** puede incluir especificaciones de formato para mejorar la presentación de los resultados en un informe/reporte. Se requiere escribir una forma conocida de estas especificaciones entre comillas, precedidas del símbolo %. Sintaxis:

%cd, %c.pf, %cs, %c.pg

En donde c y p son el número de columnas y número de decimales o dígitos respectivamente, mientras que d, f, s y g se refieren, en ese orden, a datos de tipo entero (decimal), real (flotante), cadena (string) y en notación de potencias de 10.

Ejemplo:

Diseñar un programa que permita leer tres datos enteros y luego convertirlos a números reales. Asimismo, leer una cadena y asociarla con los datos numéricos.

Solución:

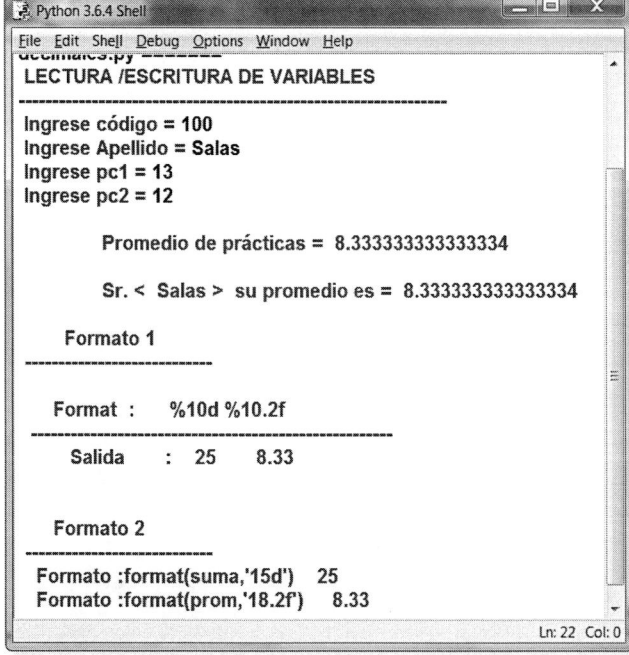

Ejemplo:

Diseñar un programa para leer un número n y luego mostrarlo en formato de entero, real, cadena o complejo.

Solución:

1.15. Uso de módulos: librerías

Los programas diseñados en Python se denominan módulos. Estos se deben almacenar con un nombre en alguna carpeta y después se pueden importar como una librería o ejecutar directamente.

El usuario también puede diseñar sus propias librerías y para ejecutarlas, debe importarlas según la siguiente sintaxis:

from módulo import función(diseñada por usuario)

Las funciones matemáticas comunes están en el módulo math. Por ejemplo, si se desea usar la función coseno, se puede escribir:

from math import cos

Ejemplo:

Diseñar un programa que permita mostrar hora y fecha en formato2.

Solución:

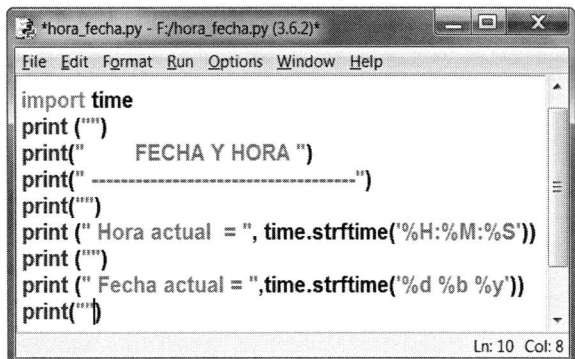
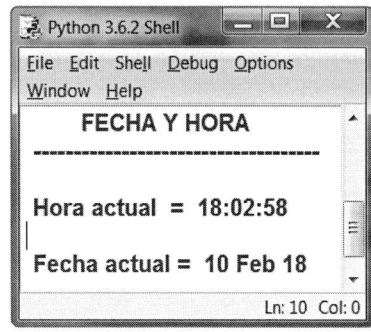

1.16. Funciones del módulo math

Las funciones del módulo math son las siguientes: exp(x), fabs(x), poe(a,b), etc.

1.17. Lectura y salida de datos

1.17.1. Lectura de datos

Mediante una o varias variables se realiza la lectura de cualquier tipo de dato por teclado, usando dos técnicas:

a. Nom_var=tipo_dato(input("mensaje de usuario")):
   Done:
   Nom_var: identificador definido por el usuario.
   tipo_dato: tipo de dato básico (int, float, str).

b. print((input("mensaje =",end=""):
   Nom_var=input()

Ejemplo:

Diseñar un programa que permita leer un número entero y una cadena.

Solución:

Considerar b identificadores, entonces, se define:

   a=int(input(" ingrese dato = ")): lectura de dato entero

   nomb=str(input("ingrese nombre =")): lectura de dato cadena

Observación:

Se puede leer un dato cadena sin usar str.

   nomb = input("ingrese nombre =")

Esta sintaxis se justifica debido a que Python, por defecto, procesa cadenas.

1.17.2. Informes o salida

La función **"print"** permite enviar mensajes o el contenido de resultados almacenados en variables. Sintaxis:

   print(" Mensaje ", nomb_var)

Donde **nomb_var** es una variable. Contiene la información a mostrarse por pantalla.

Ejemplo:

Diseñar un programa que permita leer dos variables de tipo enteras y luego mostrar la salida como la raíz cuadrada de la suma de los dos números.

Solución:

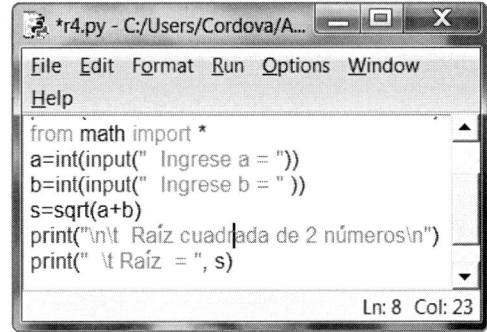
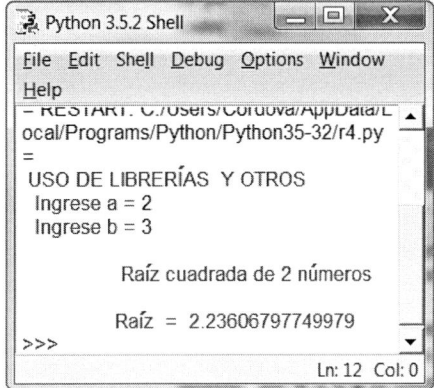

Ejemplo:

Diseñar un programa que permita inicializar cuatro variables con diferentes datos correspondientes a un curso. Después, mostrar los resultados mostrados en la interfaz adjunta.

Solución:

El informe se realizará desde la consola.

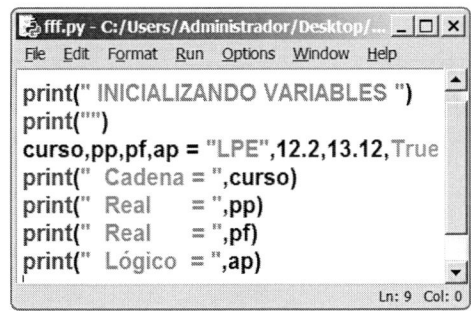

Ejemplo:

Diseñar un programa que permita inicializar la variable cod=30 y que en la variable prom almacene el promedio de tres prácticas. Hacer el reporte respectivo.

Solución:

En el programa fuente se inicializa cada variable y sus operaciones; luego, los resultados se ilustran en modo shell.

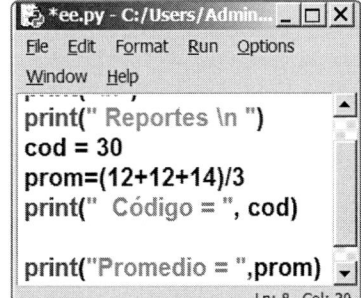
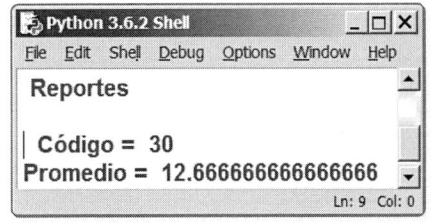

1.18. Documentación de los programas: comentarios

Los comentarios en los programas sirven para documentar su desarrollo, es decir, se puede conocer el rol de cada instrucción o grupo de instrucciones con la finalidad de que otro programador entienda su código y la tarea a ejecutar. Se puede usar:

a. Comentarios en línea: se utilizan los símbolos ##.

b. Los comentarios en bloque se escriben de la siguiente manera: """" instrucciones """".

Ejemplo:

Diseñar un programa que permita mostrar comentarios en línea y en bloque (no serán vistos en la consola).

Solución:

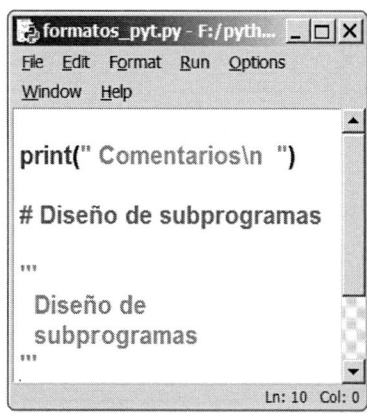
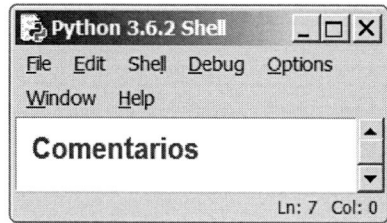

1.19. Encolumnamiento de programas/instrucciones

En las estructuras secuenciales no se nota el encolumnamiento, pero sí en las estructuras repetitivas, condicionales, entre otras en las que se diseñan bloques.

Ejemplo:

Diseñar un programa que permita calcular el área de un triángulo, donde los lados son ingresados desde el teclado.

Solución:

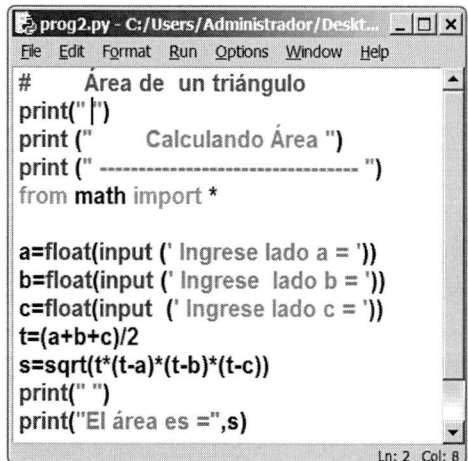
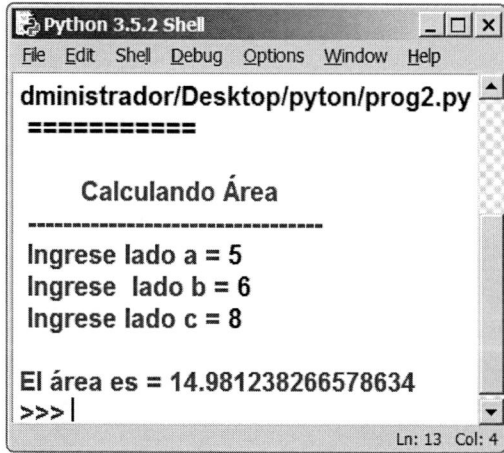

Ejemplo:

Diseñar un programa para leer tres prácticas calificadas y luego mostrar el promedio respectivo.

Solución:

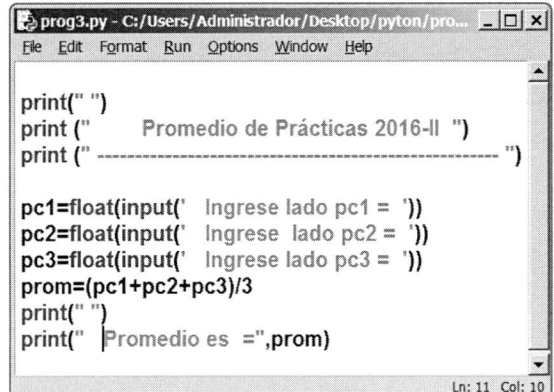
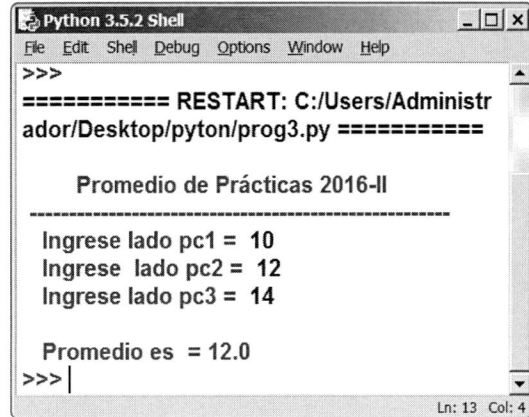

Ejemplo:

Diseñar un programa para leer dos números, a y b, y que después calcule la potencia del número a elevado al número b, así como la raíz cuadrada de la suma de los números a y b.

Solución:

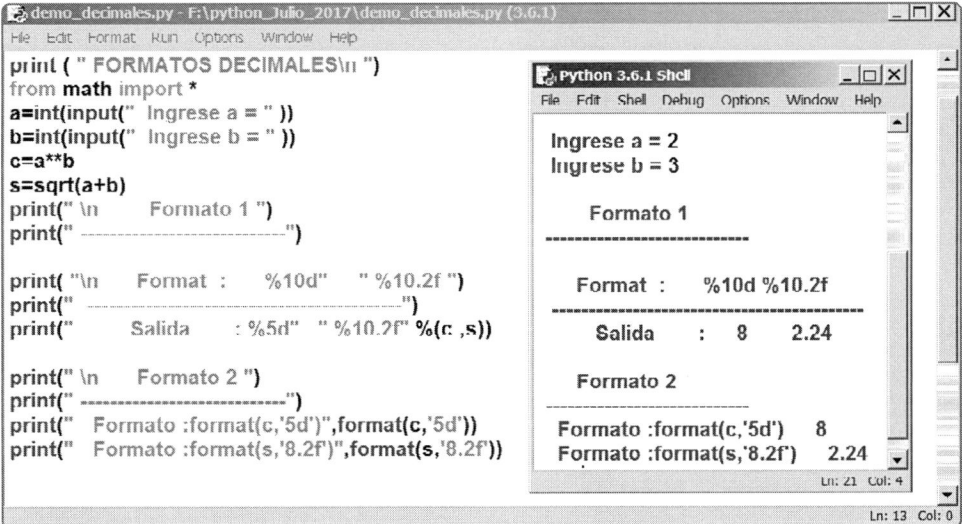

1.20. Funciones parte entera y resto

Son requeridas en procesos matemáticos o aritméticos.

1.20.1. Función parte entera (//)

Trunca los decimales del resultado de la división y devuelve la parte entera.

1.20.2. Función resto (%)

Devuelve el resto de dividir dos números enteros.

El cociente y resto de una división están relacionados con el dividendo y divisor mediante

dividendo = divisor* cociente + resto

dividendo ↘ ↙ divisor
17 | 5
2 3
resto ↗ ↖ cociente

Ejemplo:

Diseñar un programa que permita leer un número entero de tres cifras y luego mostrarlo en forma invertida. No usar estructuras repetitivas.

Solución:

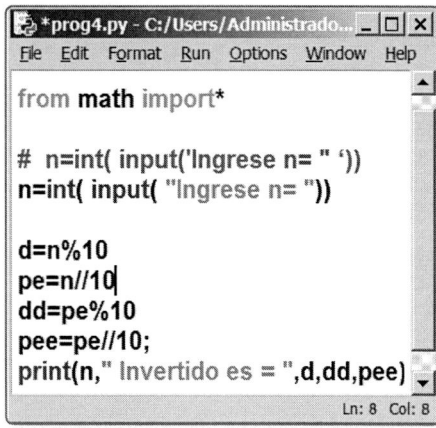

1.20.3. La función divmod

Sean a y b dos números, entonces, la función divmod devolverá la parte entera y el resto.

Sintaxis:

$$\textbf{divmod(x,y)} \text{ devuelve el par } \textbf{(x//y, x\%y)}$$

Ejemplo:

Diseñar un programa que permita leer dos números enteros, a y b, y muestre el resto y la parte entera.

Solución:

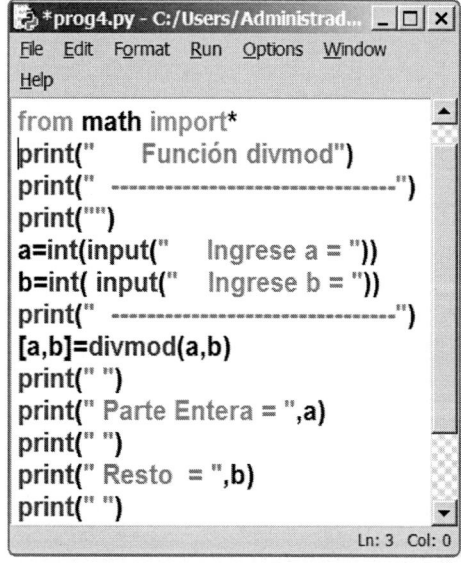
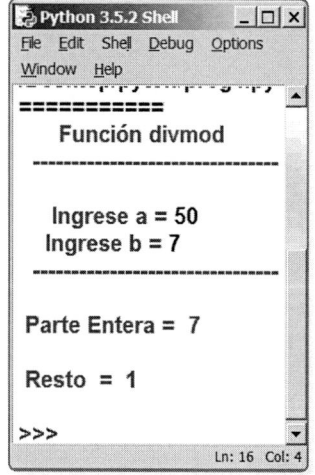

1.21. Números aleatorios

Se pueden generar números aleatorios, mediante la sintaxis a continuación:

from random import*

Algunas funciones básicas del módulo random son las siguientes:

a. Generar un número aleatorio real en el intervalo semiabierto.

[0, 1) : random()

b. Generar un número aleatorio entero en el intervalo [a, b] incluyendo los extremos.

randint(a,b)

c. Iniciar una secuencia de números aleatorios con una semilla dada.

seed(n)

La semilla n es un entero positivo. Es un valor que usa el generador de números aleatorios para construir la secuencia. El uso de seed es opcional. Si se especifica, debe escribirse al inicio.

Ejemplo:

Diseñar un programa que permita mostrar un elemento de una lista denominada dato1 en forma aleatoria. Asimismo, mostrar en forma intercambiada los valores de la lista dato2.

Solución:

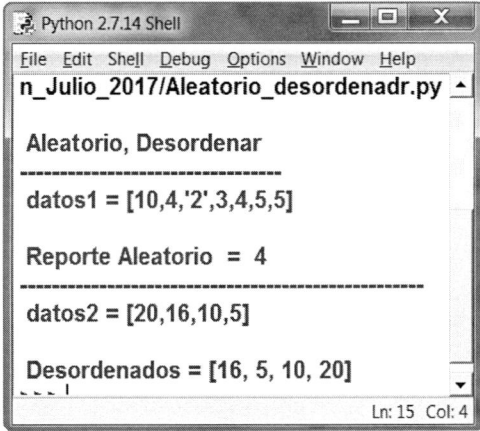

Ejemplo:

Diseñar un programa que permita generar en forma aleatoria un número entero. Obtener resultados en forma aleatoria de un rango de dos enteros y luego hacer los informes respectivos.

Solución:

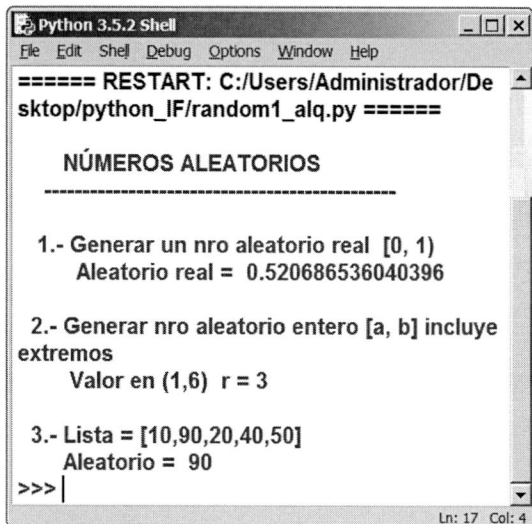

Ejemplo:

Diseñar un programa que permita mostrar opciones a color.

Solución:

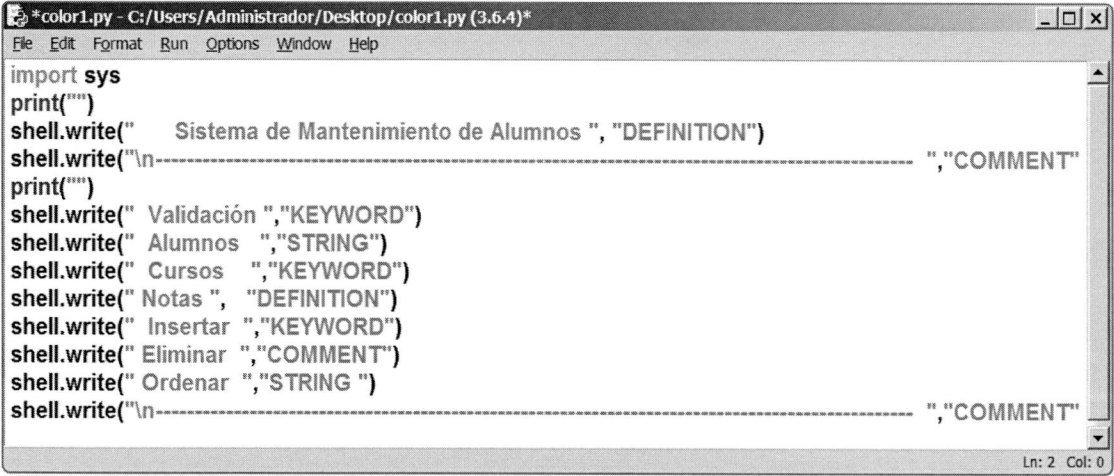

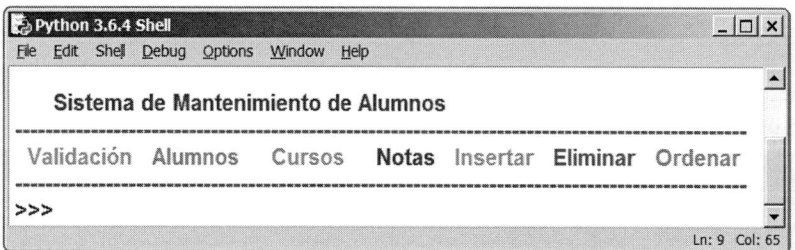

1.22. Comportamiento de los sistemas usando contador y acumulador

Para estos procesos se usa el concepto de contador, que para este caso pueden ser años, meses, días, minutos o segundos, y el concepto de acumulador, que puede ser creciente, estable o decreciente.

a. Forma creciente: para este caso se usa el concepto de acumulador.

b. Forma decreciente: también se usa el concepto de acumulador en forma decreciente.

c. Forma estable: cuando se usa el acumulador de entrada al sistema en una cantidad q, entonces, sale también una cantidad q en un tiempo t.

Se puede aclarar lo mencionado con el siguiente ejemplo de una campaña navideña. La empresa, a la fecha, puede tener en su almacén una cantidad inicial de 50 (acumulador) panetones, pero desea tener 200 para Navidad. Entonces, la reducción puede estimarse en forma mensual (contador: mes). Además, se realizarán los siguientes procesos de producción en cada mes:

a. Octubre: 50. Entonces, almacén (acumulador) aumenta a 100.

b. Noviembre: 50. Entonces, almacén (acumulador) aumenta a 150.

c. Diciembre (hasta el 16): entonces, almacén (acumulador) aumenta a 200.

Se observa que el contador pasa por los meses 1, 2 y 3, y el acumulador (almacén) aumenta, es decir, es creciente y su comportamiento en almacén es creciente.

Se llega a diciembre con un acumulado de 200 panetones cuando se inician las ventas y, como consecuencia, se tendrá un comportamiento decreciente.

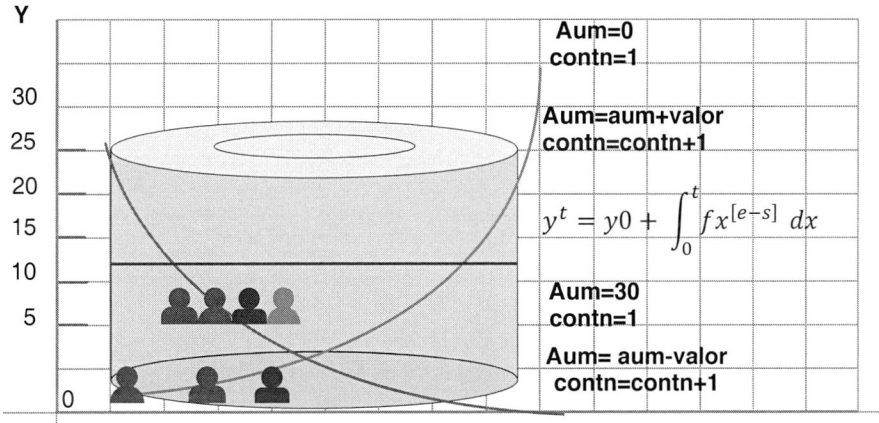

Comportamiento del sistema = entrada, cantidad, salida

1.22.1. Contador

Un contador es una variable cuyo valor se incrementa o disminuye en una cantidad constante cada vez que se produce un determinado suceso o acción. Sintaxis:

contador = contador ± constante

Los siguientes ejemplos pueden ilustrar lo mencionado:

a. Informes: cant_Empleados = cant_Empleados + 1

b. Colegio: cant_Alumnos = cant_Alumnos + 1

Observación:

Se debe inicializar un contador en 0 / 1.

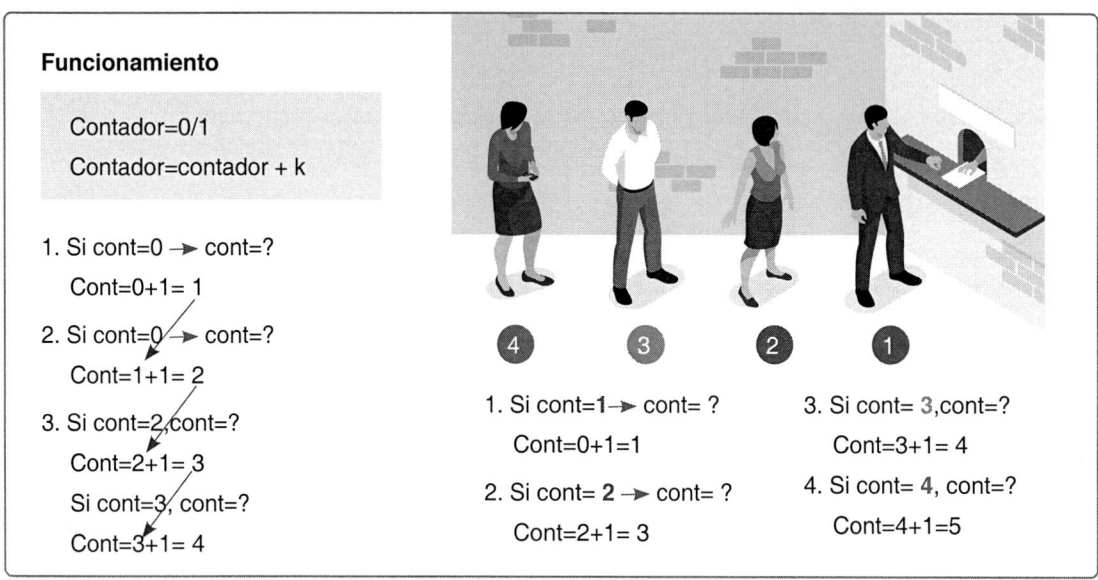

Funcionamiento

Contador=0/1

Contador=contador + k

1. Si cont=0 → cont=?

   Cont=0+1= 1

2. Si cont=0 → cont=?

   Cont=1+1= 2

3. Si cont=2, cont=?

   Cont=2+1= 3

   Si cont=3, cont=?

   Cont=3+1= 4

1. Si cont=1→ cont= ?

   Cont=0+1=1

2. Si cont= 2 → cont= ?

   Cont=2+1= 3

3. Si cont= 3, cont=?

   Cont=3+1= 4

4. Si cont= 4, cont=?

   Cont=4+1=5

La figura muestra una cola de usuarios que solicitan un servicio. Se atenderá a tres personas. En este caso, se usa el siguiente contador: Nro_ personas.

Obs. Tiempo: no usar variables, porque cada persona requiere de tiempos diferentes para recibir atención.

Ejemplo:

Diseñar un modelo matemático que permita conocer el comportamiento de un contador durante una semana, considerando que la unidad de tiempo sea días.

Días=1

Días=Días+1

Solución:

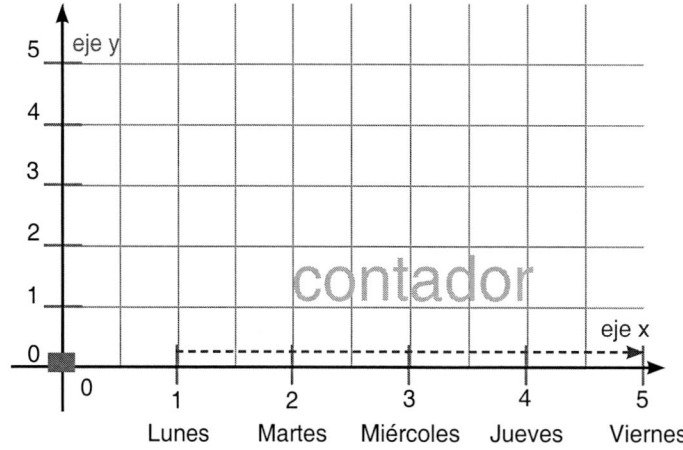

1.22.2. Acumulador

Es una expresión matemática que, en un proceso repetitivo, permitirá contar y acumular datos.

Sintaxis:

acumulador = acumulador ± valor

contador = contador + 1

Se debe inicializar cada variable según el caso de aplicación. Por ejemplo, en la situación de un banco, se daría de la siguiente forma:

a. Ahorro: acum

b. Contador: días

Si se crea una nueva cuenta de ahorros, el acumulado (ahorro) será inicialmente nulo (vacío), pero el contador tendrá el valor del primer día: 1.

Ejemplo:

Diseñar un modelo matemático que permita saber cuánto dinero ahorró el alumno X en una semana, si se sabe que al inicio de esta recibió 5 soles y por cada día se incrementa en 10 soles.

Solución:

Variables inicializadas:

Cont=1, acum=0, valora=5,...... al final acum=?

Fórmula de acumulador:

Acum=acum+valorA

ContN=cont+1

El procesamiento indicará la variación de datos en cada unidad de tiempo.

a. Si cont=1 y acum=0 entonces ContN=? Y acum=?

acum=0+5=5

cont=1+1=2

c. Si cont=3 y acum=14 entonces ContN =? Y acum=?

acum=15+14=29

contN=3+1=4

b. Si cont=2 y acum=5 entonces ContN =? Y acum=?

acum=5+10=15

contN=2+1=3

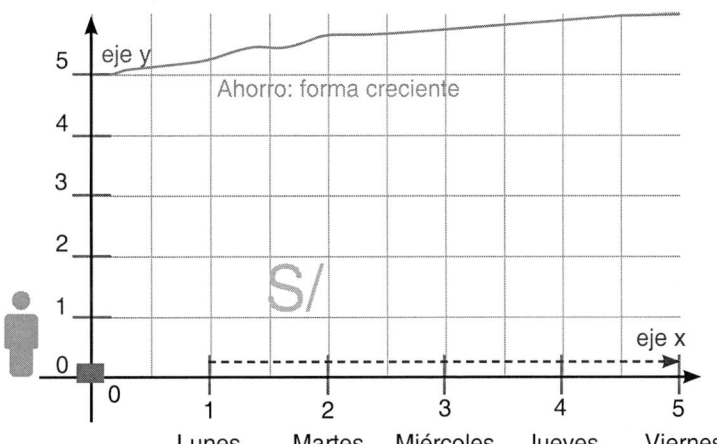

Ejemplo:

El jefe de un almacén recibe un suministro de un camión con hormigón. Lleva el control del volumen recibido en una tabla, donde registra la hora de llegada del camión y su volumen. El jefe va contabilizando el total acumulado de volumen después de cada tiempo de descarga o entrega del proveedor. Mostrar los procesos que presenta el total del volumen después de la descarga. El tiempo está definido entre las 10:00 y 12:00 horas.

Solución:

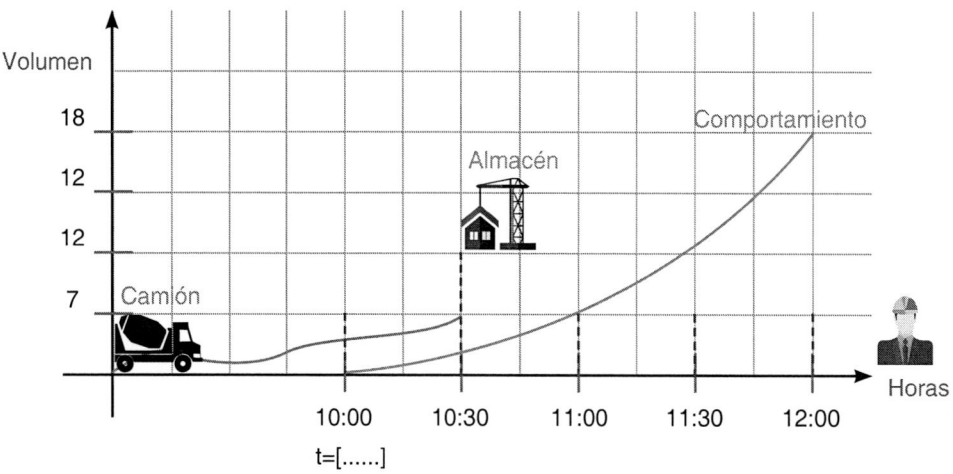

Tabla:

Hora	Volumen atendido m³	Acumulado en m³ Almacén
10:00	7	7
10:30	5	12
11:00	6	18
11:30	5	23
12:00	7	30
Hora de trabajo	Por entregar	Descarga

Ejemplo:

La UNI tiene 10 trabajadores en plantilla, pero por motivos de inicio del ciclo académico 2022-23 contratará a nuevos trabajadores por días durante una semana, es decir, de acuerdo con el trabajo realizado en cada día. Diseñar un programa que permita mostrar, a partir del segundo día, el total de trabajadores contratados.

Solución:

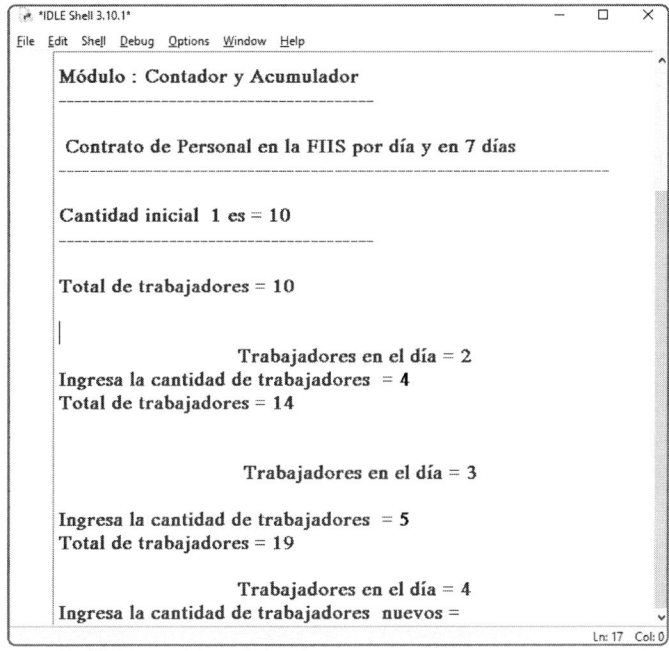

```
Módulo : Contador y Acumulador
----------------------------------------

 Contrato de Personal en la FIIS por día y en 7 días
----------------------------------------------------------

Cantidad inicial  1 es = 10
----------------------------------------

Total de trabajadores = 10

|
                        Trabajadores en el día = 2
Ingresa la cantidad de trabajadores  = 4
Total de trabajadores = 14


                  Trabajadores en el día = 3

Ingresa la cantidad de trabajadores  = 5
Total de trabajadores = 19

                  Trabajadores en el día = 4
Ingresa la cantidad de trabajadores  nuevos =
```
```
Ln: 17  Col: 0
```

```python
print('Cantidad inicial  1 es = 10')
print("-"*40)
dias=0;trabaj=10;dias=dias+1
print('Total de trabajadores =',trabaj)
dias=dias+1
print('\n\t\t Trabajadores en el día =',dias)
contra_trabj=int(input('Ingresa la cantidad de trabajadores = '))
trabaj=trabaj+contra_trabj
print('Total de trabajadores =',trabaj)
dias=dias+1
print('\n\t\t  Trabajadores en el día =',dias)
contra_trabj=int(input('Ingresa la cantidad de trabajadores = '))
trabaj=trabaj+contra_trabj
print('Total de trabajadores =',trabaj)
dias=dias+1
print('\n\t\t Trabajadores en el día =',dias)
contra_trabj=int(input('Ingresa la cantidad de trabajadores  nuevos =
trabaj=trabaj+contra_trabj
print('La cantidad de trabajadores en total son',trabaj)
dias=dias+1
print('\n\t\t  Trabajadores en el día =',dias)
contra_trabj=int(input('Ingresa la cantidad de trabajadores  = '))
trabaj=trabaj+contra_trabj
print('Total de trabajadores =',trabaj)
dias=dias+1
print('\n\t\t  Trabajadores en el día =',dias)
contra_trabj=int(input('Ingresa la cantidad de trabajadores  nuevos =
trabaj=trabaj+contra_trabj
print('')
print('Total de trabajadores =',trabaj)
```

Ahora se mostrarán aplicaciones de programas ejecutados en consola-shell.

Ejemplo:

Usando la interfaz shell, diseñar un programa que calcule el promedio de tres prácticas generadas en forma aleatoria. Utilizar el formato decimal para enviar respuesta con dos decimales.

Solución:

```
*IDLE Shell 3.10.7*                                    —    □    ×
File  Edit  Shell  Debug  Options  Window  Help
>>>
>>> pc1=12
>>> pc2=10
>>> pc3=4
>>> menor=min(pc1,pc2,pc3)
>>> print("Menor = ",menor)
    Menor =  4
>>> prom=((pc1+pc2+pc3)-menor)/2
>>> print(" Promedio =",format(prom,format("5:2f")))
    Traceback (most recent call last):
      File "<pyshell#43>", line 1, in <module>
        print(" Promedio =",format(prom,format("5:2f")))
    ValueError: Invalid format specifier
>>> print(" Promedio =",format(prom,format("5.2f")))
     Promedio = 11.00
>>>
                                              Ln: 60   Col: 28
```

Ejemplo:

Usando la interfaz shell, inicializar dos números: a=5 y a=4. Después, verificar qué relaciones se cumplen: a>b, a<b o a=b. Reemplazar a por b, copiar a por b; para lo cual, se debe generar en forma aleatoria los números a y b, mostrar el menor, elevar al cuadrado y obtener la raíz cuadrada de a.

Solución:

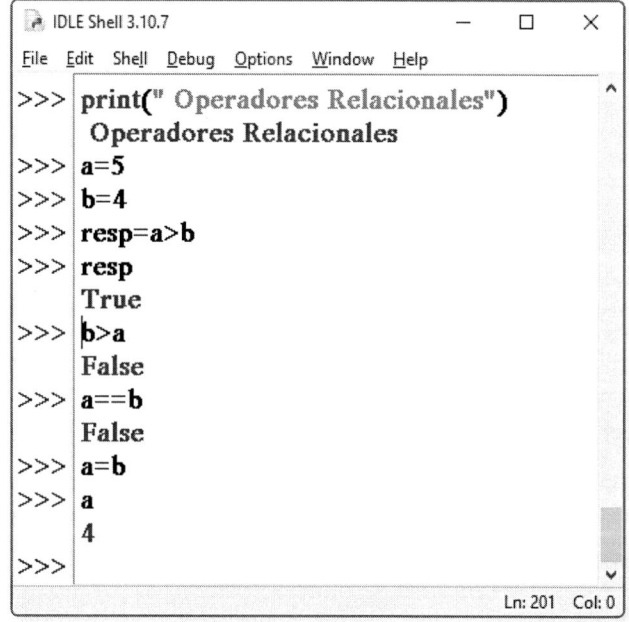

```
IDLE Shell 3.10.7                                      —    □    ×
File  Edit  Shell  Debug  Options  Window  Help
>>> print(" Operadores Relacionales")
     Operadores Relacionales
>>> a=5
>>> b=4
>>> resp=a>b
>>> resp
    True
>>> b>a
    False
>>> a==b
    False
>>> a=b
>>> a
    4
>>>
                                              Ln: 201  Col: 0
```

Ejemplo:

Usando la interfaz shell, generar en forma aleatoria tres números, mostrar el menor, elevar al cuadrado y obtener la raíz cuadrada de a.

Solución:

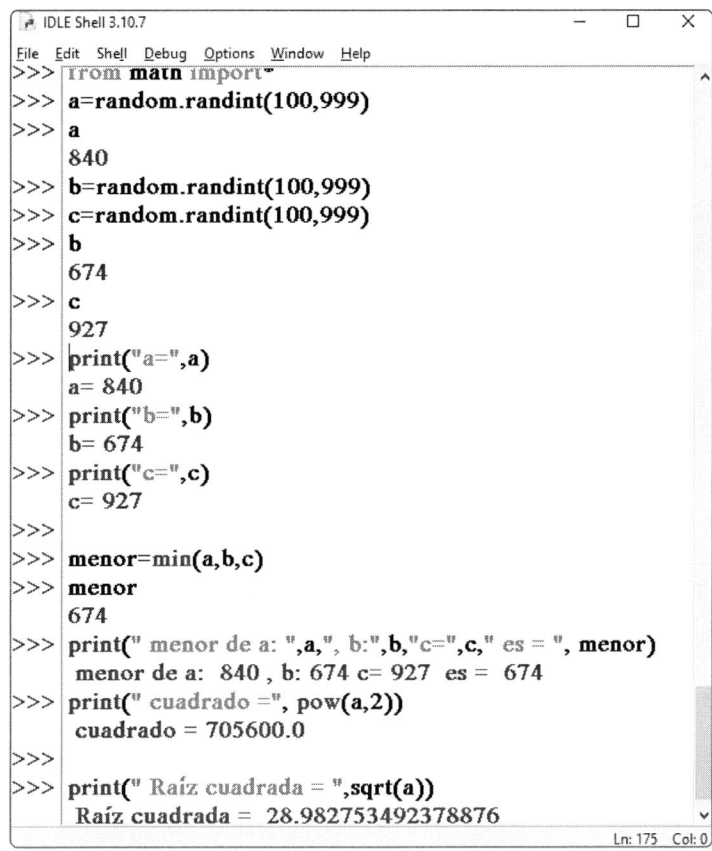

Ejemplo:

Diseñar un programa que permita leer dos números, a y b. Luego, mostrar sus valores en forma intercambiada.

Solución:

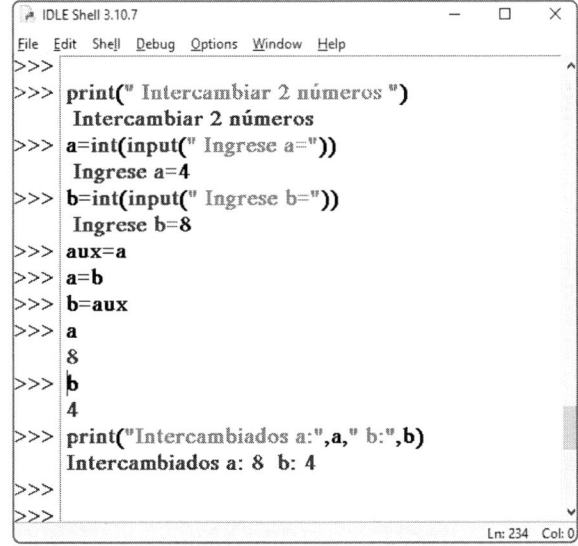

Ejemplo:

Programar para aplicar operadores lógicos y relacionales.

Solución:

```
print( "     Operadores Relacionales y Lógicos")
     Operadores Relacionales y Lógicos
a=int(input(" a = "))
 a = 4
b=int(input(" b = "))
 b = 3
c=int(input(" c = "))
 c = 7
d=int(input(" d = "))
 d = 5
resp1 =a>b
resp2 = ((a<b) and (c<d))
resp3 = (a+b) > (d-c)
resp4= (a>b) and ( not(a<c))
print( " Respuesta 1= ", resp1)
 Respuesta 1=  True
print(" Respuesta 2= ", resp2)
 Respuesta 2=  False
print(" Respuesta 3= ", resp3)
 Respuesta 3=  True
print(" Respuesta 4= ",resp4)
 Respuesta 4=  False

print( " Respuesta 1:", a,">",b,""=, resp1)
SyntaxError: expression cannot contain assignm
ent, perhaps you meant "=="?
print( " Respuesta 1:", a,">",b,"=", resp1)
 Respuesta 1: 4 > 3 = True
```

Estructuras de control

En la vida diaria, toda persona debe tomar decisiones, buenas o malas (según su contexto), para realizar sus actividades. Así, en esta sección se ilustrará cómo imponer condiciones al programa, de tal manera que permita realizar un conjunto de instrucciones de tipo finito, pues los programas, en forma lógica, simulan algunas de las actividades de las personas, como ir de compras al supermercado, retirar dinero de un cajero y contratar personal. A continuación, se detallan las diferentes estructuras condicionales.

2.1. Estructuras condicionales: decisiones

Permiten tomar decisiones para hacer una actividad. Están sujetas a una prueba de una condición lógica, la cual solo mostrará true(1) o false(0). Si es true, se debe hacer instrucciones; de lo contrario, se debe finalizar.

2.1.1. Estructura condicional simple

Permite aplicar una condición para la ejecución de bloques de programas. Sintaxis:

if condición:

   Instrucción en el bloque B

   Instrucción en el bloque B

   ....

   Instrucción en el bloque B

En el bloque de la decisión se define el encolumnado de las instrucciones que se desean condicionar.

Ejemplo:

Inicializar las variables policía="autoriza" y semáforo="verde". Plantear la condición para cruzar la avenida Tacna y mostrar un mensaje al peatón.

Solución:

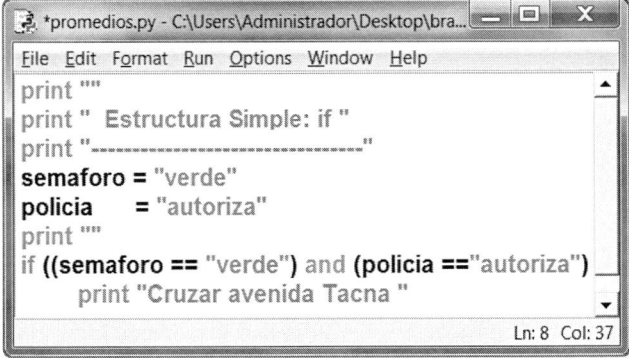

Ejemplo:

Diseñar un programa para leer un número n positivo. Si es negativo, convertirlo a positivo y luego obtener la raíz cuadrada con todas sus cifras decimales y también con dos decimales.

Solución:

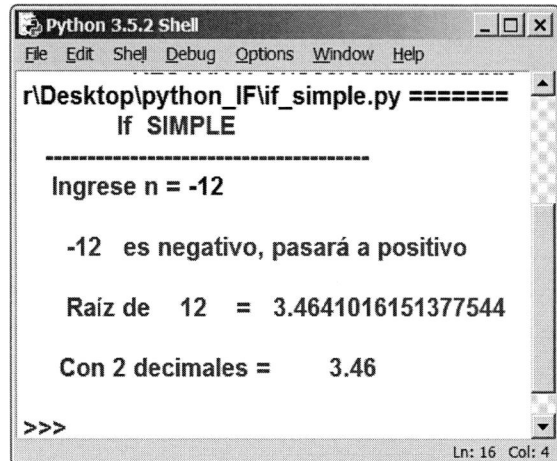

```python
from math import*
print( "          If  SIMPLE ")
print("     ---------------------------------")
n=int(input("   Ingrese n = "))
if n<0 :
    print("")
    print( "     ", n, " es negativo, pasará a positivo")
    nn=(-1)*(n)
    raiz=sqrt(nn)
    print("")
    print("     Raíz de   ",nn," = ",raiz)
    print("")
print("     Con 2 decimales = ", "%10.2f" % (raiz))
print("")
```

Ejemplo:

Diseñar un programa para leer dos números enteros, a y b; luego, verificar si forman un intervalo ordenado en forma ascendente. Confirmar si es verdad (true).

Solución:

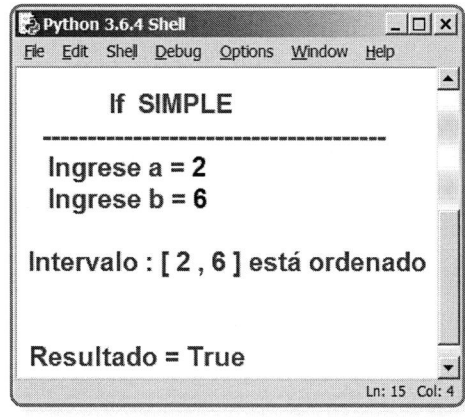

```python
from math import*
print("")
print( "          If  SIMPLE ")
print("     ---------------------------------")
a=int(input("   Ingrese a = "))
b=int(input("   Ingrese b = "))
if a<b :
    print("")
    print( " Intervalo : [",a,",",b,"] está ordenado ")
    print("")
    respuesta =a<b
    print(" ")
    print(" Resultado =",respuesta)
```

Ejemplo:

Diseñar un programa para leer tres números enteros, a, b y c. Después, mostrar el número menor, el número medio y el número mayor.

Solución:

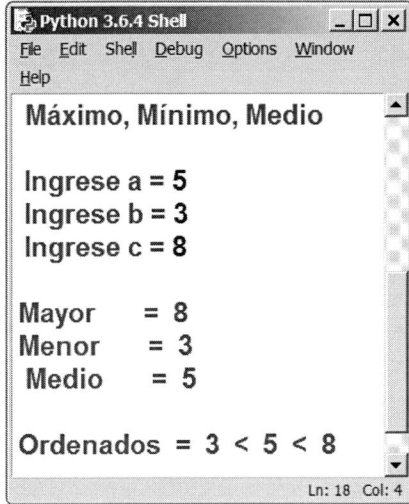

```python
print( " Máximo, Mínimo, Medio")
a=int(input( " Ingrese a = "))
b=int(input( " Ingrese b = "))
c=int(input( " Ingrese c = "))
print("")
min=a;
max=a;
if(b>max):
    max=b;
if(c>max):
    max=c;
if(b<min):
    min=b;
if(c<min):
    min=c;
medio =(a+b+c)-(min+max);
print("Mayor      = ",max)
print("Menor      = ",min)
print(" Medio       = ",medio );
print("")
print("Ordenados = ",min," < ",medio," < ",max)
```

```
Máximo, Mínimo, Medio

Ingrese a = 5
Ingrese b = 3
Ingrese c = 8

Mayor      = 8
Menor      = 3
 Medio      = 5

Ordenados = 3 < 5 < 8
```

Ejemplo:

Diseñar un programa para leer cuatro notas en el rango [0..20] y luego mostrar la menor calificación.

Solución:

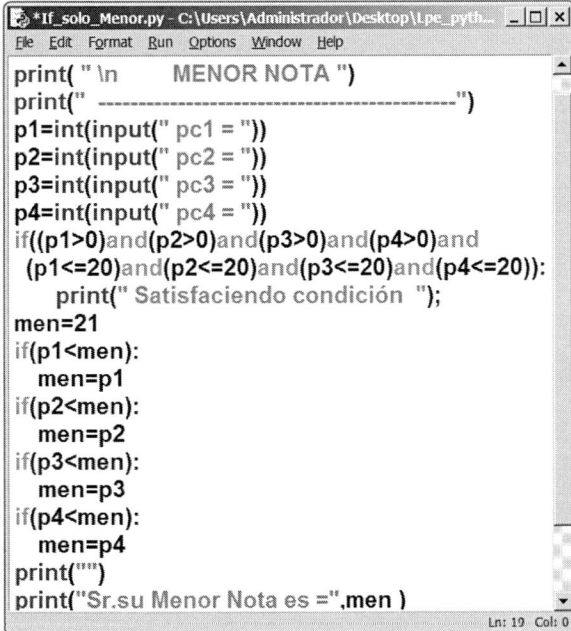

```python
print( " \n       MENOR NOTA ")
print(" -------------------------------------------")
p1=int(input(" pc1 = "))
p2=int(input(" pc2 = "))
p3=int(input(" pc3 = "))
p4=int(input(" pc4 = "))
if((p1>0)and(p2>0)and(p3>0)and(p4>0)and
  (p1<=20)and(p2<=20)and(p3<=20)and(p4<=20)):
      print(" Satisfaciendo condición  ");
men=21
if(p1<men):
    men=p1
if(p2<men):
    men=p2
if(p3<men):
    men=p3
if(p4<men):
    men=p4
print("")
print("Sr.su Menor Nota es =",men )
```

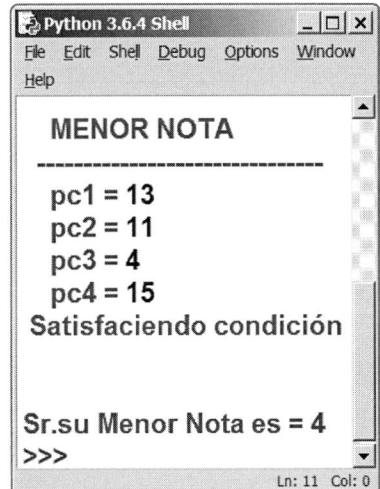

```
  MENOR NOTA

-----------------------------
  pc1 = 13
  pc2 = 11
  pc3 = 4
  pc4 = 15
Satisfaciendo condición


Sr.su Menor Nota es = 4
>>>
```

Ejemplo:

Diseñar un programa que permita leer dos números, a y b, formados por tres dígitos respectivamente. Luego, intercambiar entre números el último dígito.

Solución:

```
print( "  INTERCAMBIO DE DÍGITOS ")
print("-------------------------------------------- ")
print(" ")
a=int(input(" Ingrese número a = "))
b=int(input(" Ingrese número b = "))
print("")
if a!=b:
    d1=a % 10;
    d2= b % 10;
    a= a-d1+d2;
    b =b-d2+d1;
print( " Los dígitos a intercambiar son ",d1,", ",d2)
print("")
print(" Los nuevos números son:")
print(" "," a = ",a)
print(" "," b = ",b)
```

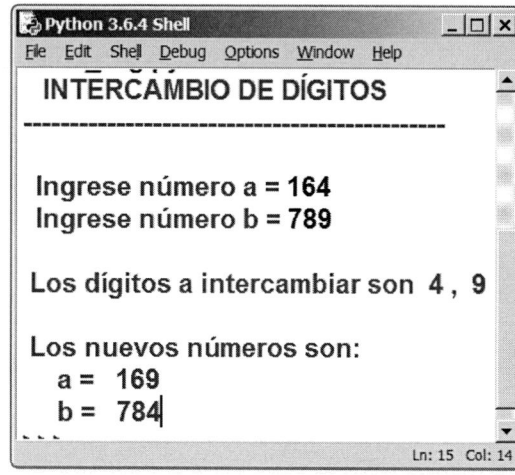

```
INTERCAMBIO DE DÍGITOS
--------------------------------------------

Ingrese número a = 164
Ingrese número b = 789

Los dígitos a intercambiar son  4 , 9

Los nuevos números son:
  a =   169
  b =   784
```

Ejemplo:

Diseñar un programa que permita leer dos números, a y b, donde b siempre es positivo. Mostrar la potencia de a elevado a b.

Solución:

```
print("      IF SIMPLE :  POTENCIA ")
print( "  -------------------------------------- ")
print("")
a=int(input(" Ingrese base =  "))
b=int(input(" Ingrese exponente  = "))
if b>0:
    potenc=a**b
    print(" ")
    print("   ",a," elevado a ",b," = ",potenc)
print(" ")
```

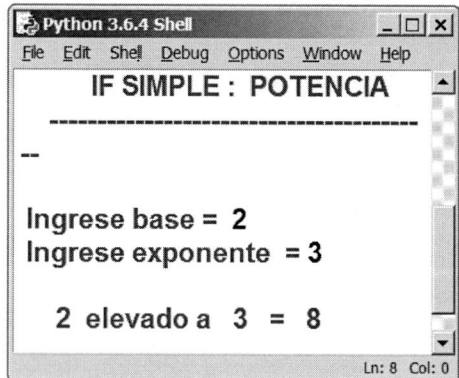

```
IF SIMPLE :  POTENCIA
--------------------------------------------
--

Ingrese base = 2
Ingrese exponente  = 3

   2  elevado a  3  =  8
```

2.1.2. Estructura condicional compuesta

Esta estructura permite obtener los siguientes resultados: verdadero, 1 o true y falso, 0 o false. Sintaxis:

if (condición):

      Instrucciones de bloque A

      ----

else:

      Instrucciones de bloque B

Ejemplo:

Diseñar un programa para cruzar una avenida de nombre Tacna, bajo la definición de dos variables: policía y semáforo.

a. Si hay un semáforo: en verde.

b. Si hay un policía: espere/autoriza.

Solución:

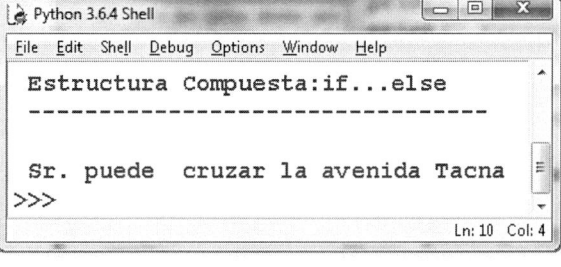

```
print(" Estructura Compuesta:if...else ")
print(" -------------------------------")
semaforo="verde"
policia ="Autoriza"

if((semaforo=="verde")and(policia=="Autoriza")):
    print("")
    print("Sr.puede  cruzar la avenida Tacna" )
else:
    print(" Sr. espere para cruzar.... ")
    print("gracias por colaborar con el policía")
```

```
Estructura Compuesta:if...else
-------------------------------

Sr. puede  cruzar la avenida Tacna
>>>
```

Ejemplo:

Diseñar un programa para leer la decisión del policía (espere) e información del semáforo (verde o rojo). Si el policía indica **"autorizado"** y el semáforo está en verde, entonces puede cruzar; en caso contrario, no cruzar (espere).

Solución:

```
print("")
print(" Estructura Compuesta:if...else ")
print(" -------------------------------")
print("")
semaforo= input(" Ingrese Luz de semáforo = ")
policia = input(" Indicación  de Policía  = ")

if((semaforo=="Verde")and(policia=="Autoriza")):
    print("")
    print("Sr.puede cruzar la avenida Tacna"  )
else:
    print(" Sr. espere para cruzar.... ")
    print("gracias por colaborar con el policía")
```

```
Estructura Compuesta:if...else
-------------------------------

Ingrese Luz de semáforo = Verde
Indicación  de Policía  = Autoriza

Sr.puede cruzar la avenida Tacna
>>>
```

Ejemplo:

Diseñar un programa para realizar el pago semanal a un obrero, para lo cual se consideran los siguientes datos: horas trabajadas, tarifa por hora y descuentos (en soles). Si la cantidad de horas trabajadas en la semana es superior a 40, se le deben pagar las horas en exceso con una bonificación de 50 % adicional al pago normal.

Solución:

```python
print("   Boleta de Pago ")
print("")

c=float(input("  Horas de trabajo = " ))
t=float(input( " Tarifa por hora    = " ))
d=float(input(" Descuentos   S/. = " ))
if c<=40:
    p=c*t - d
else:
    p=40*t + 1.5*t*(c - 40) - d
print(" Pago Semanal ", p)
```

```
========
   Boleta de Pago

  Horas de trabajo = 30
  Tarifa por hora    = 10
  Descuentos   S/. = 20
  Pago Semanal S/. = 280.0
>>>
```

Ejemplo:

Diseñar un programa para validar datos de entrada a un sistema informático por usuario = 100 y clave = 123. Si los datos son correctos, el sistema envía el mensaje **"Bienvenido..."** y luego solicita ingresar dos números enteros positivos ordenados de forma ascendente. Si esto se cumple, se ha formado un intervalo correcto. En caso contrario, se deben intercambiar los datos y formar un intervalo de forma ascendente.

Solución:

```python
print("         MÓDULO DE VALIDACIÓN      ")
print(" ------------------------------------------")
user=int(input('     Ingrese usuario = '))
psw=int(input('     Ingrese Clave = '))
if user == 100 and psw==123:
    print ("      Bienvenido.....")
    print("     VERIFICANDO INTERVALO")
    print(" ------------------------------------------")
    a=int(input("   a = "))
    b=int(input("   b = "))
    if a<b:
        print ("    Intervalo correcto")
    else:
        print("     Intervalo [",a," ,",b,"], Incorrecto, se modificará: ")
        aux=a
        a=b
        b=aux
        print("")
    print("     Intervalo correcto: [",a," ,",b,"]")
else:
    print(" Sr. error en sus datos ")
```

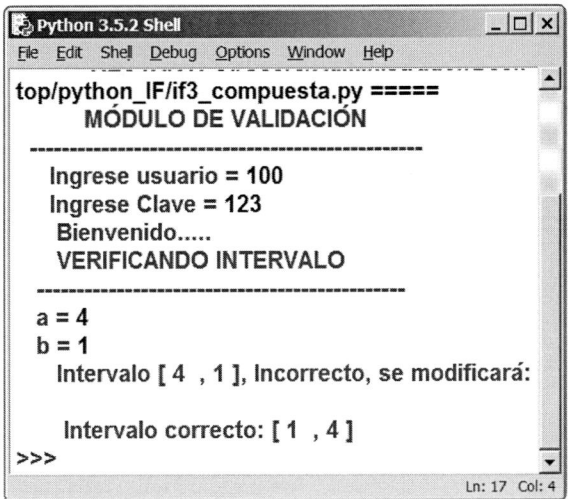

Ejemplo:

Diseñar un programa que genere un número aleatorio de un dado. Si sale 6, enviar el mensaje "Afortunado". En caso contrario, mostrar el número que se obtuvo y el mensaje "Usted no tiene suerte".

Solución:

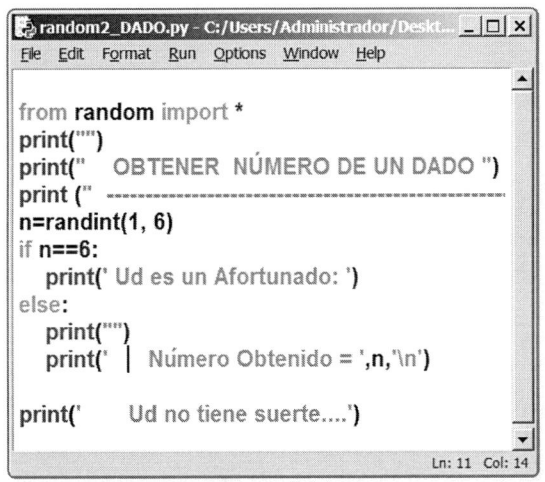

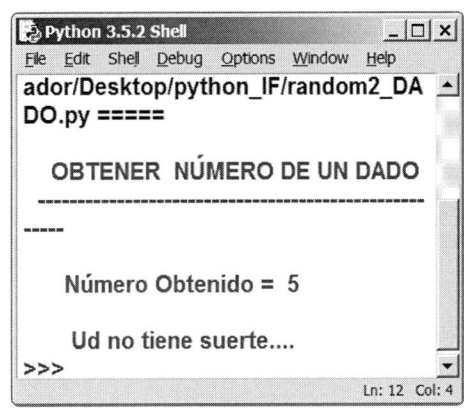

2.1.3. Estructura condicional anidada: anidamiento

Este tipo de instrucción se presenta cuando un usuario busca un dato en una población con más de dos objetos. Así, si se tienen tres personas y se desea buscar una edad, entonces, se debe preguntar a cada uno su edad e ir comparando con la edad buscada. Sintaxis:

if condición 1:
                    Instrucciones
else:
    if condición 2:
                        Instrucciones
      else:
          if condición 3:
                          Instrucciones
         else: instrx

Ejemplo:

Diseñar un programa que permita premiar en un semestre a un estudiante que debe rendir tres exámenes. Cada examen tiene una calificación entre [1..20] y la nota total que recibe el estudiante está constituida por la suma de los dos mejores exámenes. Si registra notas fuera de rango, el sistema envía el mensaje "Evaluaciones fuera de rango...".

Solución:

```
print("")
print( "    RECONOCIMIENTO ACADÉMICO ")
print("    -------------------------------------------- ")
print("")
n1=int(input('    Ingrese nota de examen1 = '))
n2=int(input('    Ingrese nota de examen2 = '))
n3=int(input('    Ingrese nota de examen3 = '))
if(n1>=0 and n2>=0 and n3>=0 ) and (n1<=20 and n2<=20 and n3<=20):
    if n1>=n3 and n2>=n3:
        total=n1+n2
    else:
        if n1>=n2 and n3>=n2:
        total=n1+n3
        else:
            total=n2+n3
    print("")
    print('    Su calificación = ',total)
else:
    print("    Evaluaciones fuera de rango..")
```

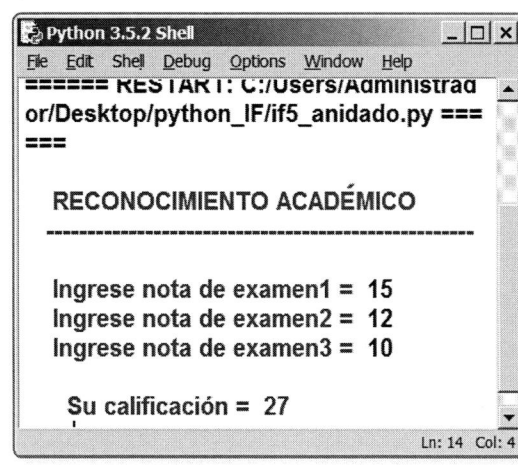

Ejemplo:

Diseñar un programa para conocer el estado de pago de un cliente en un restaurante, considerando las siguientes alternativas: si la cuenta es menor a S/100, se realiza el pago en efectivo. Si es de S/100 a S/1000, se paga con el móvil (dinero electrónico), pero si es de S/1000 hasta S/2000, se usará la tarjeta de débito. En caso contrario, se debe pagar con la tarjeta de crédito.

Solución:

```
print("")
print( "   MODALIDADES DE  PAGO ")
print("    ------------------------------------------- ")
cant=float(input('  Ingresar cuenta = '))
if cant<100:
    print ('   Sr. debe cancelar en efectivo')
else:
    if 100<=cant<=1000:
        print ("  Sr. debe cancelar de forma electrónica:tf ")
    else:
        if 1000<=cant<=2000:
            print('   Sr. debe cancelar con la  tarjeta de débito')
        else:
            print("   Sr. debe cancelar  con la tarjeta de crédito")
```

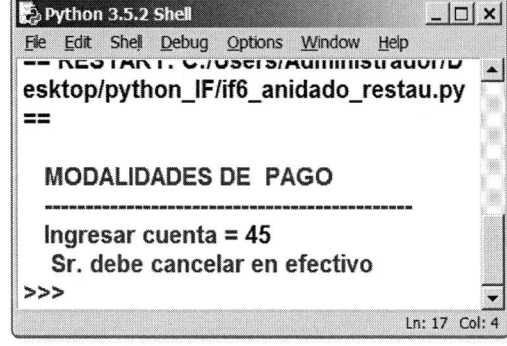

Ejemplo:

Diseñar un programa que permita leer tres prácticas calificadas en el rango de [0..20]. Se debe validar que cada una de las prácticas se encuentre en el rango especificado. Si no existe error, el sistema envía el mensaje "Bienvenido". Si alguna de las prácticas ingresadas no está en el rango definido, enviar el mensaje "Error en práctica". Luego, calcular el promedio, eliminando la menor nota. Finalmente, si el promedio es mayor a 10.0, enviar el mensaje "Aprobado". En caso contrario, emitir el mensaje "Desaprobado".

Solución:

```
*if_Prom_notas.py - C:\Users\Administrador...
File  Edit  Format  Run  Options  Window  Help

print(" Sistema Académico : ")
pc1=int(input("Ingrese pc1 = "))
if((pc1>=0) &( pc1<=20)):
  print(" Bienvenido...")
  pc2=int(input("Ingrese pc2 = "))
  if((pc2>=0) &(pc2<=20)):
    print(" Bienvenido...")
    pc3=int(input("Ingrese pc 3 = "))
    if((pc3>=0) &(pc3<=20)):
      print(" Bienvenido...")
      men=20
      if(pc1<men):
        men=pc1
      if(pc2<men):
        men=pc2
      if(pc3<men):
        men=pc3
                                        Ln: 15  Col: 0
```

```
*if_Prom_notas.py - C:\Users\Administrador\...
File  Edit  Format  Run  Options  Window  Help

      print("")
      print("Menor Nota = ",men)
      prom=((pc1+pc2+pc3)-men)/2
      print("")
      print(" Promedio = ",prom)
      if(prom>10):
        print(" Estado = Aprobado")
      else:
        print("Estado=Desaprobado")
    else:
      print(" Error en Pc3: ")
  else:
    print(" Error en Pc2: ")
else:
  print(" Error en Pc1: ")
                                        Ln: 32  Col: 27
```

Ejemplo:

Un estudiante es evaluado con tres notas: n1, n2 y n3. Diseñar un programa para conocer la suma acumulada de tres notas, bajo las siguientes condiciones:

a. Si n1>=n3 y n2>=n3, entonces sumar =n1 + n2.

b. Si n1>=n2 y n3>=n2, entonces sumar =n1 + n3.

c. En otro caso, sumar = n2 + n3.

Hacer un informe de la suma de notas que cumplan con alguna de estas condiciones.

Solución:

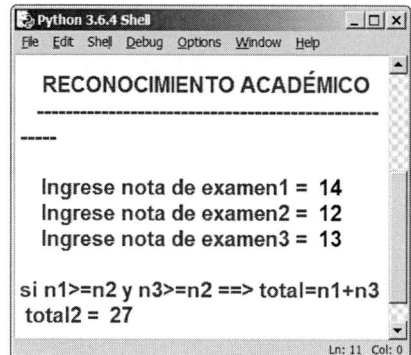

```
print( "    RECONOCIMIENTO ACADEMICO ")
n1=int(input('   Ingrese nota de examen1 = '))
n2=int(input('   Ingrese nota de examen2 = '))
n3=int(input('   Ingrese nota de examen3 = '))
if(n1>=0 and n2>=0 and n3>=0) and (n1<=20
                    and n2<=20 and n3<=20):
  if n1>=n3 and n2>=n3:
     total=n1+n2
     print("si n1>=n3 y n2>=n3==> total=n1+n2")
     print(" total1 = ",total)
  else:
     if n1>=n2 and n3>=n2:
        total=n1+n3
        print("si n1>=n2 y n3>=n2 ==> total=n1+n3")
        print(" total2 = ",total)
     else:
        total=n2+n3
        print("")
        print("total = n2+n3")
        print(" total3 = ",total)
else:
  print("    Evaluaciones fuera de rango..")
```

```
RECONOCIMIENTO ACADÉMICO
----------------------------------------
-----

   Ingrese nota de examen1 =  14
   Ingrese nota de examen2 =  12
   Ingrese nota de examen3 =  13

si n1>=n2 y n3>=n2 ==> total=n1+n3
 total2 =  27
```

2.1.4. Estructura múltiple

Esta es otra manera de estructurar decisiones múltiples. Si las decisiones utilizan condiciones similares y con valores diferentes, se las puede estructurar en forma vertical alineadas. Esta estructura es más clara que las decisiones anidadas, que requieren encolumnar las instrucciones en forma diferente para definir la jerarquía de las decisiones. Sintaxis:

```
if condición 1:
      Instrucciones
elif condición 2:
      Instrucciones
elif condición 3:
      Instrucciones p
else:
      Instrucciones x
```

Ejemplo:

Diseñar un programa para ejecutar el siguiente caso. Si se gasta hasta S/100, se paga con dinero en efectivo. Si se gasta más de S/100, pero menos de S/400, se paga con tarjeta de débito. De lo contrario, se paga con tarjeta de crédito.

Solución:

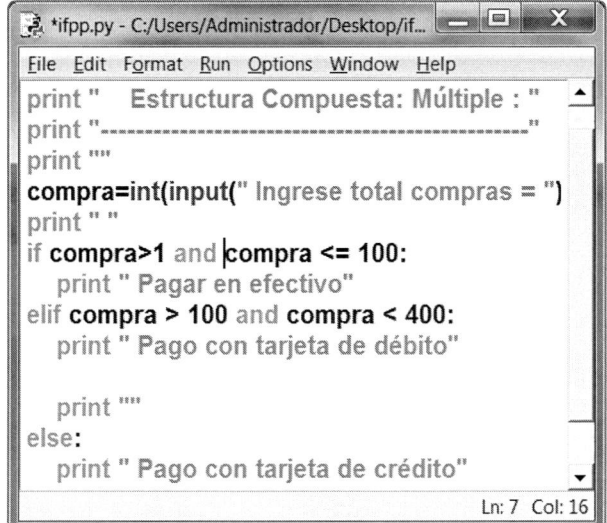

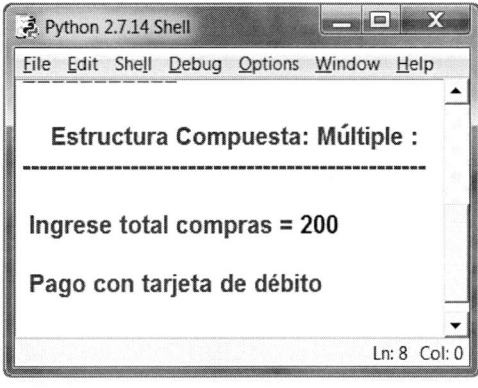

Ejemplo:

Diseñar un programa que permita leer el número de llantas en una compra y mostrar el valor que debe pagarse. Las políticas de venta del almacén son las siguientes: si compran menos de 5 llantas, el precio unitario es S/80. Si se compran 6 o 7, el precio unitario es S/70, y si se compran más de 7 llantas, el precio unitario es S/60.

Solución:

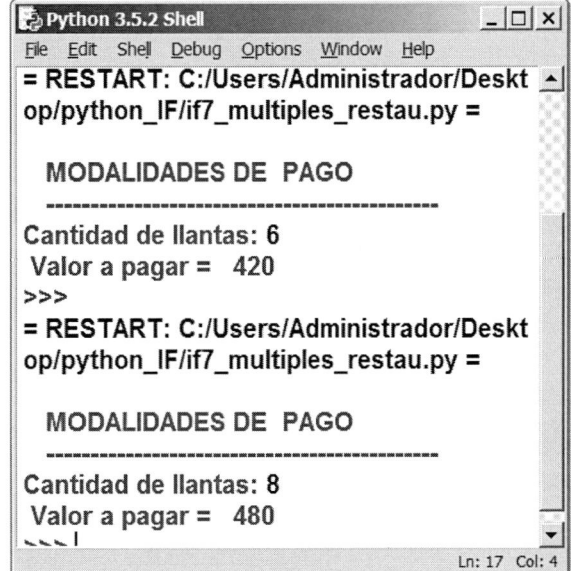

Ejemplo:

Un centro comercial dispone de los siguientes precios de pizzas, donde el precio depende de su tamaño y se encuentra establecido en la siguiente tabla:

Cada ingrediente adicional cuesta S/1.5. Diseñar un programa que permita leer el tamaño de la pizza y el número de ingredientes adicionales. Hacer un informe para conocer el precio que un cliente debe pagar según la opción elegida.

Tamaño	Precio
1	S/4
2	S/6
3	S/10

Solución:

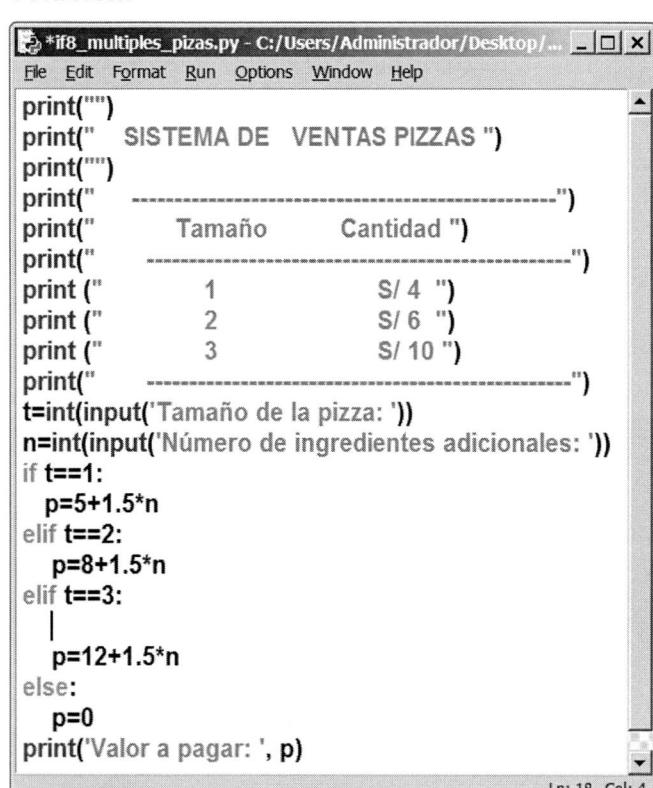

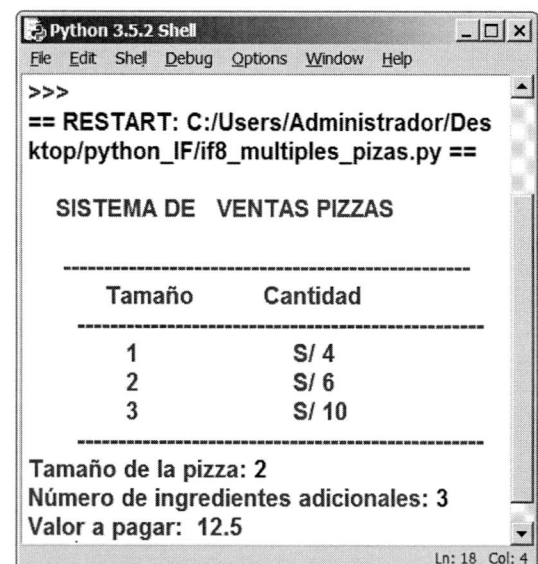

Ejemplo:

Las siguientes gráficas (interfaces) permiten ilustrar una aplicación de las estructuras condicionales simples, compuestas y anidadas a un problema de tipo académico, para calcular el final de una asignatura. El programa consta del siguiente diseño:

a. **Caso 1.-** Para el módulo validación, para ingresar al sistema, se debe diseñar la instrucción que permita comparar dos cadenas: la cadena 1 o dato ingresado por el usuario = 100 y pass = 200. Los valores iniciales de la cadena están registrados en el programa.

b. **Caso 2.-** Cuando el usuario ingrese de forma incorrecta sus datos, el sistema envía el mensaje "Sr. Saldrá del sistema...", lo que indica la salida del modo compilación al programa fuente.

c. **Caso 3.-** Cuando el usuario ingrese de forma correcta sus datos, el sistema solicita que ingrese las prácticas, las cuales deben tener calificaciones en el rango [0..20]. Si una o más notas no cumplen con esta condición, el sistema envía el mensaje "Error en lectura de prácticas. Saldré...". Error que permite salir del modo compilación al programa fuente. Entonces, se debe reiniciar la compilación del programa y, después de usar el primer paso, se ingresan las notas y se calcula el promedio de prácticas, eliminando la menor nota (ver figura).

d. Caso 4.- Si el promedio de prácticas fuera mayor que 6.5 (es este caso), el alumno puede rendir los exámenes parcial y final (valores solo en el rango [0..20]). En otro caso, debe volver a los pasos anteriores. Usando estos datos, más el promedio de prácticas, se calcula el promedio final. Para obtener el mensaje **"Alumno APROBADO"**, se debe cumplir que el promedio final sea mayor que 10.0, con lo cual finaliza el proceso. Ahora, si el promedio final es menor que 10.0, el sistema brinda la oportunidad de que el alumno rinda un examen sustitutorio. La nota de este examen reemplaza al examen parcial o final, para lo cual, se debe comparar el examen parcial con el examen final y, dependiendo del resultado, se reemplaza al parcial o al final. Luego, se procede a calcular el promedio final, tal como se ilustra en la figura.

e. Caso 5.- Ahora veremos el caso cuando el promedio de prácticas es menor de 6.5. Se calcula el promedio eliminando la menor nota y el proceso finaliza con el mensaje **"Aprobado"** o **"Desaprobado"** (ver figura).

Solución:

```
*if10_Prom.py - I:/python_IF/if10_Prom.py (3.5.2)*                    _ □ ×
File  Edit  Format  Run  Options  Window  Help

      user=int(input(" Usuario  = "));
      pws=int(input("  Clave    = "))
      if(user==100 and pws==200 ):
          p1=int(input(" pc1 = "))
          p2=int(input(" pc2 = "))
          p3=int(input(" pc3 = "))
          p4=int(input(" pc4 = "))
          if((p1>0)and(p2>0)and(p3>0)and(p4>0)and
             (p1<=20)and(p2<=20)and(p3<=20)and(p4<=20)):
             print("")
             print(" Satisfaciendo condición de prácticas ");
      if(p1<p2 and p1<p3 and p1<p4):
         min=p1
      if(p2<p1 and p2<p3 and p2<p4):
         min=p2
      if(p3<p1 and p3<p2 and p3<p4):
         min=p3
      if(p4<p1 and p4<p2 and p4<p3):
         min=p4
      pp=float((p1+p2+p3+p4)-min)/3;
      print("")
      print(" La Menor práctica es = ",min," y se eliminó")
      exp=int(input(" Examen parcial = "))
      exf=int(input(" Examen final   = "))
      if((exp>=0) and (exp<=20)and(exf>=0) and (exf<=20)):
          pf=float(pp+exp+exf)/3;
          print(" Promedio final sin rendir Sustitutorio =",pf)
          if(pf>10.0):
              print(" Promedio Final = ",pf," => Alumno APROBADO <=");   pf=0;
          else:   ##/ /para leer sustitutorio
              print(" ==> Alumno  DESAPROBADO <== ")
              exs=int(input( "Ingrese Examen Sustitutorio = "))
              examf=exf; examp=exp
              if(exp>exf):          exf=exs
                  print("examen final ",examf," es reemplazado por sustitutorio ")
                  pf=float(pp+exp+exf)/3
                  print(" Promedio final con Sustitutorio = ",pf)
              else:                 exp=exs
              print(" examen parcial ",examp," es reemplazado por sustitutorio ")
              pf=float(pp+exp+exf)/3
              print(" Promedio final con Sustitutorio = ",pf)
              if ( pf>10.0 ):
                      print (" ==> Alumno APROBADO <== ")
              else:
                      print(" ==> Alumno DESAPROBADO <== ")
      else:
          print(" Ingreso de Exámenes fuera de rango   ")
                                                              Ln: 27  Col: 8
```

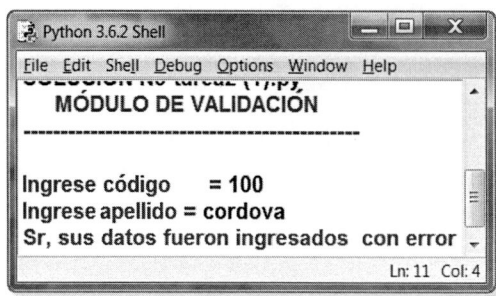

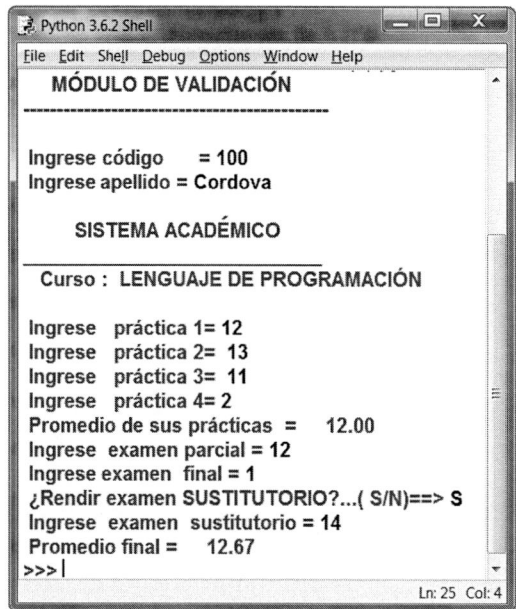

Observación:

Para completar la solución del problema, el usuario debe insertar los siguientes módulos:

a. Ingreso incorrecto de datos de validación de usuario. El sistema mostrará mensajes de error.

b. Se puede hacer la validación por cada práctica en el rango especificado y si existe error, enviar el mensaje "Sr., error en la práctica k", donde k < 4.

c. Calcular promedio de prácticas y eliminar la menor nota.

d. Leer examen parcial y final.

e. Calcular promedio final. Si está suspendido, leer examen sustitutorio.

f. Según el punto e, calcular y mostrar el promedio final.

Solución:

```
                    print("     MÓDULO DE VALIDACIÓN ")
                    print("---------------------------------------------")
                    print("")
                    cod=int(input(" Ingrese código      = "))
                    if(cod<1000 and cod>99):
                        apell=str(input(" Ingrese apellido = "))
                        if(cod==100 and apell=="Córdova"):
                            print("")
                            print("        SISTEMA ACADÉMICO ")
                            print("_____")
                            print(" Curso: LENGUAJE DE PROGRAMACIÓN ")
                            print("")
                            pc1=float(input(" Ingrese   práctica 1= "))
                            if(pc1<=20 and pc1>=0):
                                min=pc1
                                pc2=float(input(" Ingrese   práctica 2=  "))
                                if(pc2<=20 and pc2>=0):
                                    if(min>pc2):
                                        min=pc2
                                    pc3=float(input(" Ingrese   práctica 3=  "))
                                    if(pc3<=20 and pc3>=0):
                                        if(min>pc3):
                                            min=pc3
                                        pc4=float(input(" Ingrese   práctica 4= "))
                if(pc4<=20 and pc4>=0):
                    if(min>pc4):
                        min=pc4
                    prom_pc=(pc1+pc2+pc3+pc4-min)/3
                    print(" Promedio de sus prácticas  = ",format(prom_pc,'8.2f'))
                    ep=float(input(" Ingrese  examen parcial = "))
                    if(ep<=20 and ep>=0):
                        min2=ep
                        ef=float(input(" Ingrese  examen  final = "))
                        if(ef<=20 and ef>=0):
                            if(min2>ef):
                                min2=ef
                            prom_f=(prom_pc+ep+ef)/3
                            if(prom_pc>=6.0):
                                resp=str(input("¿Rendir examen SUSTITUTORIO..?( S/N)==>
                                if(resp=="s" or resp=="S"):
                                    es=float(input(" Ingrese  examen  sustitutorio = "))
                                    prom_fs=(prom_pc+ep+ef+es-min2)/3
                                    print(" Promedio final = ",format(prom_fs,'8.2f'))
                                else:
                                    if(resp=="n" or resp=="N"):
                                        print(" Promedio final = ",format(prom_f,'8.2f'))
                                    else:
                                        print("Digitación incorrecta: ")
                            else:
                                print(" Promedio final = ",format(prom_f,'8,2f'))
                        else:
                            print(" Error cometido en  examen final : ")
                    else:
                        print(" Error cometido en examen parcial : ")
                else:
                    print(" Error cometido en  pc4 ")
            else:
                print("Error cometido en  pc3")
        else:
            print("Error cometido en pc2")
    else:
        print("Error cometido en  pc1")
else:
    print("Sr, sus datos fueron ingresados  con error ")
else:
    print(" Error en Código ")
```

Ejemplo:

Diseñar un programa que permita leer las coordenadas x de un punto del plano y luego enviar información que indique en qué cuadrante del plano está ubicado.

Solución:

```
*if_plano_cuadrante.py - C:/Users/Cordova/Desktop/if_plano_cuadrante.py (3.6.4)*
File  Edit  Format  Run  Options  Window  Help

print( "")
print(" Ubicar Cuadrante mediante puntos x,y")
print("      X               Y")
print("   --------------------------")
x=int(input(" Ingrese x = "))
y=int(input(" Ingrese y = "))
if(x>0 and y>0 and x!=0 and y!=0):
    print(" Punto en el Primer cuadrante ")
else:
    if(x>0 and y<0):
        print(" Punto en el Segundo cuadrante ")

    else:
        if(x<0 and y<0):
            print(" Punto en el Tercer  cuadrante ")
        else:
            if(x<0 and y>0):
                print(" Punto en el Cuarto cuadrante ")

            else:
                print(" Punto en el origen de coordenadas ")
                                                    Ln: 16  Col: 0
```

Ejemplo:

El director de una universidad X solicita a su personal de informática automatizar los procesos académicos con las siguientes tareas:

a. Diseñar un módulo de validación para autentificarse por User = "tcn" y clave = 123. Ante un error de lectura de datos, el sistema finaliza enviando el mensaje **"Sr., error en sus datos, sin acceso"**.

b. Si los datos de lectura son correctos, el sistema solicita la lectura de cuatro notas (prácticas) y luego calcula el promedio.

c. También solicita que se ingrese los exámenes parcial y final.

d. Con estos datos, se calcula el promedio final.

e. Si el promedio final es mayor que 10, se envía el mensaje **"Promedio final ="**, promedio, estado del curso (Aprobado/Desaprobado) y finaliza el programa.

f. Si el resultado del paso e es menor que 11, primero se debe verificar que el promedio de notas (prácticas) sea mayor que 6. Si se cumple, el sistema solicita que ingrese el examen sustitutorio.

g. El examen sustitutorio reemplaza a la menor nota del parcial o final, con lo cual finaliza, calculando el nuevo promedio del curso y enviando los mensajes correspondientes.

Solución:

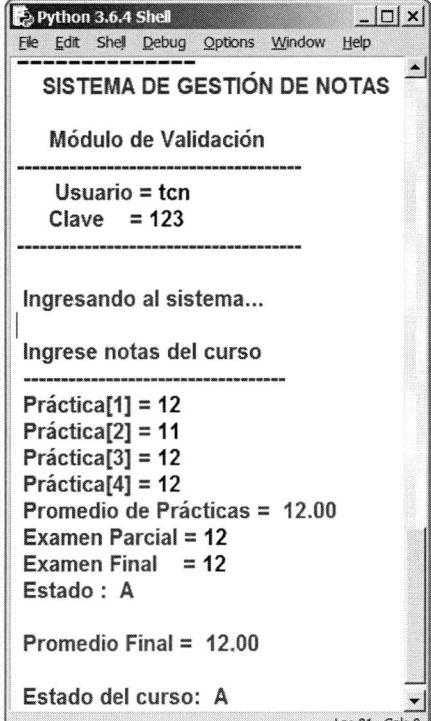

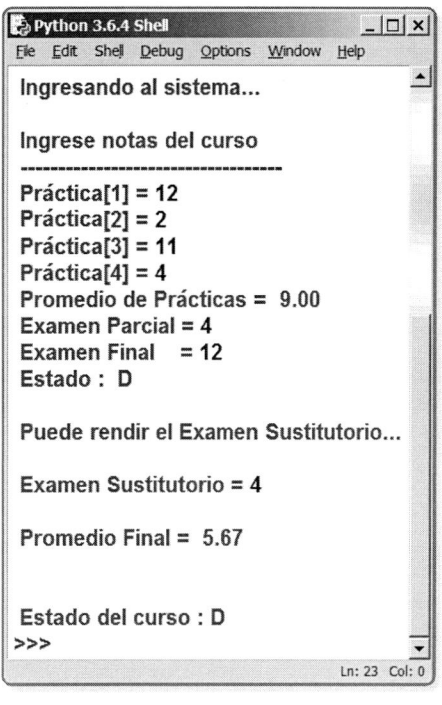

```
print( " SISTEMA DE GESTIÓN DE NOTAS ")
print("")
print("     Módulo de Validación ")
print("-------------------------------------")
user=str(input("     Usuario = "))
clav =str(input("     Clave   = "))
print("-------------------------------------")
print("")
os.system("cls")
if (user=='tcn') and (clav=='123'):
    print(" Ingresando al sistema...")
    print("")
    PCmenor=20
    print(" Ingrese notas del curso")
    print(" -------------------------------------")
    PC1=int(input(" Práctica[1] = "))
    if (PC1<PCmenor):
        PCmenor=PC1
    PC2=int(input(" Práctica[2] = "))
    if (PC2<PCmenor):
        PCmenor=PC2
    PC3=int(input(" Práctica[3] = "))
    if (PC3<PCmenor):
        PCmenor=PC3
    PC4=int(input(" Práctica[4] = "))
    if (PC4<PCmenor):
        PCmenor=PC4
```

```python
PromP=float((PC1 + PC2 +PC3 + PC4 - PCmenor)/3)
print(" Promedio de Prácticas = ", "{:.2f}".format(PromP))
EXP=int(input(" Examen Parcial = "))
EXF=int(input(" Examen Final    = "))
PromF=(PromP + EXP + EXF)/3
if (PromF >=10):
   Estd='A'
else:
   Estd='D'
print(" Estado : ",Estd)
print("")
if (Estd=='A'):
   print(" Promedio Final = ", "{:.2f}".format(PromF))
   print("")
   print(" Estado del curso: ",Estd)
else:
   if (PromP>=6):
      print(" Puede rendir el Examen Sustitutorio...")
      print("")
      EXS=int(input(" Examen Sustitutorio = "))
      print("")
   if (EXP>EXF):
      EXF=EXS
   else:
      EXF=EXS
   PromF=(PromP + EXP + EXF)/3
   if (PromF >=10):
      Estd='A'
   else:
      Estd='D'
   if (Estd=='A'):
      print(" Promedio Final = ", "{:.2f}".format(PromF))
      print("")
      print("")
      print(" Estado del  curso: ",Estd)
   else:
      print(" Promedio Final = ", "{:.2f}".format(PromF))
      print("")
      print("")
      print(" Estado del curso :",Estd)
else:
   print(" Promedio de Prácticas menor que 6... No puede
   print("")
   print(" Promedio Final = ", "{:.2f}".format(PromF))
   print("")
   print(" Estás  desaprobado ... ")
else:
   print(" Sr.  tiene errores en sus datos , sin acceso...")
```

Ln: 9 Col: 0

Ejemplo:

Diseñar un programa que permita leer un número n>1 y luego realizar las operaciones mostradas en la interfaz de salida o informes.

Solución:

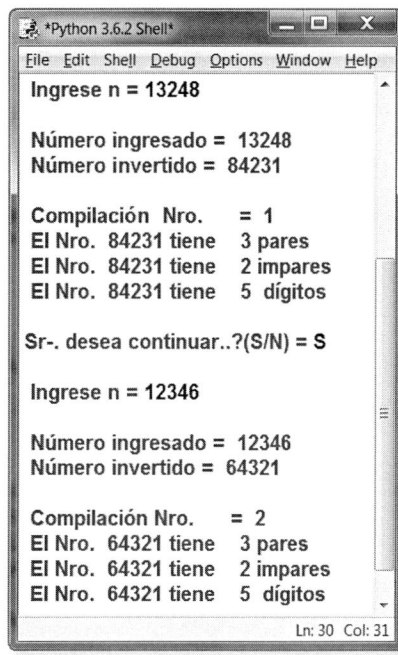

```
print(" Operaciones con un Número n :")
resp='S'    nv=0
while resp=='S':
    nv=nv+1
    inv=0
    imp=0
    print(" ")
    n=int(input(" Ingrese n = "))
    print (" Número ingresado = ",n)
    np=0
    while n!=0:
        d=n%10
        if(d%2==0):
            np=np+1
        else:
            imp=imp+1
        inv=inv*10+d
        n=n//10
    print (" Número invertido = ",inv)
    print (" Compilación Nro.    = ",nv )
    print (" El Nro. ", inv, "tiene   ",np ,"pares ")
    print (" El Nro. ", inv, "tiene   ",imp ,"impares ")
    print (" El Nro. ", inv, "tiene   ",np+imp ," dígitos
```
Ln: 2 Col: 14

```
Ingrese n = 13248

Número ingresado = 13248
Número invertido = 84231

Compilación  Nro.   = 1
El Nro.  84231 tiene   3 pares
El Nro.  84231 tiene   2 impares
El Nro.  84231 tiene   5 dígitos

Sr-. desea continuar..?(S/N) = S

Ingrese n = 12346

Número ingresado = 12346
Número invertido = 64321

Compilación Nro.    = 2
El Nro.  64321 tiene   3 pares
El Nro.  64321 tiene   2 impares
El Nro.  64321 tiene   5 dígitos
```
Ln: 30 Col: 31

Ejemplo:

Diseñar un programa que permita mostrar los números pares, los números impares, sus secuencias y posiciones respectivas en el rango [1..9].

Solución:

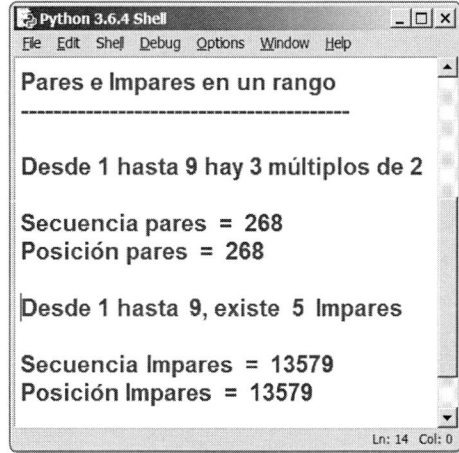

```
secp=0;seci=0; posp=0; nmi=0;nmp=0; posim=0
for i in range(1,10):
    if (i % 2 == 0 and i !=4):
        nmp =nmp + 1
        secp=secp*10+i
        posp=posp*10+i
    else:
        if i!=4:
            nmi=nmi+1
            seci=seci*10+i
            posim=posim*10+i
print(f"Desde 1 hasta 9 hay {nmp} múltiplos de 2")
print("Secuencia pares  = ",secp)
print("Posición pares  = ",posp)
print("Desde 1 hasta 9, existe ",nmi, " Impares" )
print("Secuencia Impares  = ",seci)
print("Posición Impares  = ",posim)
```
Ln: 10 Col: 0

```
Pares e Impares en un rango
-------------------------------------------

Desde 1 hasta 9 hay 3 múltiplos de 2

Secuencia pares  =  268
Posición pares  =  268

Desde 1 hasta 9, existe  5  Impares

Secuencia Impares  =  13579
Posición Impares  =  13579
```
Ln: 14 Col: 0

Ejemplo:

Diseñar un programa que permita generar números aleatorios. El usuario ingresa la cantidad y después se muestra la secuencia formada por los números aleatorios.

Solución:

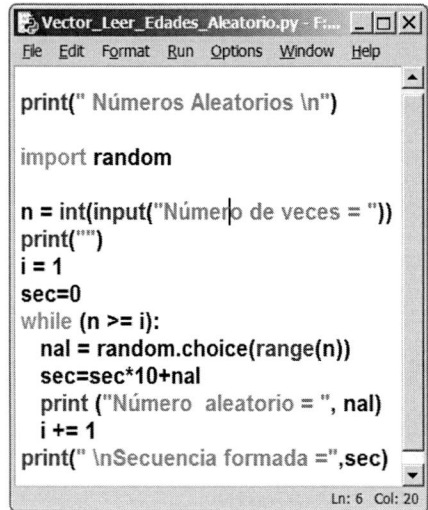
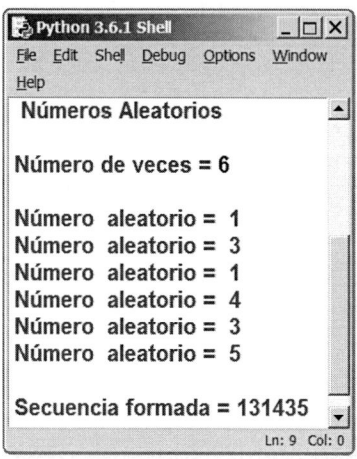

Ejemplo:

Diseñar un programa que permita encontrar el total de dígitos pares, secuencia par, el total de dígitos impares, secuencia impar y la suma de los dígitos pares e impares. Considerar el rango range (1,10,1).

Solución:

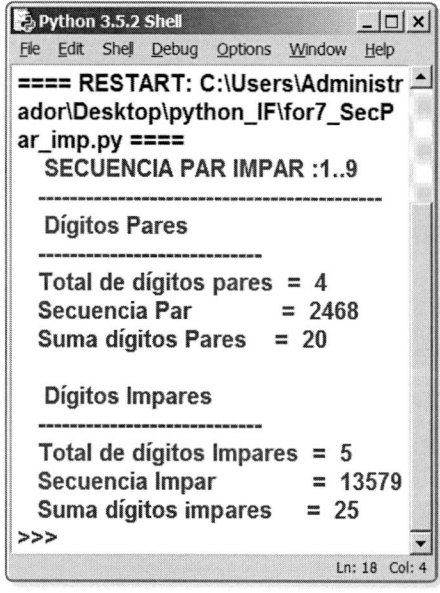

Ejemplo:

Diseñar un programa que permita generar un módulo de validación para cuatro usuarios de forma aleatoria. Los datos son los siguientes:

a. User1=Aleatorio, Clave1=Aleatorio

b. User2='Ana', Clave2=' Solís'

c. User3= User1, Clave3= Clave2

d. User4= Aleatorio

e. Clave4=Aleatorio

Si el usuario ingresa correctamente sus datos, envía el siguiente mensaje: "Bienvenido a procesar sus 4 notas de prácticas". Después, solicita el ingreso de las notas, donde cada práctica debe estar en el rango de [0..20] con algunas restricciones:

a. Para User1: leer las prácticas en cualquier rango según [0..20].

b. Para User2: generar notas de forma aleatoria y solo notas suspensas [0..09]. Mostrarlas como una secuencia o un solo número y luego presentarlas de forma individual.

c. Para User3: leer notas aprobadas [10..20] y mostrarlas como una secuencia o un solo número. Luego, presentarlas de forma individual.

d. Para User4: leer notas y aceptarlas cuando pc1 es par, pc2 es impar, pc3 es aprobada y pc4 es suspensa e impar.

e. Mostrar las notas de forma ordenada y ascendente.

Después de conocer las notas y aceptarlas, según las condiciones impuestas, buscar la menor nota y mostrarla, indicando a qué práctica corresponde. Luego, presentar el promedio con dos cifras decimales. Asimismo, indicar si está aprobado o suspenso. Solo usar estructuras condicionales.

Ante un error, según instrucción, el sistema finaliza. Ahora, si el usuario ingresa con error sus datos de validación, el sistema finaliza enviando el mensaje "Por error, hasta pronto". El mensaje queda en pantalla hasta presionar cualquier tecla.

Solución:

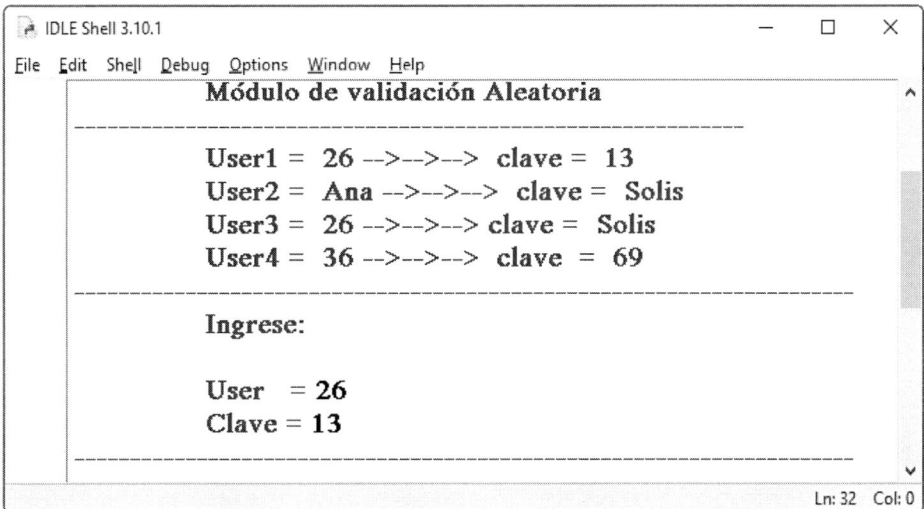

```
IDLE Shell 3.10.1                                          —    □    ×
File  Edit  Shell  Debug  Options  Window  Help

                    Sr. user1, bienvenido, Se procesará 4 Notas

                    Ingresará sus notas
         ------------------------------------------------------------
Nota 1=12
Nota 2=11
Nota 3=13
Nota 4=1|

                    Su menor nota es  1  pertenece a la Pc 4

                    Ud tiene  promedio = 12.00
                    Ud. está Aprobado:A
1 11 12 13
>>>
                                                          Ln: 25  Col: 8
```

```python
if_4notas.py - C:\Users\User\Desktop\if_4notas.py (3.10.1)    —    □    ×
File  Edit  Format  Run  Options  Window  Help

from random import *
print(" \t Módulo de validación Aleatoria")
print("-"*60)
user1,user4=randint(10,99),randint(10,99)
clave1,clave4=randint(10,99),randint(10,99)
user1,user4=str(user1),str(user4)
clave1,clave4=str(clave1),str(clave4)
user2='Ana'
clave2='Solis'
print("\t User1 = ",user1,"-->"*3," clave = ",clave1)
print("\t User2 = ",user2,"-->"*3," clave = ",clave2)
print("\t User3 = ",user1 ,"-->"*3,"clave = ",clave2)
print("\t User4 = ",user4,"-->"*3," clave  = ",clave4)
print("-"*70)
print("\t Ingrese: ")
user=input("\n\t User   = ")
clave=input("\t Clave = ")
if (user==user1 and clave==clave1):

    print("-"*70)
    print("\n\t Sr. user1, bienvenido, Se procesará 4 Notas")
    print("\n\t Ingresará sus notas")
    print("-"*70)
                                                          Ln: 20  Col: 0
```

```
if_4notas.py - C:\Users\User\Desktop\if_4notas.py (3.10.1)                  —    □    ×
File  Edit  Format  Run  Options  Window  Help
        print("\n\t Sr. user1, bienvenido, Se procesará 4 Notas")
        print("\n\t Ingresará sus notas")
        print("-"*70)
        pc1=int(input("Nota 1="))
        if(pc1>=0 and pc1<=20):
            pc2=int(input("Nota 2="))
            if(pc2>=0 and pc2<=20):
                pc3=int(input("Nota 3="))
                if(pc3>=0 and pc3<=20):
                    pc4=int(input("Nota 4="))
                    if(pc4>=0 and pc4<=20):
                        mini=min(pc1,pc2,pc3,pc4)
                        if(mini==pc1):
                            print("\n\t Su menor nota es ",mini," pertenece
                        elif(mini==pc2):
                            print("\t Su menor nota es ",mini," pertenece a
                        elif(mini==pc3):
                            print("\t Su menor nota es ",mini," pertenece a
                        elif(mini==pc4):
                            print("\n\t Su menor nota es ",mini," pertenece
                        prom=((pc1+pc2+pc3+pc4)-mini)/3
                        print(f"\n\t Ud tiene  promedio = {prom:.2f}")

                        if(prom>=10):
                            print("\t Ud. está Aprobado:A")
                        else:
                            print("\t Ud. está Desaprobado:D")
                        minimo=min(pc1,pc2,pc3,pc4)
                        if minimo==pc1:
                                                          Ln: 20  Col: 0
```

```
if_4notas.py - C:\Users\User\Desktop\if_4notas.py (3.10.1)                                                                  —    □    ×
File  Edit  Format  Run  Options  Window  Help
                    print(pc1,min(pc2,pc3,pc4),(pc2+pc3+pc4)-max(pc2,pc3,pc4)-min(pc2,pc3,pc4),max(pc2,pc3,pc4))
                elif minimo==pc2:
                    print(pc2,min(pc1,pc3,pc4),(pc1+pc3+pc4)-max(pc1,pc3,pc4)-min(pc1,pc3,pc4),max(pc1,pc3,pc4))
                elif minimo==pc3:
                    print(pc3,min(pc2,pc1,pc4),(pc2+pc1+pc4)-max(pc2,pc1,pc4)-min(pc2,pc1,pc4),max(pc2,pc1,pc4))
                else:
                    print(pc4,min(pc2,pc1,pc3),(pc2+pc1+pc3)-max(pc2,pc1,pc3)-min(pc2,pc1,pc3),max(pc2,pc1,pc3))
            else:
                print("\tPor error, hasta pronto")
        else:
            print("\tPor error, hasta pronto")
    else:
        print("\tPor error, hasta pronto")
else:
    print("\tPor error, hasta pronto")
elif (user=='Ana' and clave=='Solis'):
    print("\n\t User2")
    print("-"*40)
    print("\n\t Bienvenido a procesar sus 4 notas de prácticas")
    pc1=randint(0,9)
    pc2=randint(0,9)
    pc3=randint(0,9)
    pc4=randint(0,9)
    sec=pc1*1000+pc2*100+pc3*10+pc4*1
    print("\n\t Secuencia formada = ",sec)
    print("Nota de la pc1=",pc1)
    print("Nota de la pc2=",pc2)
    print("Nota de la pc3=",pc3)
    print("Nota de la pc4=",pc4)
                                                                                                                        Ln: 65  Col: 0
```

```
if_4notas.py - C:\Users\User\Desktop\if_4notas.py (3.10.1)                                    —    □    ×
File  Edit  Format  Run  Options  Window  Help
    mini=min(pc1,pc2,pc3,pc4)
    if(mini==pc1):
        print("\n\tLa menor nota es ",mini," pertenece a la PC 1")
    elif(mini==pc2):
        print("\tLa menor nota es ",mini," pertenece a la PC 2")
    elif(mini==pc3):
        print("\tLa menor nota es ",mini," pertenece a la PC 3")
    elif(mini==pc4):
        print("\tLa menor nota es ",mini," pertenece a la PC 4")
    prom=(pc1+pc2+pc3+pc4-mini)/3
    print(f"\tEl promedio que le corresponde a usted es: {prom:.2f}")
    if(prom>=10):
        print("\tUsted está Aprobado:D")
    else:
        print("\tUsted ha Desaprobado:(")
    minimo=min(pc1,pc2,pc3,pc4)
    if minimo==pc1:
        print(pc1,min(pc2,pc3,pc4),(pc2+pc3+pc4)-max(pc2,pc3,pc4)-min(pc2,pc3,pc4),max(pc2,pc3,pc4))
    elif minimo==pc2:
        print(pc2,min(pc1,pc3,pc4),(pc1+pc3+pc4)-max(pc1,pc3,pc4)-min(pc1,pc3,pc4),max(pc1,pc3,pc4))
    elif minimo==pc3:
        print(pc3,min(pc2,pc1,pc4),(pc2+pc1+pc4)-max(pc2,pc1,pc4)-min(pc2,pc1,pc4),max(pc2,pc1,pc4))
    else:
        print(pc4,min(pc2,pc1,pc3),(pc2+pc1+pc3)-max(pc2,pc1,pc3)-min(pc2,pc1,pc3),max(pc2,pc1,pc3))
elif(user==user1 and clave==clave2):
    print("-"*70)
    print("\n\t User3")
    print("-"*40)
    print("\n\t bienvenido. Se procesará 4 Notas")
                                                                                    Ln: 89  Col: 69
```

```
if_4notas.py - C:\Users\User\Desktop\if_4notas.py (3.10.1)                                    —    □    ×
File  Edit  Format  Run  Options  Window  Help
    print("-"*70)
    pc1=int(input("\tNota 1="))
    if(pc1>=10 and pc1<21):
        pc2=int(input("Nota 2="))
        if(pc2>=10 and pc2<21):
            pc3=int(input("\tNota3="))
            if(pc3>=10 and pc3<21):
                pc4=int(input("\tNota 4="))
                if(pc4>=10 and pc4<21):
                    mini=min(pc1,pc2,pc3,pc4)
                    if(mini==pc1):
                        print("\tLa menor nota es ",mini," pertenece a la PC 1")
                    elif(mini==pc2):
                        print("\tLa menor nota es ",mini," pertenece a la PC 2")
                    elif(mini==pc3):
                        print("\tLa menor nota es ",mini," pertenece a la PC 3")
                    elif(mini==pc4):
                        print("Por error, adiós..La menor nota es ",mini," pertenece a la PC 4")
                    print(f"Por error, adiós..Por error, adiós..Secuencia= {pc1}{pc2}{pc3}{pc4}")
                    prom=(pc1+pc2+pc3+pc4-mini)/3
                    print(f"\tEl promedio que le corresponde a usted es: {prom:.2f}")
                    if(prom>=10):
                        print("\tUsted ha aprobado:D")
                    else:
                        print("\tUsted ha desaprobado:(")
                    minimo=min(pc1,pc2,pc3,pc4)
                    if minimo==pc1:
                        print(pc1,min(pc2,pc3,pc4),(pc2+pc3+pc4)-max(pc2,pc3,pc4)-min(pc2,pc3,pc4),max(pc2,pc3,pc4))
                    elif minimo==pc2:
                                                                                    Ln: 123  Col: 0
```

```
if_4notas.py - C:\Users\User\Desktop\if_4notas.py (3.10.1)                    —   □   ×
File  Edit  Format  Run  Options  Window  Help

    print("-"*70)
    pc1=int(input("\tNota 1="))
    if(pc1>=10 and pc1<21):
        pc2=int(input("Nota 2="))
        if(pc2>=10 and pc2<21):
            pc3=int(input("\tNota3="))
            if(pc3>=10 and pc3<21):
                pc4=int(input("\tNota 4="))
                if(pc4>=10 and pc4<21):
                    mini=min(pc1,pc2,pc3,pc4)
                    if(mini==pc1):
                        print("\tLa menor nota es ",mini," pertenece a la PC 1")
                    elif(mini==pc2):
                        print("\tLa menor nota es ",mini," pertenece a la PC 2")
                    elif(mini==pc3):
                        print("\tLa menor nota es ",mini," pertenece a la PC 3")
                    elif(mini==pc4):
                        print("Por error, adiós..La menor nota es ",mini," pertenece a la PC 4")
                    print(f"Por error, adiós..Por error, adiós..Secuencia= {pc1}{pc2}{pc3}{pc4}")
                    prom=(pc1+pc2+pc3+pc4-mini)/3
                    print(f"\tEl promedio que le corresponde a usted es: {prom:.2f}")
                    if(prom>=10):
                        print("\tUsted ha aprobado:D")
                    else:
                        print("\tUsted ha desaprobado:(")
                    minimo=min(pc1,pc2,pc3,pc4)
                    if minimo==pc1:
                        print(pc1,min(pc2,pc3,pc4),(pc2+pc3+pc4)-max(pc2,pc3,pc4)-min(pc2,pc3,pc4),max(pc2,pc3,pc4))
                    elif minimo==pc2:
                                                                            Ln: 123  Col: 0
```

```
*if_4notas.py - C:\Users\User\Desktop\if_4notas.py (3.10.1)*                  —   □   ×
File  Edit  Format  Run  Options  Window  Help

                        print(pc2,min(pc1,pc3,pc4),(pc1+pc3+pc4)-max(pc1,pc3,pc4)-min(pc1,pc3,pc4),max(pc1,pc3,pc4))
                    elif minimo==pc3:
                        print(pc3,min(pc2,pc1,pc4),(pc2+pc1+pc4)-max(pc2,pc1,pc4)-min(pc2,pc1,pc4),max(pc2,pc1,pc4))
                    else:
                        print(pc4,min(pc2,pc1,pc3),(pc2+pc1+pc3)-max(pc2,pc1,pc3)-min(pc2,pc1,pc3),max(pc2,pc1,pc3))
                else:
                    print("Por error, hasta pronto")
            else:
                print("Por error, hasta pronto")
        else:
            print("Por error, hasta pronto")
    else:
        print("Por error, hasta pronto")
elif(user==user4 and clave==clave4):
    print("-"*50)
    print("\n\t User4")
    print("-"*50)
    print("\n\tBienvenido a procesar sus 4 notas de prácticas")
    print("-"*70)
    pc1=int(input("\tNota1="))
    if(pc1%2==0):
        pc2=int(input("\tNota2="))
        if(pc2%2!=0):
            pc3=int(input("\tNota3="))
            if(pc3>=10 and pc3<21):
                pc4=int(input("\tNota4="))
                if(pc4>=0 and pc4<10)and(pc4%2!=0):
                    mini=min(pc1,pc2,pc3,pc4)
                    if(mini==pc1):
                                                                            Ln: 155  Col: 0
```

```
*if_4notas.py - C:\Users\User\Desktop\if_4notas.py (3.10.1)*                    —    □    ×
File  Edit  Format  Run  Options  Window  Help

            print("\tLa menor nota es ",mini," pertenece a la PC 1")
        elif(mini==pc2):
            print("\tLa menor nota es ",mini," pertenece a la PC 2")
        elif(mini==pc3):
            print("\tLa menor nota es ",mini," pertenece a la PC 3")
        elif(mini==pc4):
            print("\tLa menor nota es ",mini," pertenece a la PC 4")
        print(f"\tSecuencia = {pc1}{pc2}{pc3}{pc4}")
        prom=(pc1+pc2+pc3+pc4-mini)/3
        print(f"\tEl promedio que le corresponde a usted es: {prom:.2f}")
        if(prom>=10):
            print("\tUsted ha aprobado:D")
        else:
            print("\tUsted ha desaprobado:(")
        minimo=min(pc1,pc2,pc3,pc4)
        if minimo==pc1:
            print(pc1,min(pc2,pc3,pc4),(pc2+pc3+pc4)-max(pc2,pc3,pc4)-min(pc2,pc3,pc4),max(pc2,pc3,pc4))
        elif minimo==pc2:
            print(pc2,min(pc1,pc3,pc4),(pc1+pc3+pc4)-max(pc1,pc3,pc4)-min(pc1,pc3,pc4),max(pc1,pc3,pc4))
        elif minimo==pc3:
            print(pc3,min(pc2,pc1,pc4),(pc2+pc1+pc4)-max(pc2,pc1,pc4)-min(pc2,pc1,pc4),max(pc2,pc1,pc4))
        else:
            print(pc4,min(pc2,pc1,pc3),(pc2+pc1+pc3)-max(pc2,pc1,pc3)-min(pc2,pc1,pc3),max(pc2,pc1,pc3))
    else:
        print("Por error, adiós..,")
    else:
        print("Por error, hasta pronto")
else:
    print(" , Por error, adiós..")
                                                                          Ln: 155  Col: 0
```

Ejemplo:

Diseñar un programa que genere de forma aleatoria dos datos para usuario y clave. Luego leer dos datos en forma de cadena de nombre de usuarios y claves. Después, convertirlos a enteros para comparar con los datos generados. Si son verdaderos, el sistema solicita cuatro notas y debe leerlos en forma de cadena. Luego, pasarlos a enteros para incrementar 1 punto a todas las notas. También se debe validar si las notas se encuentran en el rango [0..20].

Solución:

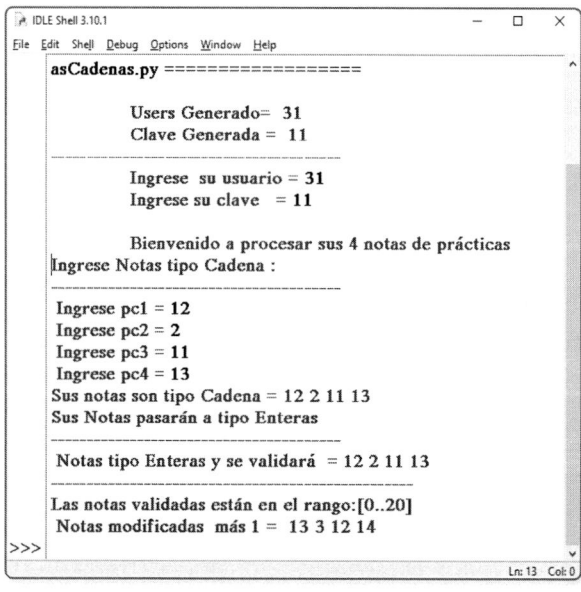

```
if_notasCadenas.py - H:/LP_2022_OCT/if_notasCadenas.py (3.10.1)          —  □  ×
File  Edit  Format  Run  Options  Window  Help
import random
from math import*
user1=random.randint(0,99)
clave1=random.randint(0,99)
print("\n\tUsers Generado= ",user1)
print("\tClave Generada = ", clave1)
print("-"*40)
userp=input("\tIngrese  su usuario = ")
clavep=input("\tIngrese su clave   = ")
if userp.isdigit() and clavep.isdigit():
    userp=int(userp)
    clavep=int(clavep)
    if userp ==user1  and clavep==clave1:

        print("\n\tBienvenido a procesar sus 4 notas de prácticas")
        print("Ingrese Notas tipo Cadena :"  )
        print("-"*40)
        pc1=input(" Ingrese pc1 = ")
        pc2=input(" Ingrese pc2 = ")
        pc3=input(" Ingrese pc3 = ")
        pc4=input(" Ingrese pc4 = ")
        print("Sus notas son tipo Cadena =",pc1,pc2,pc3,pc4)

        print("Sus Notas pasarán a tipo Enteras"  )
        print("-"*40)
                                                        Ln: 22  Col: 0
```

```
*if_notasCadenas.py - H:/LP_2022_OCT/if_notasCadenas.py (3.10.1)*          —  □  ×
File  Edit  Format  Run  Options  Window  Help
        if pc1.isdigit() and pc2.isdigit() and pc3.isdigit() and pc4.isdigit():
            pc1=int(pc1)
            pc2=int(pc2)
            pc3=int(pc3)
            pc4=int(pc4)
            print(" Notas tipo Enteras y se validará =",pc1,pc2,pc3,pc4)

            if(pc1>=0 and pc1<=20 and pc2>=0 and pc2<=20 and pc3>=0 and pc3<=20 and pc4>=0 and pc4<=20) :

                print("-"*50,"\nLas notas validadas están en el rango:[0..20] ")
                pc1=pc1+1;  pc2=pc2+1; pc3=pc3+1; pc4=pc4+1
                print(" Notas modificadas  más 1 = ",pc1,pc2,pc3,pc4)
            else:
                input('\n Presione un botón para salir')
                exit()
        else:
            input('\n Error')
                                                        Ln: 36  Col: 37
```

Problemas:

1. Diseñar un programa que permita leer un número entero (días). Asimismo, determinar y mostrar el equivalente en años, meses y días sobrantes. Por simplicidad, se supone que un año tiene 365 días y que cada mes tiene 30 días. Use los operadores // y % para obtener el cociente y residuo. Ejemplo: 1372 días equivalen a 3 años, 9 meses y 7 días.

2. Diseñar un programa que permita leer un número entero N formado por n cifras; n> 9999. Luego, presentarlo de forma invertida. Mostrar primero los dígitos pares y sus posiciones respectivas; después, de la misma manera para los impares.

3. Dado un número entero n>9999, que representa soles peruanos, mostrar el valor equivalente, usando la menor cantidad de billetes de S/500, S/200, S/100, S/50, S/20 y S/10.

4. Leer las cinco notas de un estudiante, encontrar y mostrar la mayor y la segunda mayor notas, así como la menor. Mostrar las notas ingresadas en una secuencia.

5. Leer tres lados de un triángulo y determinar su tipo: equilátero, isósceles o escaleno.

6. Leer las dimensiones de un bloque de hielo rectangular (largo, ancho y altura del bloque) y el diámetro de un agujero. Determinar si es posible que el bloque pueda pasar por el agujero. Sugerencia: calcular cada una de las tres diagonales del bloque. Si alguna de ellas tiene un valor menor al diámetro del agujero, mostrar el mensaje "Sí pasa por el agujero".

7. Leer un número x y los números a y b. Suponer que a<b y que x ≠ a, x ≠ b. Determinar en qué lugar se encuentra el número x, antes de a, entre a y b o después de b. Mostrar un mensaje.

8. Diseñar un programa que permitaresolver lo siguiente: tres misioneros y tres caníbales deben atravesar un río en un bote en el que solo caben dos personas. Pueden hacer los viajes que quieran, pero en las orillas y en el bote el número de caníbales no debe ser mayor al de los misioneros porque se puede suponer lo que ocurriría. El bote no puede cruzar el río si no hay, al menos, una persona en su interior para que lo dirija.

9. Diseñar un programa para resolver el siguiente problema: había un pastor que cuidaba a un lobo, una oveja y una canasta de lechugas. Tenía que cruzar un río, para lo cual disponía de un pequeño bote, en el que solo cabían él y un animal, o él y la canasta de lechugas. El problema es conseguir que pasen todos al otro lado del río, sin que nadie se coma a nadie. Al lobo no le gustan las lechugas, pero como se puede suponer, no puede quedarse a solas con la oveja y tampoco la oveja puede quedarse sola con las lechugas. El pastor debe guiar el bote en cada viaje. Debe variarse el dato en cada problema solo con estructuras condicionales.

2.2. Estructuras repetitivas

Las estructuras de control repetitivas permiten describir la ejecución repetida de un conjunto de instrucciones definidas en un bloque del programa. Se debe disponer de una variable denominada **"contador, comparación lógica o punteros archivo"** que permita salir del bucle.

En forma gráfica, se ilustran sus tres tipos:

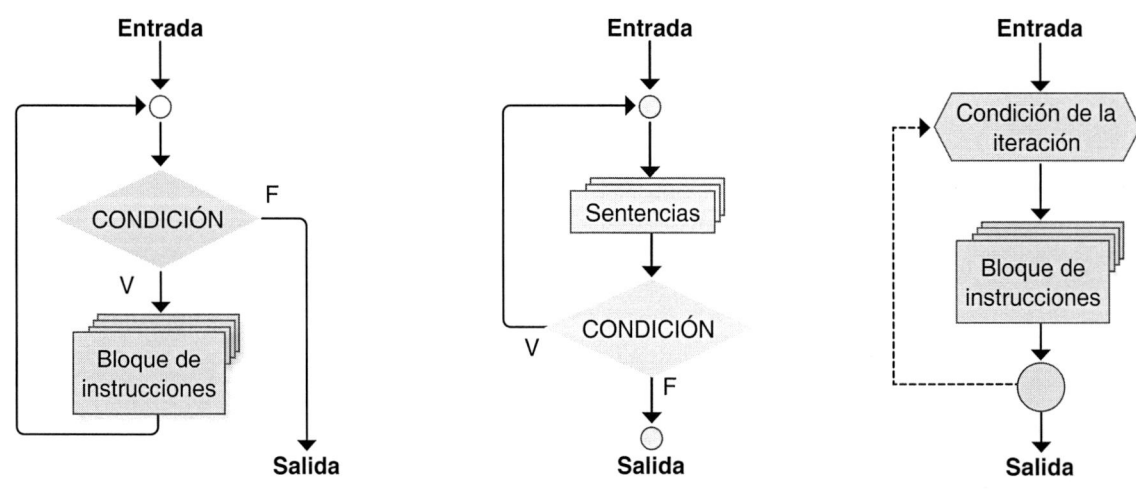

2.2.1. Estructura repetitiva con pretest: while

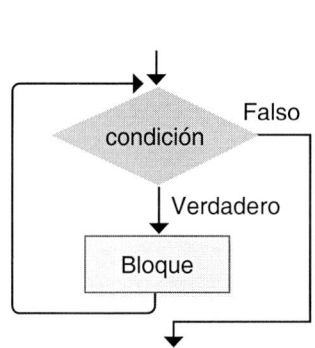

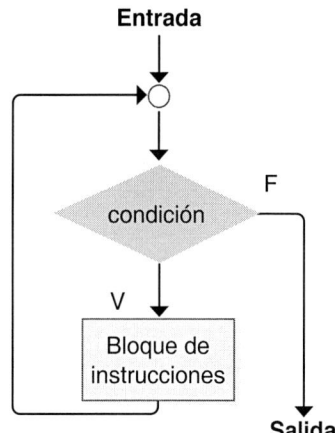

Permite evaluar la condición lógica y las instrucciones a ejecutar. Funcionamiento:

a. Se evalúa la <condición>.

b. Si en a es true (V), continuar hasta que <condición> sea falsa (F).

Sintaxis:

while condición:

        Instrucción1 en P

        Instrucción2 en P

        ....

        Instrucción k en P

El bloque de las instrucciones que se repetirán está definido mediante el encolumnado, es decir, las instrucciones que se repetirán deben escribirse desplazadas algunas columnas a la derecha de la palabra while. Se conserva el orden de encolumnamiento.

Ejemplo:

Simular los lanzamientos de un dado y mostrar el resultado en cada intento. Finalizar cuando salga el número 5.

Solución:

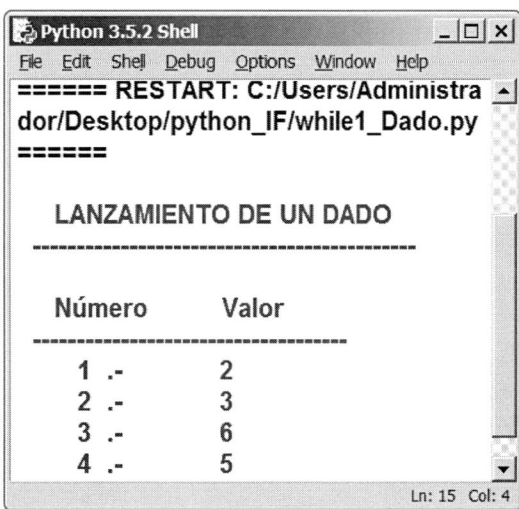

Ejemplo:

Diseñar un programa para leer un número entero formado por tres o más cifras y luego mostrarlo en forma invertida.

Solución:

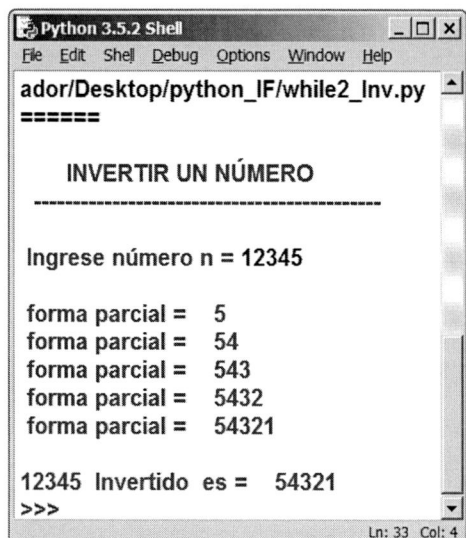

Ejemplo:

Diseñar un programa que permita leer un número entero positivo n >1 y luego encontrar dos números a y b, donde la suma de los cuadrados de cada número sea igual al número ingresado, pero cumpliendo la condición de que a<=b. Asimismo, hacer un reporte del número de veces que se descompone n.

Solución:

Ejemplo:

Diseñar un programa que permita calcular la suma de los cuadrados de los números enteros en un intervalo que el usuario defina. Se debe leer del lado izquierdo (valor inicial) al lado derecho (valor final). El programa debe ser interactivo con el usuario, es decir, después de cada respuesta se decide seguir o no en el programa mediante la pregunta "¿Desea continuar...? (S/N)→".

Solución:

```
*while4_suma_cuadr.py - C:\Users\Administrador\Desktop\pytho...
File  Edit  Format  Run  Options  Window  Help

print("")
print("     SUMA DE CUADRADOS ")
print ("   ----------------------------------------- ")
print("")
resp='S'
while resp=='S':
    ldi=int(input(" Ingrese lado izquierdo ldi= "))
    ldd=int(input(" Ingrese lado derecho ldd= "))
    print("")
    print(" Intervalo formado I = [",ldi,",",ldd,"]")
    aux=ldi

    print("")
    sumac=0
    while aux<=ldd:
        sumac=sumac+aux**2
        aux=aux+1
    print("\n La suma desde ",ldi," hasta ",ldd," = ", sumac)
    print("")
    resp=input(" Desea continuar...?..(S/N)==> ")
                                                    Ln: 13  Col: 4
```

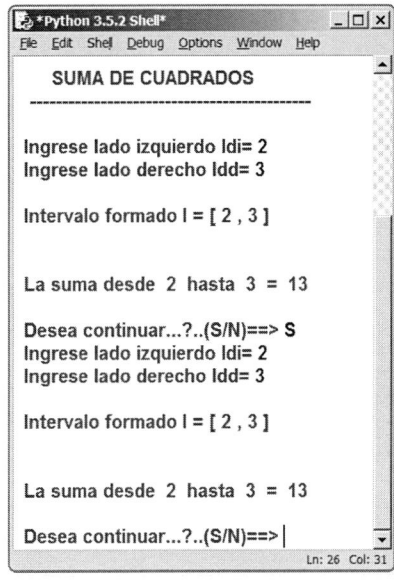

```
*Python 3.5.2 Shell*
File  Edit  Shell  Debug  Options  Window  Help

       SUMA DE CUADRADOS
   ----------------------------------------

Ingrese lado izquierdo ldi= 2
Ingrese lado derecho ldd= 3

Intervalo formado I = [ 2 , 3 ]


La suma desde  2  hasta  3  = 13

Desea continuar...?..(S/N)==> S
Ingrese lado izquierdo ldi= 2
Ingrese lado derecho ldd= 3

Intervalo formado I = [ 2 , 3 ]


La suma desde  2  hasta  3  = 13

Desea continuar...?..(S/N)==>
                                        Ln: 26  Col: 31
```

Ejemplo:

Diseñar un programa que permita calcular el promedio de prácticas de un alumno, el cual se identifica por código y se lee n práctica. Mostrar también el estado de aprobado suspenso, así como las notas en forma de secuencia (concatenado). El programa debe ser interactivo con el usuario; él decide seguir o no en el programa mediante la pregunta "Desea continuar...?..(S/N)→".

Interfaz de entrada de datos: se ilustra cómo se debe ingresar el código y la nota de cada alumno. El ingreso se realiza en forma interactiva al usar la confirmación de (S/N).

```
*while5_matric.py - C:/Users/Administrador/Desktop/pyt...
File  Edit  Format  Run  Options  Window  Help

resp='S'
while resp=='S':
    os.system("clear")
    cod=int(input(" Ingrese Código = "))
    n=int(input(" Ingrese Nro. prácticas  = "))
    print("")
    sumap=0
    sec=0
    i=1;
    while i<=n:
        nota=int(input(" Ingrese Nota ="))
        sumap=sumap+nota
        sec=sec*100+nota
        i=i+1
    print("\n Secuencia de notas  = ", sec)
    print("\n La suma actual es  = ", sumap)
    print("\n Promedio =", sumap/n)
    if sumap/n>10.0:
        print(" Aprobado...")
    else:
        print(" Deaprobado...")
    resp=str(input(" Desea continuar...?..(S/N)==> "
                                                    Ln: 26  Col: 35
```

```
*Python 3.5.2 Shell*
File  Edit  Shell  Debug  Options  Window  Help

       SISTEMA  ACADÉMICO
   ----------------------------------------
Ingrese Código = 200
Ingrese Nro. prácticas  = 3

Ingrese Nota =13
Ingrese Nota =12
Ingrese Nota =14

Secuencia de notas  = 131214

La suma actual es  =  39

Promedio = 13.0
Aprobado...

Desea continuar...?..(S/N)==>
                                        Ln: 41  Col: 31
```

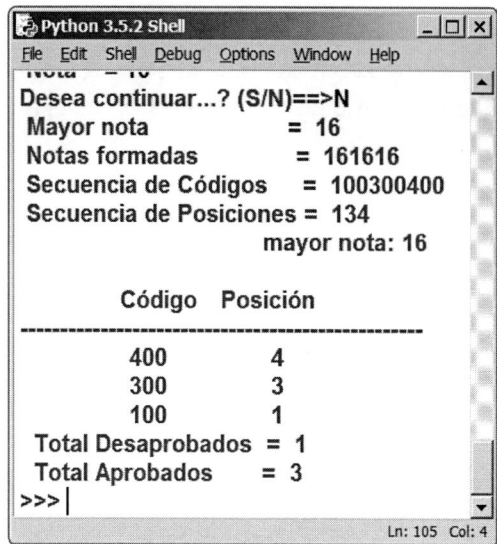

Resultados: en las siguientes interfaces, se ilustran los resultados respecto a mayor nota, código y posición, análogos a la menor nota, y el consolidado de alumnos aprobados y desaprobados.

Interfaz: con datos respecto a la mayor nota, se muestra la secuencia de formación de esta y de las demás notas, de los códigos y de las posiciones respectivas.

Observación:
Describir el módulo para la menor nota y hacer que el programa tenga alcance general (verificar con las notas 12, 16, 12 y 16).

Solución:

```python
aprob=0;desap=0;mayor=-1
nrep=0;notas=0
resp='S'
while(resp=='S'):
        nrep=nrep+1
        cod=int(input(" Código = ") )
        nota=int(input(" Nota    = "))
        if (mayor<nota):
           mayor=nota;
           codi=cod;
           pos=nrep;
           codigos =codi;
           spos=pos;
           notas=notas*100+mayor;
        else:
             if(mayor==nota):
                notas=notas*100+mayor;
                codigos = codigos*1000 + cod
                spos=spos*10+nrep;
        if(nota>10):
                aprob=aprob+1
```

```
            else:
        |        desap=desap+1
        resp=str(input("Desea continuar...? (S/N)==>"))
        print (" Mayor nota            = ",mayor)
        print(" Notas formadas         = ",notas)
        print(" Secuencia de Códigos    = ",codigos)
        print(" Secuencia de Posiciones = ",spos)
        print("\t\t    mayor nota:",mayor)
        print(" ")
        print("\tCódigo\tPosición ")
        print("---------------------------------------------------")
while(codigos>0):
        nt=notas%100;
        cod=codigos%1000;
        codigos=codigos//1000

        pos=spos%10
        spos=spos//10
        print("          ", cod, "          ",pos)

print("  Total Desaprobados  = ",desap)
print("  Total Aprobados       = ",aprob)
```

Ejemplo:

En un centro meteorológico de Argentina, se llevan los promedios mensuales de lluvias caídas en las principales regiones productoras del país. Existen tres regiones importantes denominadas "norte", "centro" y "sur". Diseñar un programa que permita calcular:

a. Promedio anual de cada región.

b. El mes y registro con mayor lluvia en la región sur.

c. La región con mayor lluvia anual (los registros anuales de cada región son diferentes).

Solución:

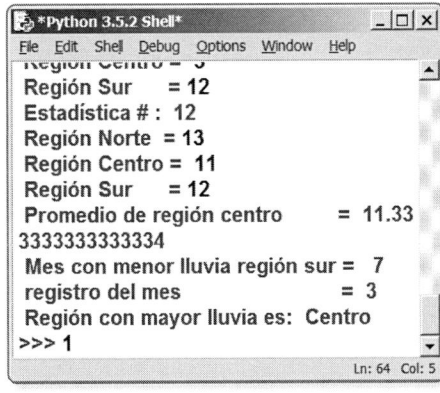

```
while7_LLuvias.py - I:/python_IF/while7_LLuvias.py (3.5.2)
File  Edit  Format  Run  Options  Window  Help

arno=0;arce=0;arsu=0;mersu=500000; i=0
while(i<=12):
    print(" Estadística # : ",i)
    rno=int(input(" Región Norte  = "))
    rce=int(input(" Región Centro = "))
    rsu=int(input(" Región Sur    = "))
    arno=arno+rno; arce=arce+rce; arsu=arsu+rsu
    i=i+1
    if (rsu<mersu ):
        mersu=rsu;   mes=i
prorce=float(arce)/12
print(" Promedio de región centro       = ",prorce)
print(" Mes con menor lluvia región sur = ",mes)
print(" registro del mes                 = ",mersu)
        # buscando regiones con mayor lluvia
if (arno>arce):
        if(arno>arsu):
           print(" Región con mayor lluvia es : el Norte")
        else:
           print(" Región con mayor lluvia es :  el Sur ")
else:
    if(arce>arsu):
        print(" Región con mayor lluvia es:  Centro")
    else:
        print (" Región con menor lluvia es: Sur");
```

```
*Python 3.5.2 Shell*
File  Edit  Shell  Debug  Options  Window  Help
Región Centro = 3
Región Sur     = 12
Estadística # :  12
Región Norte  = 13
Región Centro = 11
Región Sur     = 12
Promedio de región centro        = 11.33
3333333333334
Mes con menor lluvia región sur =  7
registro del mes                 = 3
Región con mayor lluvia es: Centro
>>> 1
                                       Ln: 64  Col: 5
```

Ejemplo:

Diseñar un programa que permita leer un número n>1. Luego, realizar las siguientes operaciones: mostrar el número invertido, total de dígitos pares e impares, y el número de veces que se repite el dígito.

Solución:

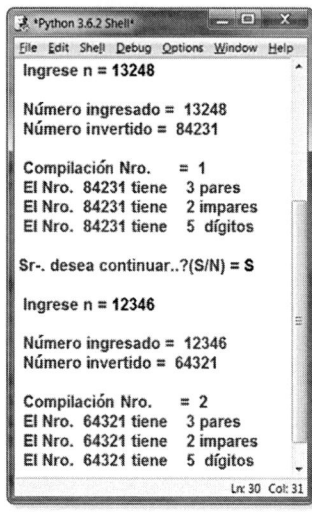

Ejemplo:

Diseñar un programa que permita leer un número entero mayor que 1 y, luego, ordenarlo de forma ascendente.

Solución:

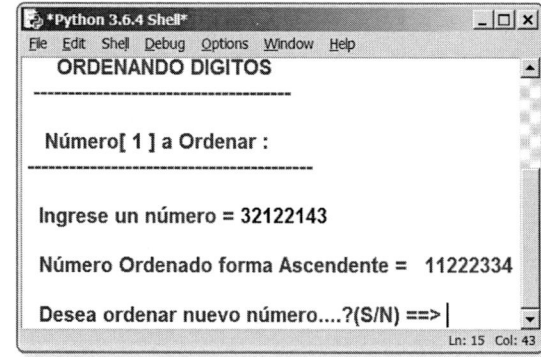

Ejemplo:

Diseñar un programa que permita leer un número entero positivo y luego encontrar sus factores primos. Estos son los números primos que conforman el mayor conjunto de divisores enteros positivos de un número, tales que su producto es igual al número dado. Si el dato es 120, sus factores primos son 2, 2, 2, 3 y 5, y su producto es 120.

Solución:

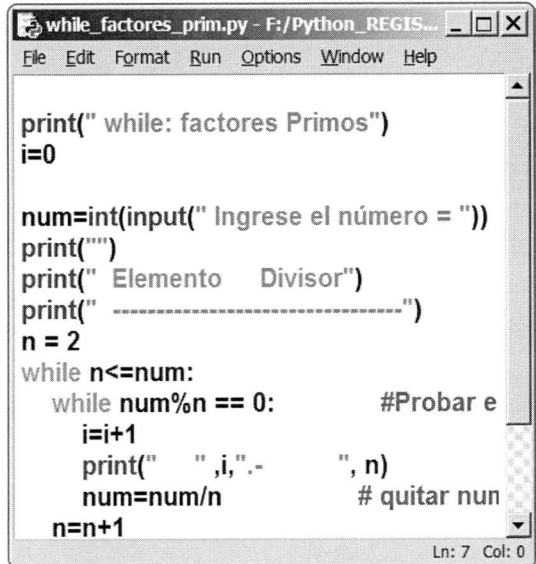

```
print(" while: factores Primos")
i=0

num=int(input(" Ingrese el número = "))
print("")
print(" Elemento    Divisor")
print(" ----------------------------------")
n = 2
while n<=num:
    while num%n == 0:          #Probar e
        i=i+1
        print("    ",i,".-      ", n)
        num=num/n              # quitar nun
    n=n+1
```

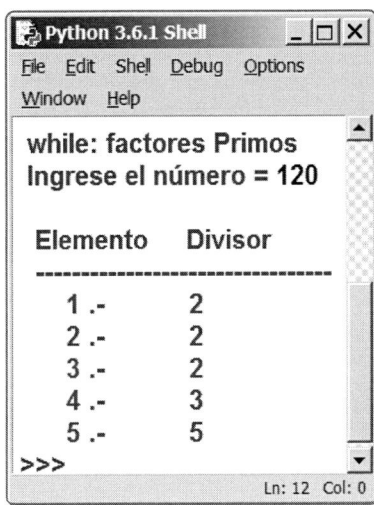

```
while: factores Primos
Ingrese el número = 120

Elemento    Divisor
----------------------------------
   1 .-        2
   2 .-        2
   3 .-        2
   4 .-        3
   5 .-        5
>>>
```

Ejemplo:

Diseñar un programa que permita definir un rango de [1..10] dígitos y luego, mediante una condicional de prueba, hacer que solo se imprima hasta el dígito 5.

Solución:

```
USO DE BREAK

Contador[ 1 ] = 1
Contador[ 2 ] = 2
Contador[ 3 ] = 3
Contador[ 4 ] = 4
Contador[ 5 ] = 5
Salir del bucle
```

```
print(" USO DE BREAK ")
print("")
i= 1
while (i < 10):
    print ("Contador[",i,"] = ",i)
    i =i + 1
    if (i > 5):
        break
print ( " Salir del bucle ")
```

Ejemplo:

Diseñar un programa que permita validar datos de la siguiente manera: leer el nombre del alumno y su nota. Si la nota es mayor que 9, enviar el mensaje **"Aprobado"**; caso contrario, **"Suspenso"**. En cualquier circunstancia, el programa solicita si desea continuar o no usando el siguiente mensaje: **"Sr., ¿desea continuar...? (S/N)"**.

Si la nota no es un número entero, envía el mensaje **"Error Nro. K"** y solicita que intente nuevamente. Es decir, este módulo permite enviar el número de error y el mensaje de repetir la lectura del dato.

Solución:

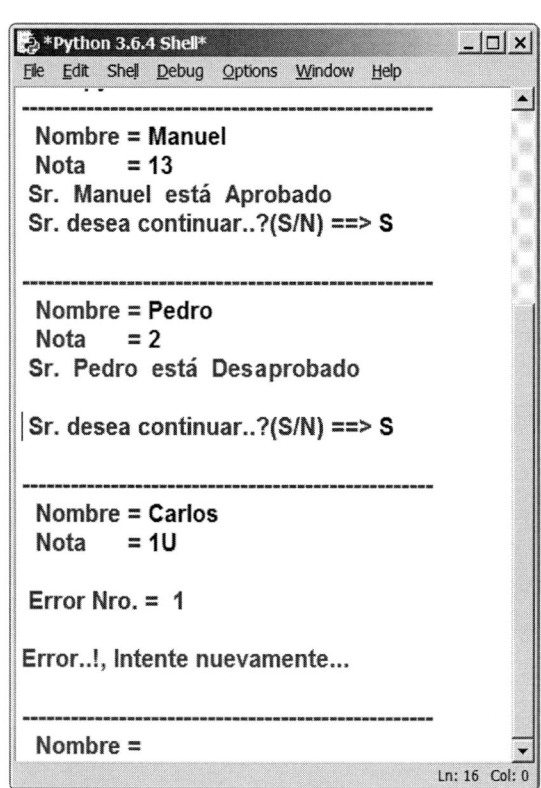

```
i=0;resp='S'
while(resp=='S'):
    while True:
        try:
            print("----------------------------------------")
            nomb=input(" Nombre = ")
            exf = int(input(" Nota    = "))
            if  exf >9 and exf<=20:
                print(" Sr. ",nomb," está  Aprobado")
            else:
                print(" Sr. ",nomb," está  Desaprobado")
            break
        except ValueError:
            i=i+1
            print(" Error Nro. = ",i)
            print("")
            print("Error..!, Intente nuevamente...")
            print("")
    resp=input(" Sr. desea continuar..?(S/N) ==> ")
    if resp=='N':
        print(" Gracias por verificar: alumnos A/D :  ")
        exit()
```

Explicación de try:

a. Se define bucle repetitivo de S/N y luego el bucle repetir. Se inicia la ejecución con el bloque para try.

b. Si no ocurre ninguna excepción, el bloque except se saltea y termina la ejecución de try.

c. Si ocurre una excepción durante la ejecución del bloque try, el resto del bloque se saltea. Luego, si su tipo coincide con la excepción nombrada después de la palabra reservada except, se ejecuta el bloque except y la ejecución continúa.

Ejemplo:

Diseñar un programa que permita leer el total de edades de alumnos, luego mostrar lo siguiente:

a. Promedio de edades en el rango [0..9].

b. Promedio de edad en el rango [10..29].

c. Promedio de edad en el rango [30..40].

d. Promedio de rango de edad de mayores de 41 años.

e. Suma de edades pares.

f. Suma de edades impares.

Solución:

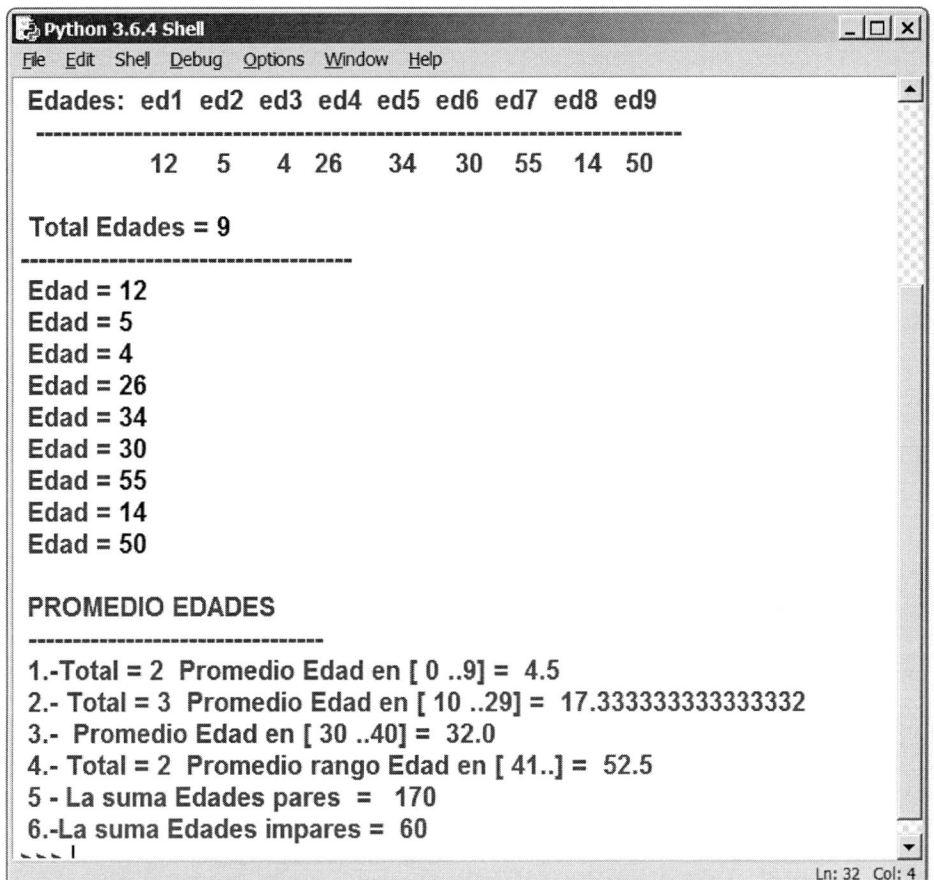

```
print( " LISTADO: SECCIÓN / EDADES ")
print(" Edades: ed1 ed2 ed3 ed4 ed5 ed6 ed7 ed8 ed9")
print("     ------------------------------------------------------------")
print("          12   5   4  26   34   30  55  14  50   ")
n=int(input(" Total Edades = "))
print("------------------------------------")
s=0;s1=0;s2=0;s3=0;suma_p=0;suma_i=0;c=0;c1=0;c2=0;c3=0;i=1;np=0
while  i<=n:
      x=int(input(" Edad = "))
      if ((x>0) and (x<10)):
                  s=s+x
                  c=c+1
      elif x>=10 and x<30:
                  s1=s1+x
                  c1=c1+1
```

```
        elif ((x>=30) and (x<40)):
                    s2=s2+x
                    c2=c2+1
        elif( x>=40):
                    s3=s3+x
                    c3=c3+1
        else:
              print(" fuera de rango ")
        i=i+1
        if x % 2 == 0:
              suma_p=suma_p+x
              np=np+1
        else:
              suma_i=suma_i+x
print(" PROMEDIO EDADES ")
if c !=0:
        print(" 1.-Total =",c," Promedio Edad en [ 0 ..9] = ", s/c)
else:
        print("  1.- Promedio no existe en [ 0 ..9] ")
if c1 !=0:
        print(" 2.- Total =",c1," Promedio Edad en [ 10 ..29] = ", s1/c1)
else:
        print(" 2.- Promedio no existe en [ 10 ..29]")
if c2 !=0:
        print(" 3.-  Promedio Edad en [ 30 ..40] = ", s2/c2)
else:
        print(" 3.- Promedio no existe en [ 30 ..40]")
if c3 !=0:
        print(" 4.- Total =",c3," Promedio rango Edad en [ 41..] = ", s3/c3)
else:
        print(" 4.- Promedio no existe en [ 41..] ")
print(" 5 - La suma Edades pares  = ", suma_p)
print(" 6.-La suma Edades impares = ", suma_i)
```

Ln: 44   Col: 0

2.3. Estructura repetitiva cuando se conoce el número de iteraciones

En este tipo de estructura se conoce el número de instrucciones a realizar. Por ejemplo, si en un aula se tiene 20 alumnos, entonces se leerá la edad de 20 alumnos. Sintaxis:

> **for Nomb_variable in elemento iterable (lista, cadena, range, etc.):**
>> **<Instrucciones>**

Existen tres formas de usar esta estructura:

a. Una constante: 2.

b. Rango: range(m), donde m es un dato ingresado por el usuario.

c. Una lista inicializada con datos.

2.3.1. Secuencia definida mediante una lista

Se puede especificar una secuencia mediante una lista de valores escritos entre corchetes [ ] o entre paréntesis ( ). Sintaxis:

for k in secuencia:

    Instrucción 1en B

    · ....

    Instrucción k en B

donde k es la variable que recorre la secuencia y B es el bloque que contiene las instrucciones que se desea repetir.

Ejemplo:

Diseñar un programa que permita hacer las siguientes operaciones:

a. Sumar elementos enteros inicializados en una lista.

b. Multiplicar cada elemento de la lista.

Formato 1:

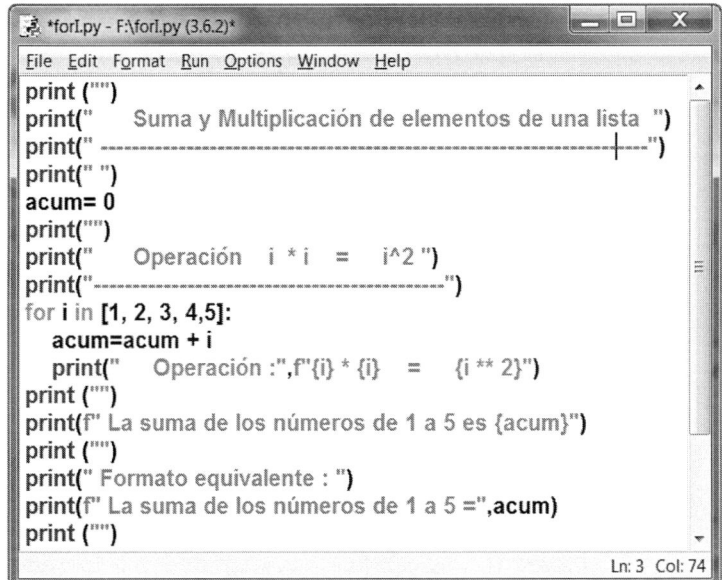

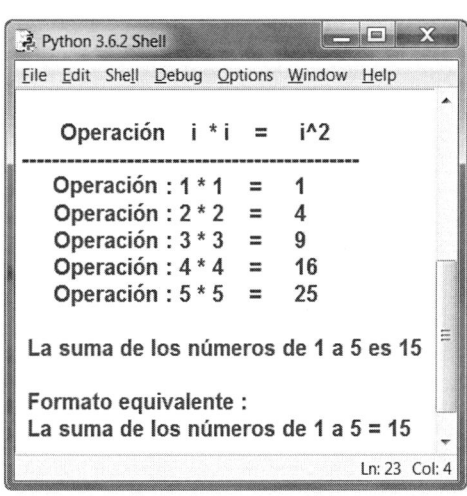

Diseñar un programa que permita leer un número n > 1, luego llevar a cabo las operaciones realizadas en el problema anterior. Usar formato range( ).

Formato 2:

Usando sintaxis: range() se debe incrementar en una unidad cada operación (más adelante se profundiza el estudio de este procedimiento). Sintaxis:

range(dato_i, dato_f)

donde dato_i: dato inicial, dato_f: dato final

Observación:

También puede usar range(dato), donde dato es un valor final.

Solución:

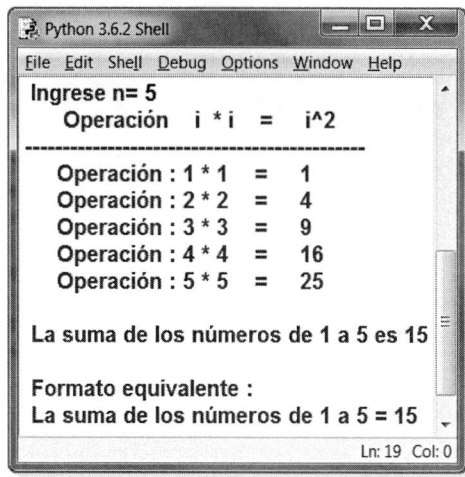

```
print(" ")
acum= 0
print("")
n=int(input(" Ingrese n= "))
print("    Operación   i * i   =    i^2 ")
print("--------------------------------------------")
for i in range(1,n+1) :
    acum=acum + i
    print("    Operación :",f"{i} * {i}    =     {i ** 2}")
print ("")
print(f" La suma de los números de 1 a 5 es {acum}")
print ("")
print(" Formato equivalente : ")
print(f" La suma de los números de 1 a 5 =",acum)
```

```
Ingrese n= 5
    Operación   i * i   =    i^2
--------------------------------------------
    Operación : 1 * 1   =    1
    Operación : 2 * 2   =    4
    Operación : 3 * 3   =    9
    Operación : 4 * 4   =    16
    Operación : 5 * 5   =    25

La suma de los números de 1 a 5 es 15

Formato equivalente :
La suma de los números de 1 a 5 = 15
```

Ejemplo:

Defina la lista = [100,"Ana", 'A', 30,60.7] con elementos de diferentes tipos de datos y luego hacer un informe de sus elementos.

Solución:

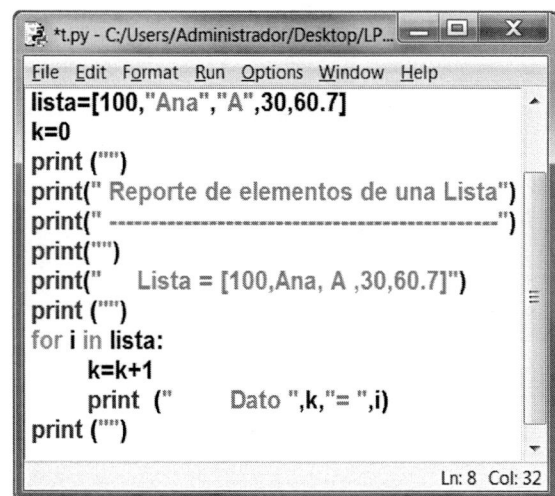

```
lista=[100,"Ana","A",30,60.7]
k=0
print ("")
print(" Reporte de elementos de una Lista")
print(" --------------------------------------------")
print("")
print("    Lista = [100,Ana, A ,30,60.7]")
print ("")
for i in lista:
        k=k+1
        print ("      Dato ",k,"= ",i)
print ("")
```

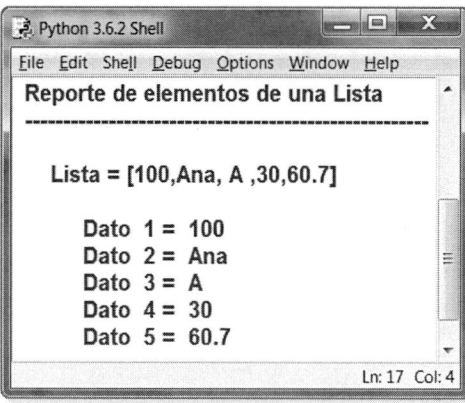

```
Reporte de elementos de una Lista
--------------------------------------------

    Lista = [100,Ana, A ,30,60.7]

        Dato  1 =  100
        Dato  2 =  Ana
        Dato  3 =  A
        Dato  4 =  30
        Dato  5 =  60.7
```

2.3.2. Secuencia definida mediante un rango

Se define la función range como aquella que permite definir valor de inicio y final para realizar las instrucciones. Sintaxis:

for k in range (especificación):

    Instrucción 1 en B

    Instrucción 2 en B

    . . .

    Instrucción k en B

donde k es la variable que tomará cada valor del rango especificado y B es el bloque que contiene las instrucciones que se desean repetir. El rango se debe especificar únicamente con números enteros. La especificación del rango puede tomar varias formas como se muestra en los ejemplos. El rango se puede especificar con el valor final. En este caso, el valor inicial es cero.

Ejemplo:

Diseñar un programa que permita imprimir cinco elementos, donde cada elemento se denomina **"Dato"**.

Solución:

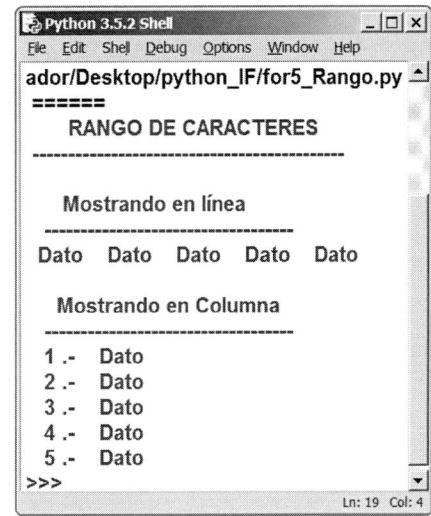

rango(5): significa que son cinco elementos, se debe posicionar en sus índices: 0,1,2,3,4. Esto se debe a que se está usando cadenas, donde por defecto el primer elemento de toda cadena inicia en el índice 0; el segundo elemento, en 1, y continúa de la misma forma. end = permite dar formato de impresión en línea.

El rango se puede especificar con los extremos, por ejemplo:

a. for k in range(2,5): imprimir dato tres veces.

b. for k in range(2,5): imprimir tres dígitos.

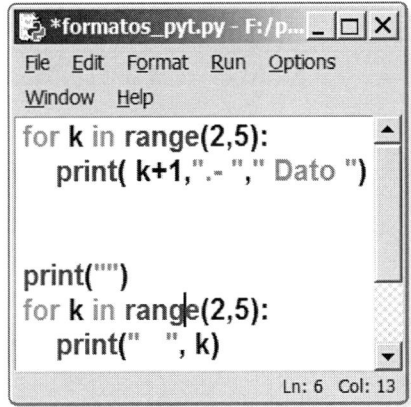
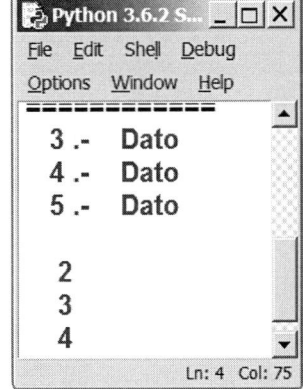

Observación:

a. Definir range(7,2). El valor inicial excede al valor final del rango. Genera error.

b. La secuencia generada con range no incluye el extremo final.

Ejemplo:

Mostrar las operaciones que se realiza con los siguientes formatos.

a. range(1,10,3): el ciclo se repetirá tres veces.

b. range(5,1,-1): el ciclo se repetirá cuatro veces.

Solución:

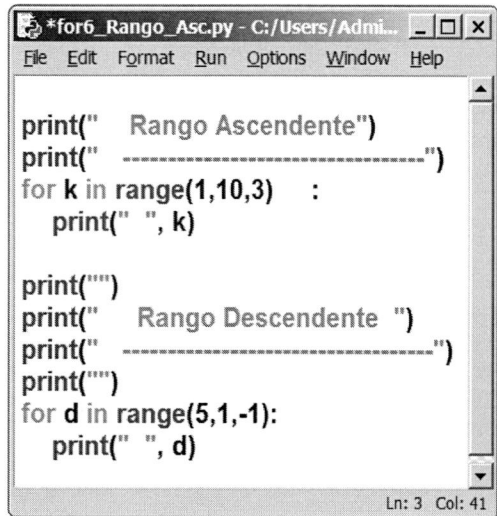

2.3.3. Formato de salida mejorado: str(), repr()

La función str() permite devolver representaciones legibles de los valores, es decir, la estética en formato de salida. Mientras que repr() genera representaciones legibles por el intérprete (o harán saltar un SyntaxError si no hay una sintaxis equivalente), str() se usa para concatenar expresiones.

Para los objetos que no tienen una representación particular, str() devolverá el mismo valor que repr().

Ejemplo:

Mostrar los resultados de las siguientes notaciones:

a. saludos = 'Buenos días.'

b. str(saludos)

c. repr(saludos)

d. str(1 / 9)

e. repr(1/9)

f. f. n = 10 * 43.25

g. m = 200 *500

h. express = ' + repr(n) + ', m = ' + repr(m) + '...'

i. saludos = 'Buenos dias \n'

j. saludos = repr(saludo)

k. saludos = str(saludo)

l. print(" expresión =",repr((n, m, ('papas', 'uvas'))))

Solución:

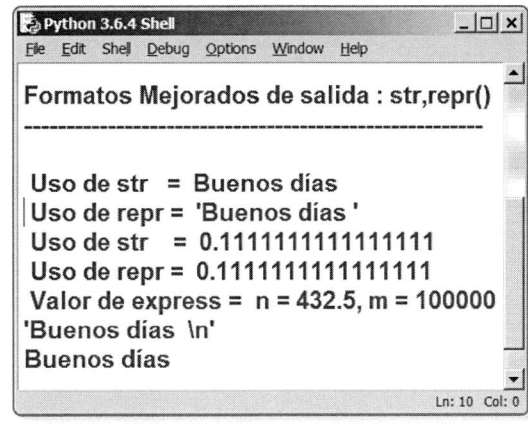

Ejemplo:

Diseñar un programa que permita imprimir los cuadrados y cubos de los números en el rango [1..10].

Solución:

Formato 1: uso del formato {..}

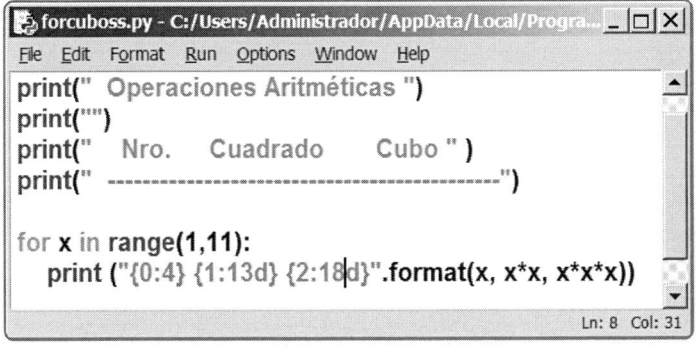

Formato 2: uso del formato repr()

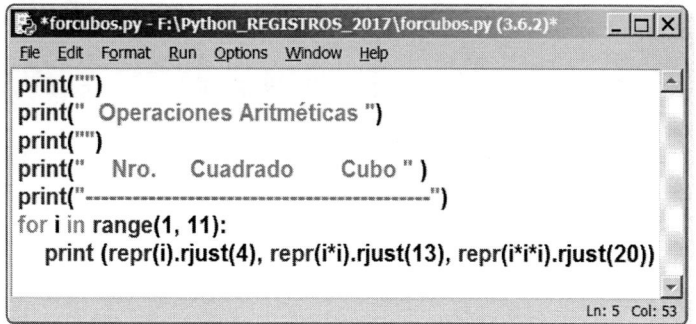

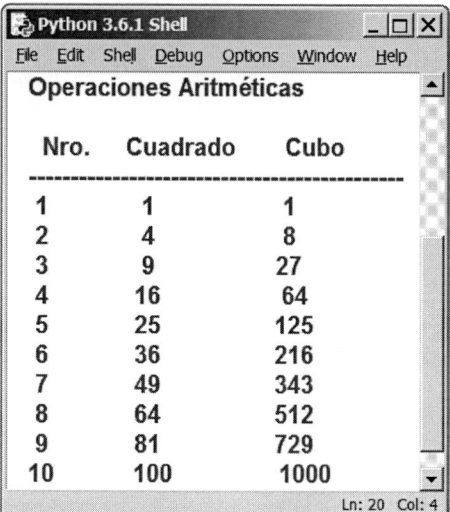

Ejemplo:

Diseñar un programa que permita imprimir un reporte de alumnos por nombre y edad.

Observación:

Los datos están inicializados en una estructura diccionario ={ }.

Solución:

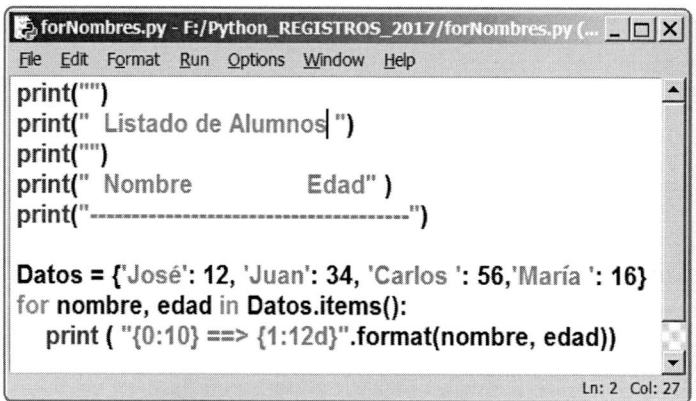

Ejemplo:

Diseñar un programa que permita calcular el promedio de n edades de una población de adultos. Si se desea para edades de k ancianos, el programa solicita que ingrese S para continuar.

Solución:

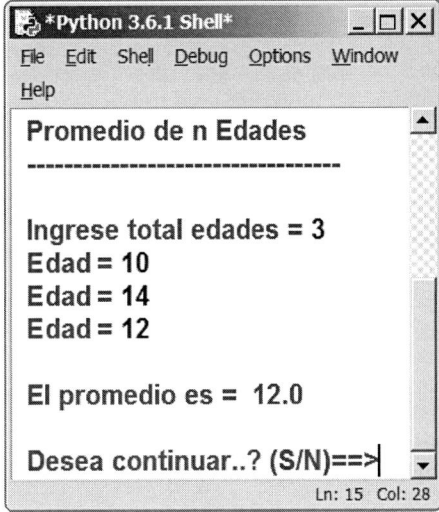

```python
print(" Promedio de n Edades ")
print( " ------------------------------")
print("")
resp='S'
while resp=='S':
    s=0
    n=int(input(" Ingrese total edades = "))
    for i in range(n):
        x=float(input(" Edad = "))
        s=s+x
    p=s/n
    print('\n El promedio es = ',p)

    resp=str(input("\n Desea continuar..? (S/N)==>"))
```

```
Promedio de n Edades
------------------------------

Ingrese total edades = 3
Edad = 10
Edad = 14
Edad = 12

El promedio es =  12.0

Desea continuar..? (S/N)==>
```

Ejemplo:

Diseñar un programa que permita mostrar cuatro veces la palabra FIIS.

Solución:

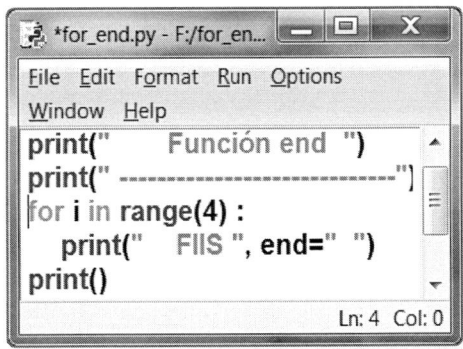

```python
print("     Función end  ")
print(" ---------------------------")
for i in range(4) :
    print("   FIIS ", end=" ")
print()
```

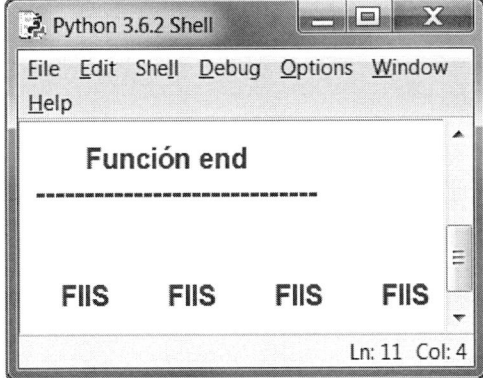

```
     Función end
---------------------------

FIIS     FIIS     FIIS     FIIS
```

Ejemplo:

Diseñar un programa que permita mostrar los números pares e impares, sus secuencias y posiciones respectivas en el rango [1..9].

Solución:

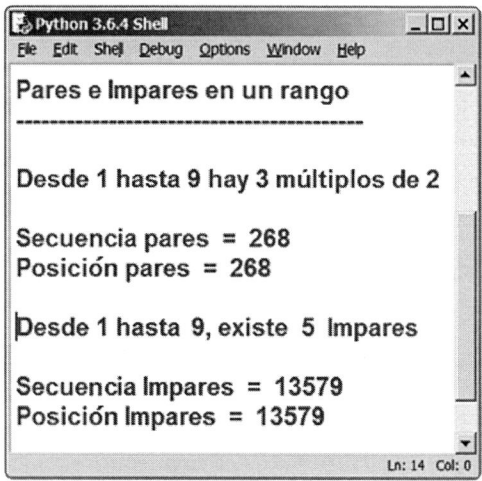

```python
secp=0;seci=0; posp=0; nmi=0;nmp=0; posim=0
for i in range(1,10):
    if (i % 2 == 0 and i !=4):
        nmp =nmp + 1
        secp=secp*10+i
        posp=posp*10+i
    else:
        if i!=4:
            nmi=nmi+1
            seci=seci*10+i
            posim=posim*10+i
print(f"Desde 1 hasta 9 hay {nmp} múltiplos de 2")
print("Secuencia pares = ",secp)
print("Posición pares = ",posp)
print("Desde 1 hasta 9, existe ",nmi, " Impares" )
print("Secuencia Impares = ",seci)
print("Posición Impares = ",posim)
```

```
Pares e Impares en un rango
--------------------------------------------

Desde 1 hasta 9 hay 3 múltiplos de 2

Secuencia pares  = 268
Posición pares  = 268

Desde 1 hasta 9, existe  5  Impares

Secuencia Impares  = 13579
Posición Impares  = 13579
```

Ejemplo:

Diseñar un programa que permita generar números aleatorios, en el que el usuario ingrese la cantidad. Luego formar o almacenar cada número aleatorio en una variable secuencia (concatenación) y hacer un informe.

Solución:

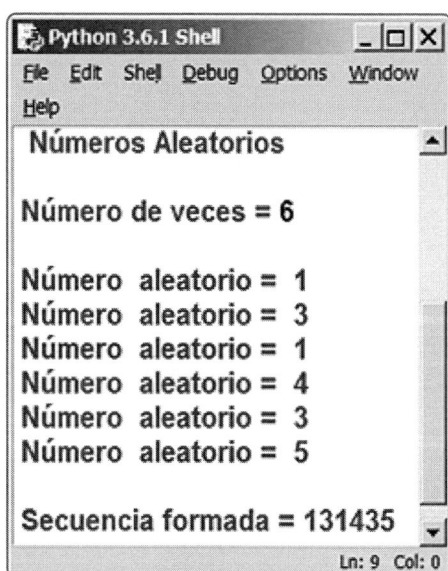

```python
print(" Números Aleatorios \n")

import random

n = int(input("Número de veces = "))
print("")
i = 1
sec=0
while (n >= i):
    nal = random.choice(range(n))
    sec=sec*10+nal
    print ("Número  aleatorio = ", nal)
    i += 1
print(" \nSecuencia formada =",sec)
```

```
Números Aleatorios

Número de veces = 6

Número  aleatorio =  1
Número  aleatorio =  3
Número  aleatorio =  1
Número  aleatorio =  4
Número  aleatorio =  3
Número  aleatorio =  5

Secuencia formada = 131435
```

Ejemplo:

Diseñar un programa que permita encontrar el total de dígitos pares, secuencia par, el total de dígitos impares, secuencia impar y la suma de los dígitos pares e impares. Considerar el rango range(1,10,1).

Solución:

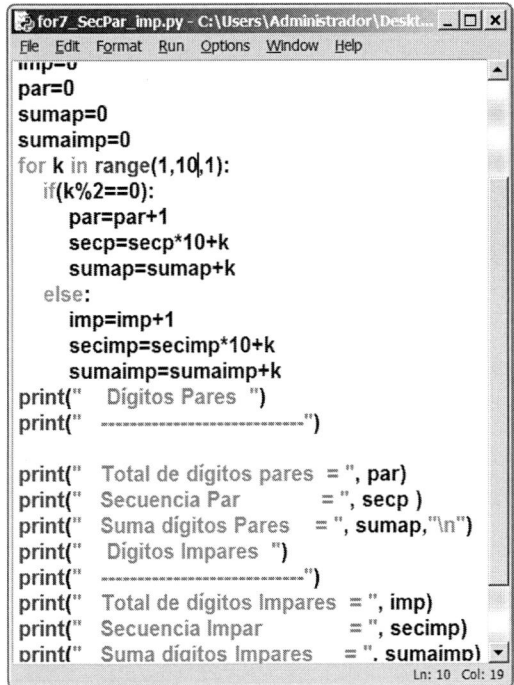

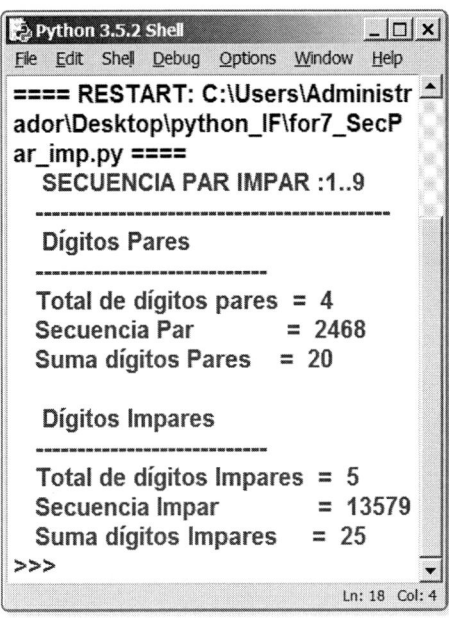

2.3.4. Anidamiento de la estructura for

Se debe disponer de dos bucles o dos for, denominados bucle principal y bucle auxiliar. Para cada valor del primer for, se repiten todos los valores del segundo for. Sintaxis:

```
for i in range (10):
    for j in range(10):
        instrucciones_For_j
    instrucciones for_i
```

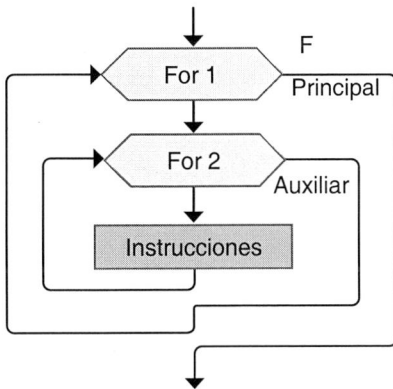

Observación:

range() procesa un dato menos; es decir, el último valor definido en range no lo considera para una operación.

Ejemplo:

Diseñar un programa que permita encontrar la suma de los cuadrados de dos números enteros, cada uno definido en el rango [1..5]. Los resultados de las sumas parciales deben ir mostrándose. Ver interfaz de salida.

Solución:

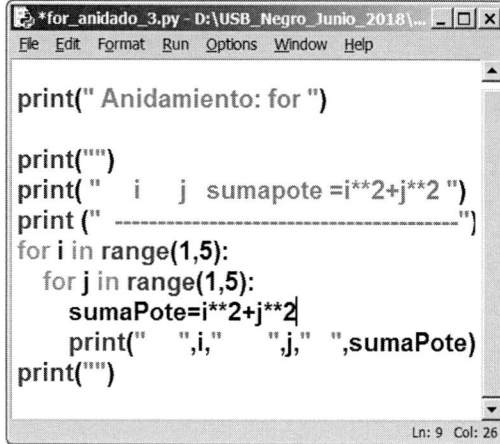

```python
print(" Anidamiento: for ")

print("")
print("    i     j   sumapote =i**2+j**2 ")
print (" ----------------------------------")
for i in range(1,5):
    for j in range(1,5):
        sumaPote=i**2+j**2
        print("    ",i,"      ",j,"  ",sumaPote)
print("")
```

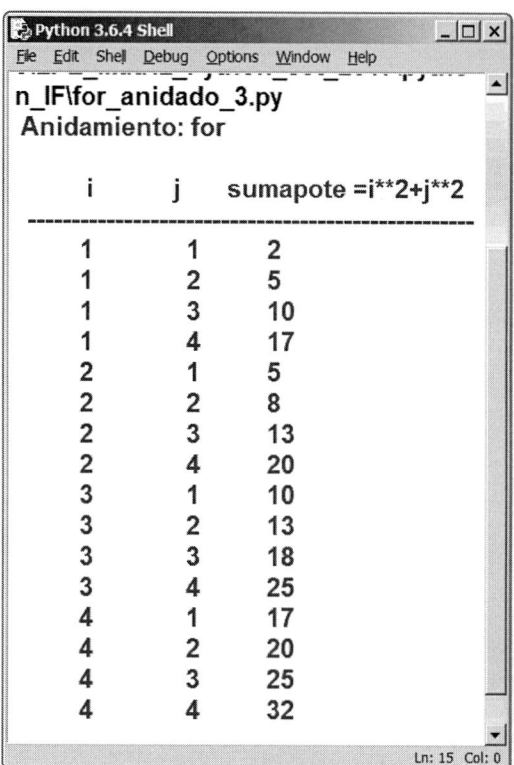

```
n_IF\for_anidado_3.py
Anidamiento: for

     i        j      sumapote =i**2+j**2
----------------------------------------
     1        1        2
     1        2        5
     1        3       10
     1        4       17
     2        1        5
     2        2        8
     2        3       13
     2        4       20
     3        1       10
     3        2       13
     3        3       18
     3        4       25
     4        1       17
     4        2       20
     4        3       25
     4        4       32
```

Ejemplo:

Diseñar un programa que realice un reporte de las parejas de números con valores enteros del 1 al 3. Los valores están almacenados en una lista.

Solución:

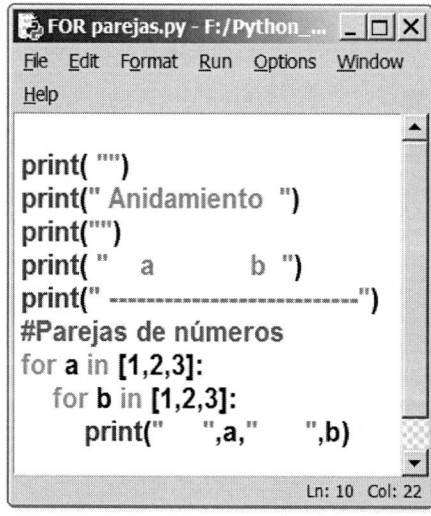

```python
print( "")
print(" Anidamiento ")
print("")
print( "    a        b ")
print(" ---------------------")
#Parejas de números
for a in [1,2,3]:
    for b in [1,2,3]:
        print("    ",a,"     ",b)
```

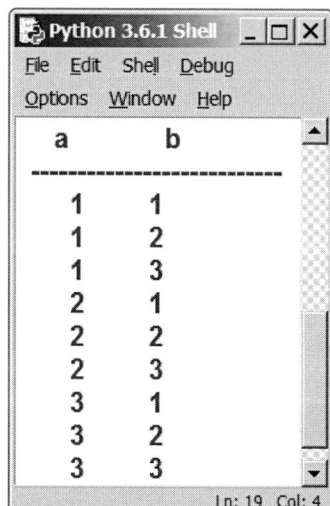

```
     a        b
----------------------
     1        1
     1        2
     1        3
     2        1
     2        2
     2        3
     3        1
     3        2
     3        3
```

Ejemplo:

Diseñar un programa que permita recorrer un bucle principal usando la variable i, donde para cada valor de i, hacer que recorra un bucle auxiliar para la variable j; luego, mostrar sus datos.

Solución:

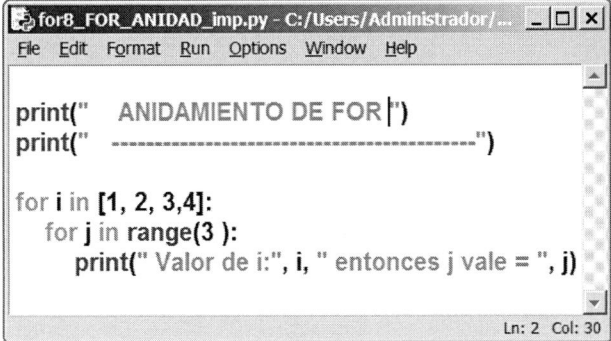

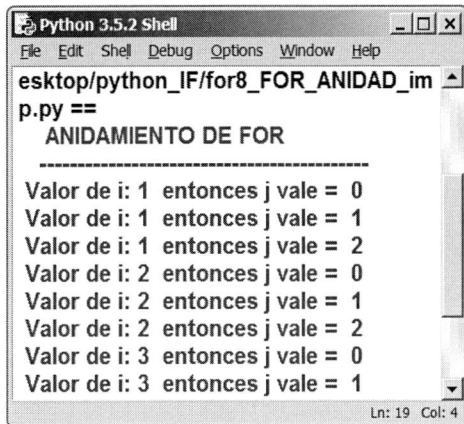

Ejemplo:

Diseñar un programa para leer el número de elementos (dígitos) y luego calcular lo siguiente: total de divisores, formar secuencia de divisores, total de no divisores y su secuencia. Mostrar este último resultado invertido.

Solución:

```python
s=0
div=0
secd=0
ndiv=0
secndiv=0
for d in range(1,n+1):
    if(d%2==0):
        div=div+1
        secd=secd*10+d
    else:
        ndiv=ndiv+1;
        secndiv=secndiv*10+d
        aux=secndiv
        invsecndiv=0
        while(aux>0):
            dd=aux%10
            invsecndiv=invsecndiv*10+dd
            aux=aux//10
print(" Total de divisores = ",div)
print( " Secuencia de divisores =", secd,"\n")
print(" Total  no divisores = ",ndiv)
print( " Secuencia de no divisores =", secndiv,"\n'
print( " No divisores Invertido = =", invsecndiv,"\n
```

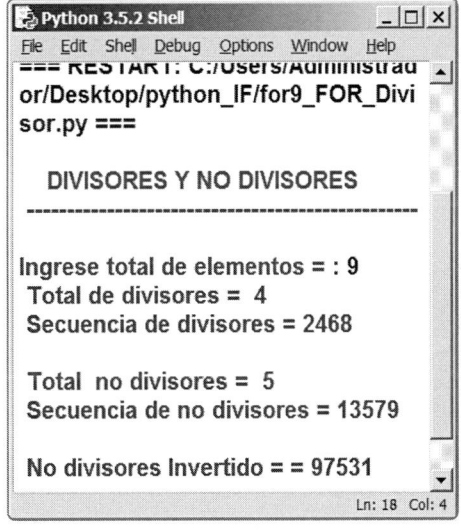

Ejemplo:

Diseñar un programa que permita leer un número n entero positivo. Luego verificar que la suma de los primeros k números impares sea igual a n2. Por ejemplo, leer n = 5, entonces $1 + 3 + 5 + 7 + 9 = 5^2$.

Solución:

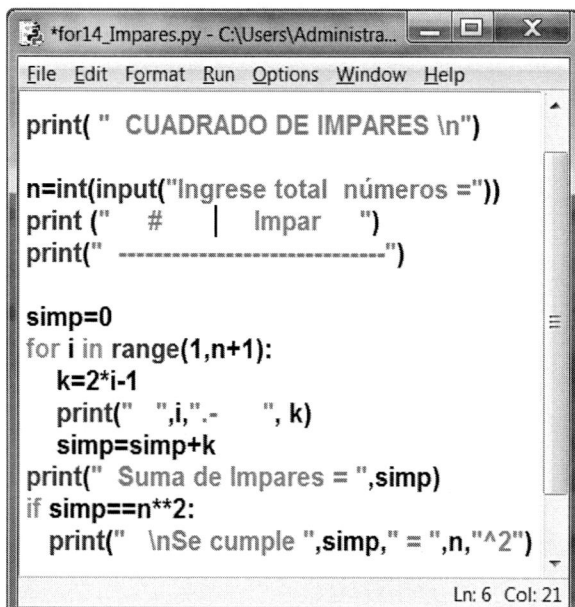
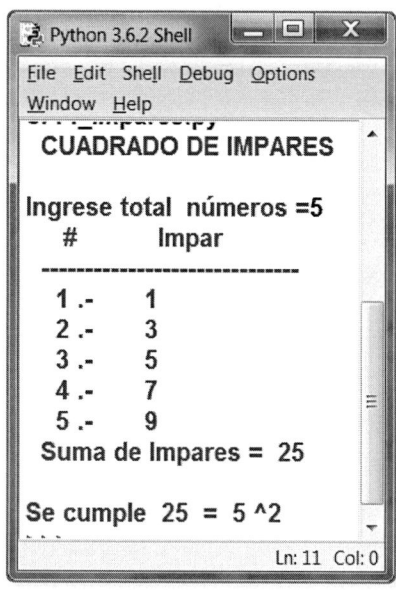

Se especifica el final del rango con el valor n + 1 para que se incluya en el ciclo el valor n.

Ejemplo:

Diseñar un programa que permita leer un grupo de datos (precios) desde el teclado. Luego, encontrar y mostrar el mayor valor.

Solución:

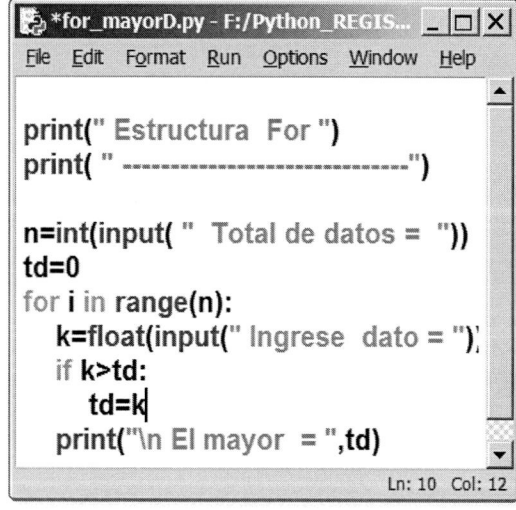
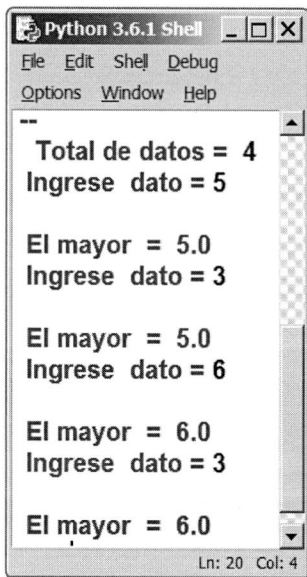

Ejemplo:

Diseñar un programa que permita leer un número n positivo y verificar si es número primo. Un número primo es un número natural mayor que 1 que tiene únicamente dos divisores distintos: él mismo y 1.

Solución:

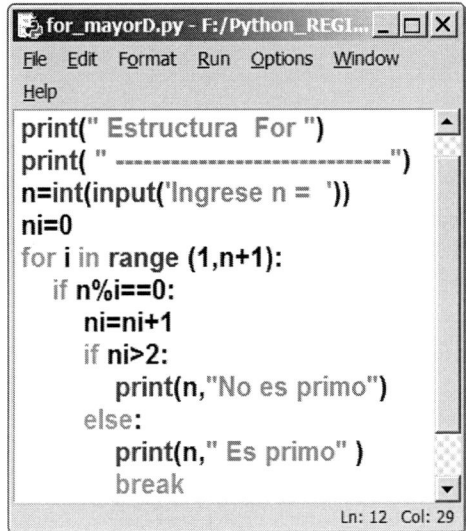

```
print(" Estructura  For ")
print( " ---------------------------")
n=int(input('Ingrese n =  '))
ni=0
for i in range (1,n+1):
    if n%i==0:
        ni=ni+1
        if ni>2:
            print(n,"No es primo")
        else:
            print(n," Es primo" )
            break
```

```
Estructura  For
---------------------------
Ingrese n =  43
43  Es primo
>>>
```

Ejemplo:

Diseñar un programa que permita leer un número n entero y luego, mostrar los dígitos de su equivalente en el sistema binario. Para obtener dígitos binarios del número n, dividir sucesivamente entre 2. Los valores buscados son los residuos de la división entera, tomados desde el final hacia arriba.

Si n = 23, su equivalente en sistema binario es = 1 0 1 1 1.

Solución:

```
print(" Sistema Binario ")
print( " ---------------------------")
n=int(input( " Ingrese n = " ))
print("")
if(n>0):
    secb=""
    aux=n
    i=0
    while aux!=0:
        i=i+1
        di=aux%2
        aux=aux//2
        secb=str(di)+secb
        print(i,".- "," Secuencia Bina
else:
    print("n>0..?")
print("")
print(" Número : ",n, " en binario
```

```
Sistema Binario
---------------------------
Ingrese n = 23

1 .-  Secuencia Binarios:  1
2 .-  Secuencia Binarios:  11
3 .-  Secuencia Binarios:  111
4 .-  Secuencia Binarios:  0111
5 .-  Secuencia Binarios:  10111

Número :  23  en binario es =  10111
```

Ejemplo:

Diseñar un programa que simule n lanzamientos de dos dados. Mostrar cuántas veces los dos dados han tenido el mismo resultado.

Solución:

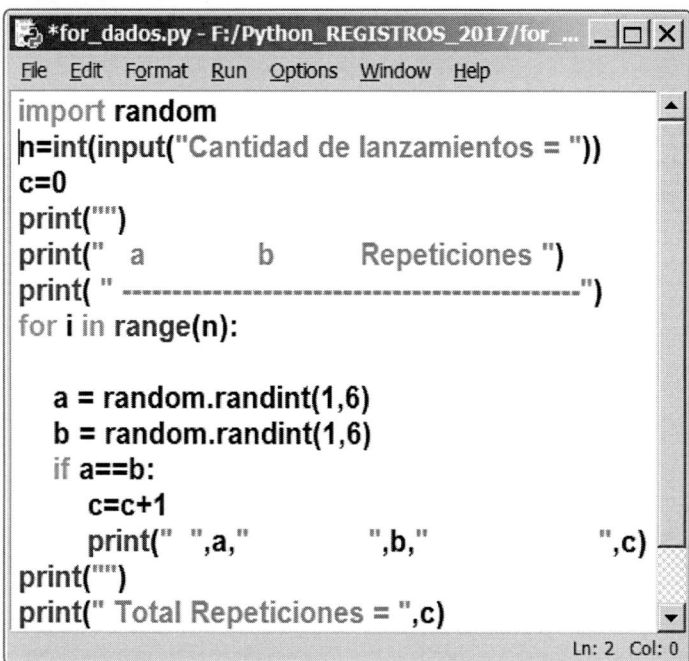

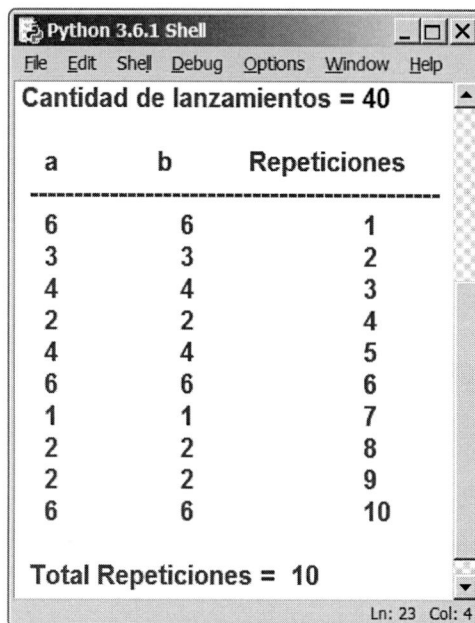

Ejemplo:

Diseñar un programa que permita hacer un reporte de datos de dos variables, donde la primera variable represente una estructura repetitiva que tome datos en el rango [1, 2, 3, 4] y la segunda variable represente también una estructura en el rango [1, 2, 3].

Solución:

```
print ("")
print("      Bucles: Principal y Auxiliar ")
print(" -------------------------------------------")
k=0
ii=0
for i in [1,2,3,4]:
        ii=ii+1
        for j in [1,2,3]:
                k=k+1
                print (" Valor de i =",i," entonces j : ",j," vale = "

print " "
print " Número de procesos = ", k
print " i se ha repetido        = ",ii," veces "
print " j cuántas veces se repite.......?"
print " Si primero ejecuta j y después i, número de veces (
```

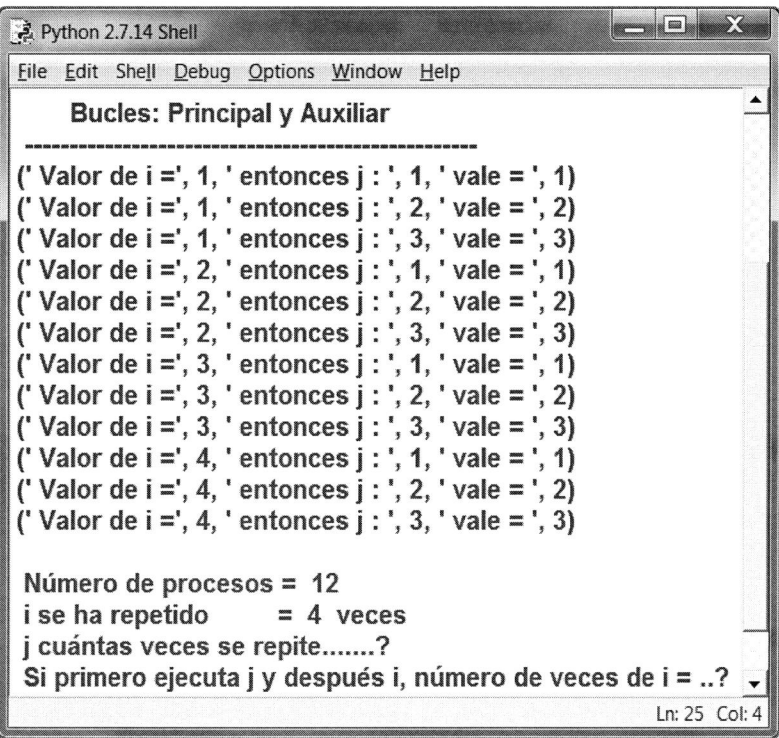

Python 2.7.14 Shell

File Edit Shell Debug Options Window Help

Bucles: Principal y Auxiliar

```
(' Valor de i =', 1, ' entonces j : ', 1, ' vale = ', 1)
(' Valor de i =', 1, ' entonces j : ', 2, ' vale = ', 2)
(' Valor de i =', 1, ' entonces j : ', 3, ' vale = ', 3)
(' Valor de i =', 2, ' entonces j : ', 1, ' vale = ', 1)
(' Valor de i =', 2, ' entonces j : ', 2, ' vale = ', 2)
(' Valor de i =', 2, ' entonces j : ', 3, ' vale = ', 3)
(' Valor de i =', 3, ' entonces j : ', 1, ' vale = ', 1)
(' Valor de i =', 3, ' entonces j : ', 2, ' vale = ', 2)
(' Valor de i =', 3, ' entonces j : ', 3, ' vale = ', 3)
(' Valor de i =', 4, ' entonces j : ', 1, ' vale = ', 1)
(' Valor de i =', 4, ' entonces j : ', 2, ' vale = ', 2)
(' Valor de i =', 4, ' entonces j : ', 3, ' vale = ', 3)


Número de procesos =  12
i se ha repetido        = 4  veces
j cuántas veces se repite.......?
Si primero ejecuta j y después i, número de veces de i = ..?
```

Ln: 25 Col: 4

Ejemplo:

Diseñar un programa para leer el número de elementos (dígitos) y luego calcular lo siguiente: total de divisores, formar secuencia de divisores, total de no divisores y su secuencia. Mostrar este último resultado de forma invertida.

Solución:

```python
n=int(input('Ingrese total de elementos = : '))
s=0;div=0;secd=0;ndiv=0; secndiv=0
for d in range(1,n+1):
    if(d%2==0):
        div=div+1
        secd=secd*10+d
    else:
        ndiv=ndiv+1;
        secndiv=secndiv*10+d
    aux=secndiv
    invsecndiv=0
    while(aux>0):
        dd=aux%10
        invsecndiv=invsecndiv*10+dd
        aux=aux//10
print(" Total de divisores = ",div)
print( "Secuencia de divisores =", secd,"\n")
print("Total  no divisores = ",ndiv)
print("Secuencia  no divisores=", secndiv,"\n")
print("No divisores Invertido =", invsecndiv,"\n")
```

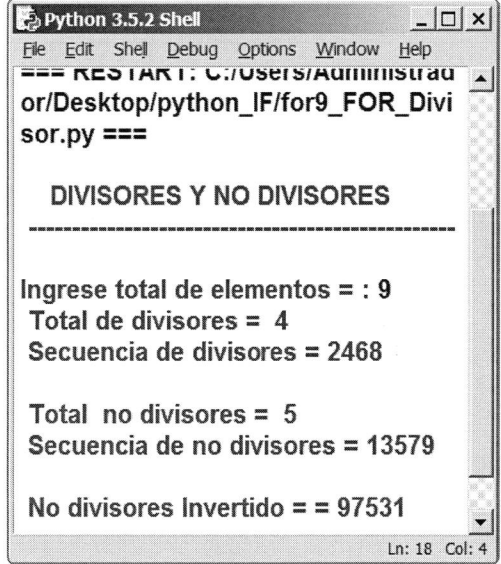

Python 3.5.2 Shell

File Edit Shell Debug Options Window Help

=== RESTART: C:/Users/Administrad
or/Desktop/python_IF/for9_FOR_Divi
sor.py ===

DIVISORES Y NO DIVISORES

```
Ingrese total de elementos = : 9
Total de divisores =  4
Secuencia de divisores = 2468


Total  no divisores =  5
Secuencia de no divisores = 13579


No divisores Invertido = = 97531
```

Ln: 18 Col: 4

Ejemplo:

Diseñar un programa que permita generar una tabla de multiplicar de orden 12*12 y luego elaborar lo siguiente:

a. Informe del total de números dentro de la tabla con un dígito.

b. informe del total de números dentro de la tabla con dos dígitos.

c. Informe para conocer el número mayor de la tabla.

Solución:

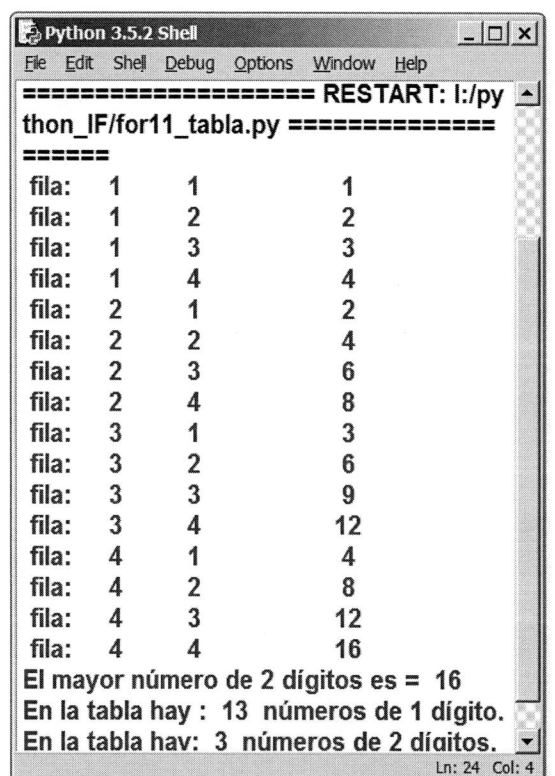

```python
und=0
dosd=0
tresd=0
may=1
for i in range(1,5):
    for j in range(1,5):
        mult=i*j;
        print(' fila: %5d%10d%20d'%(i,j,mult) )
        if mult<10:
            und=und+1
        else:
            if ((mult<100)&(mult>=10)):
                dosd=dosd+1
            if (mult>may):
                may=mult
print("El mayor número de 2 dígitos es = ",may)
print("En la tabla hay : ",und," números de 1 dígito. ")
print("En la tabla hay: ",dosd," números de 2 dígitos.")
```

```
==================== RESTART: I:/py
thon_IF/for11_tabla.py ==============
======
 fila:    1        1                 1
 fila:    1        2                 2
 fila:    1        3                 3
 fila:    1        4                 4
 fila:    2        1                 2
 fila:    2        2                 4
 fila:    2        3                 6
 fila:    2        4                 8
 fila:    3        1                 3
 fila:    3        2                 6
 fila:    3        3                 9
 fila:    3        4                12
 fila:    4        1                 4
 fila:    4        2                 8
 fila:    4        3                12
 fila:    4        4                16
El mayor número de 2 dígitos es =  16
En la tabla hay :  13  números de 1 dígito.
En la tabla hav:  3  números de 2 dígitos.
```

Ejemplo:

Diseñar un programa que permita leer n alumnos identificados por código, edad, peso, sexo (masculino: M / femenino: F). Después, generar informes que permitan conocer el promedio de alumnos por sexo y de acuerdo con su talla, edad y peso. Durante la lectura, validar datos como edad, talla, sexo, etc.

Solución:

```
*for_12_pesos.py - I:/python_IF/for_12_pesos.py (3.5.2)*          _ | □ | x |
File  Edit  Format  Run  Options  Window  Help
a_m=0 ; a_f=0 ; a_talla_m=0;a_peso_m=0;
a_edad_m=0;a_talla_f=0;a_peso_f=0;a_edad_f=0
n=int(input( " Ingrese número de Alumnos : "))
for i in range(1,n+1):
    print("Alumno #:",i)
    codigo=int(input("Código = ")) ;    edad=int(input(" Edad   = "))
    peso=float(input("Peso = "));        talla=int(input("Talla   = "))
    sexo=str(input("Sexo  [M/F]="))
    if (sexo=='M ' or  sexo=='m'):
      a_m = a_m+1;        a_edad_m =a_edad_m+edad
      a_talla_m =a_talla_m+talla;   a_peso_m =a_peso_m+peso
    else:
       a_f=a_f+1;  a_edad_f=a_edad_f+edad
       a_talla_f=a_talla_f+talla; a_peso_f=a_peso_f+peso #calc.prom
p_edad_m=a_edad_m/a_m;    p_talla_m=a_talla_m/a_m
p_peso_m=a_peso_m/a_m;    p_talla_f=a_talla_f/a_f
p_peso_f=a_peso_f/a_f; p_edad_f=a_edad_f/a_f
print (" REPORTES ESTADÍSTICOS")
print(" Total de alumnos ",n)
print(" promedios de: ");    | print("Talla [M] = ",p_talla_m);
print("Talla [F]= ",p_talla_f);    print(" Edad  [M]= ",p_edad_m);
print(" Edad  [F]: ",p_edad_f); print(" Peso  [M]= ",p_peso_m);
print(" Peso [F]= ",p_peso_f)
                                                       Ln: 20  Col: 34
```

Ejemplo:

Diseñar un programa que permita leer un grupo de datos (notas). Luego, encontrar y mostrar la mayor nota; asimismo, indicar la posición respectiva.

Solución:

```
for_15_mayor.py - I:/python_IF/for_15_mayor.py (3.5.2)   _ | □ | x |
File  Edit  Format  Run  Options  Window  Help
print( "   MAYOR VALOR ")
print(" --------------------------------")


n=int(input('\nCantidad de Notas :\n '))
may=0
for i in range(n):
    nota=float(input( " Nota = "))
    if nota>may:
       may=nota
       pos=i;
print(' \nMayor Nota  = ',may, " , posición = ",pos+1)
                                                       Ln: 15  Col: 35
```

```
Python 3.5.2 Shell                               _ | □ | x |
File  Edit  Shell  Debug  Options  Window  Help
=================== RESTART
: I:/python_IF/for_15_mayor.py ==
==================
   MAYOR VALOR
   --------------------------------

Cantidad de Notas :
4
Nota = 12
Nota = 11
Nota = 14
Nota = 6

Mayor Nota  = 14.0 , posición = 3
>>> |
                                          Ln: 29  Col: 4
```

Ejemplo:

Diseñar un programa que permita leer un número entero n. Después, el programa debe verificar lo siguiente: si es negativo, envía mensaje de error, y si es positivo, de confirmación de que es primo o no es primo. El programa permite hacer p consulta, para lo cual se envía un mensaje de continuar o no usando el mensaje **"Desea continuar...? (S/N)"**.

Solución:

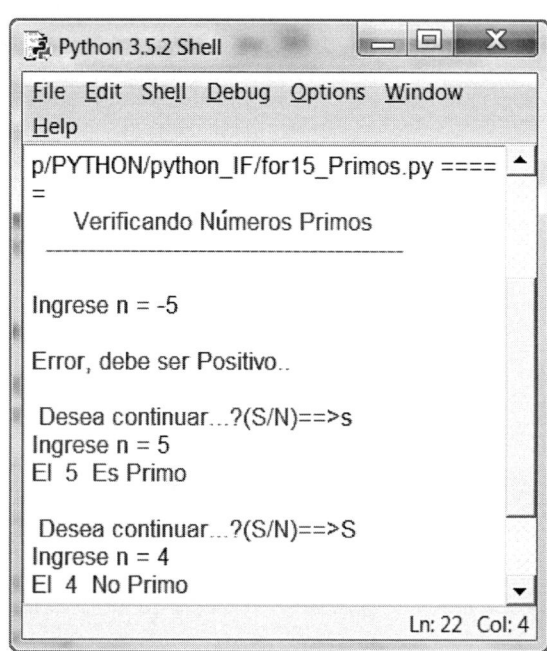

```python
print("     Verificando Números Primos")
print("  -------------------------------------- \n")
resp='S'
while(resp=='S' or resp=='s'):
    n=int(input('Ingrese n = '))
    if(n>1):
        cont=0
        for d in range (1,n+1):
            if n%d==0:
                cont=cont+1
        if cont >2:
            print( "El ",n,' No Primo')
        else:
            print( "El ",n, ' Es Primo')
    else:
        print(" \nError, debe ser Positivo..")
    resp=str(input("\n Desea continuar...?(S/N)==>"))
if(resp=='N' or resp=='n'):
    print(" Gracias por verificar.." )
```

```
p/PYTHON/python_IF/for15_Primos.py =====

      Verificando Números Primos
      --------------------------------------

Ingrese n = -5

Error, debe ser Positivo..

 Desea continuar...?(S/N)==>s
Ingrese n = 5
El  5  Es Primo

 Desea continuar...?(S/N)==>S
Ingrese n = 4
El  4  No Primo
```

Ejemplo:

Diseñar un programa para simular n lanzamientos de un dado. Mostrar cuántas veces se obtuvo el valor 3.

Solución:

```python
from random import*
print(" LANZAR DADO \n")
n=int(input('Cantidad de lanzamientos = '))
cont=0

for i in range(n):
    valor=randint(1,6)
    if valor==3:
        cont=cont+1
print(' \nResultados favorables: ',cont)
```

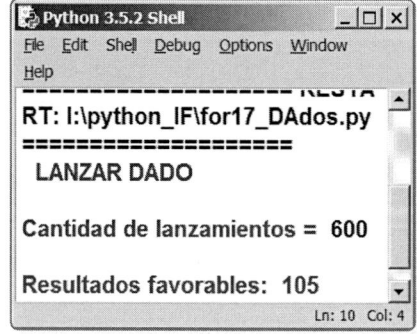

```
RT: I:\python_IF\for17_DAdos.py
====================
 LANZAR DADO

Cantidad de lanzamientos =  600

Resultados favorables:  105
```

Ejemplo:

Diseñar un programa que permita leer n números enteros. Después, buscar las parejas repetidas y mostrarlas.

Solución:

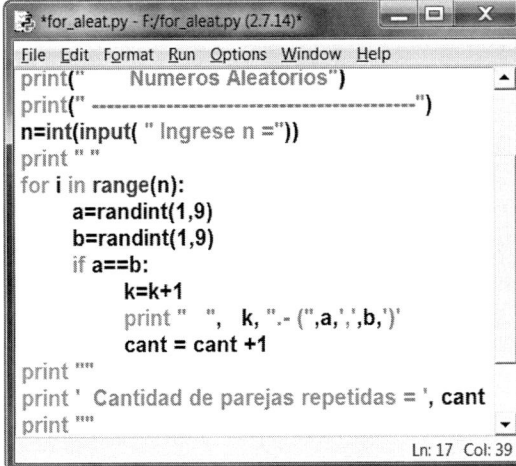

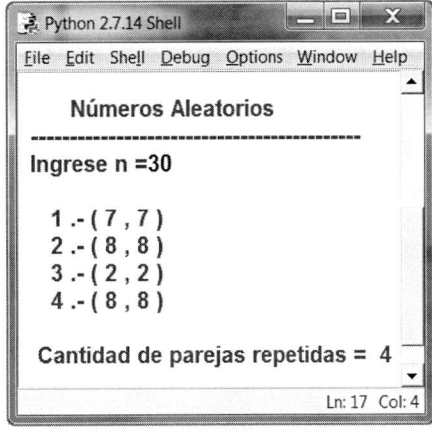

Ejemplo:

Diseñar un programa para simular n intentos de un juego con un dado, considerando las siguientes reglas:

Si sale 6	gana 4 soles
Si sale 3	gana 1 sol
Si sale 1	sigue jugando
Si sale 2, 4 o 5	pierde 2 soles

Solución:

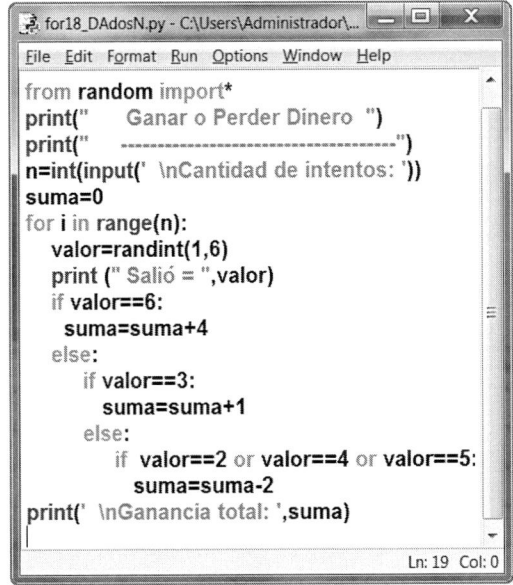

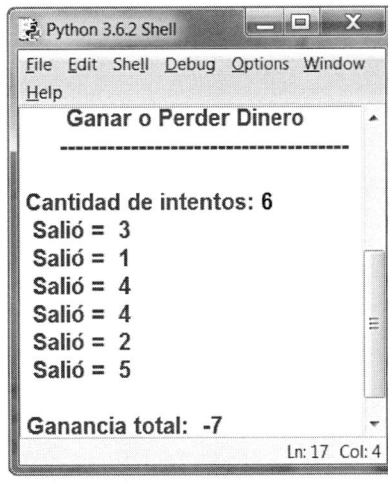

Ejemplo:

Simular n lanzamientos de un dardo en un cuadrado de 1 m de lado. Determinar cuántas veces cae dentro de un círculo inscrito en el cuadrado.

Solución:

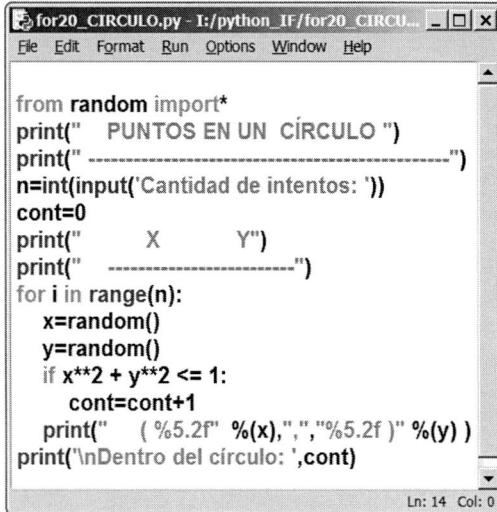

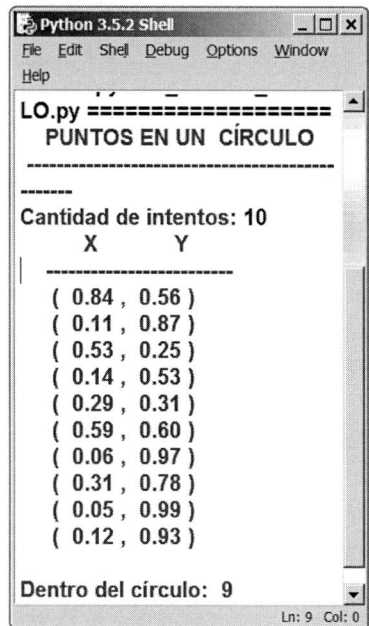

Ejemplo:

Diseñar un programa para simular el siguiente juego: una rana es colocada aleatoriamente en la casilla central de una caja cuadriculada de tamaño 9 × 9 cm. La rana realiza saltos de 1 cm aleatoriamente en cualquiera de las cuatro direcciones: arriba, abajo, izquierda o derecha. Determinar la cantidad de saltos hasta llegar a alguno de los bordes de la caja.

Solución:

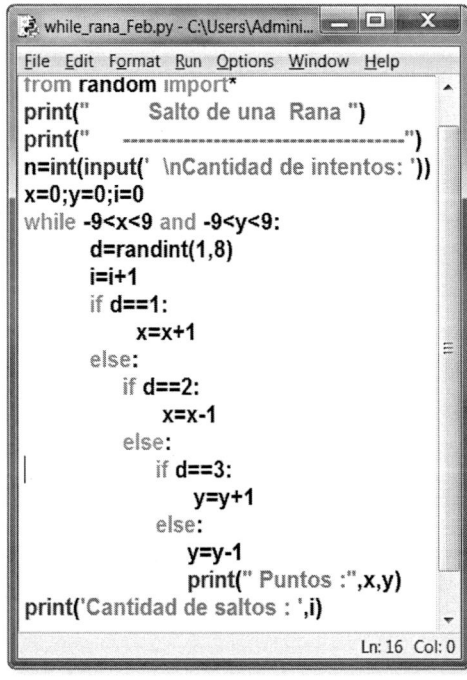

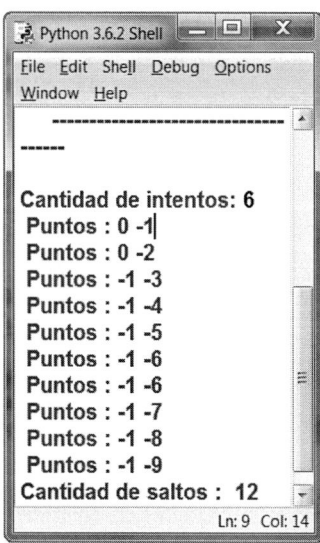

Ejemplo:

Escribir un programa para representar, mediante barras compuestas por el símbolo asterisco (*), 10 números aleatorios con valores enteros entre 1 y 20.

Solución:

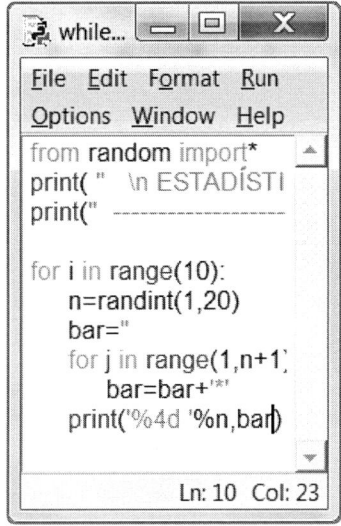
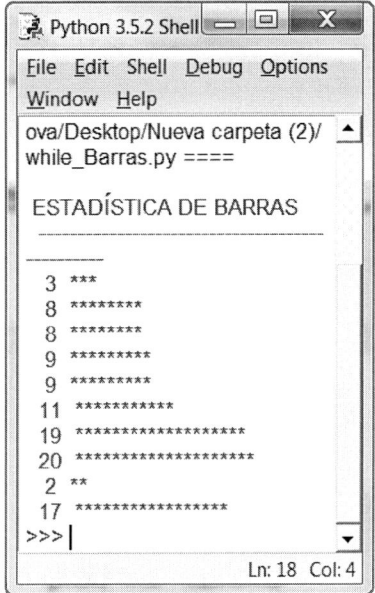

Ejemplo:

Diseñar un programa para listar todas las parejas de números con valores enteros del 1 al 3 y también mostrar el total de parejas de números.

Solución:

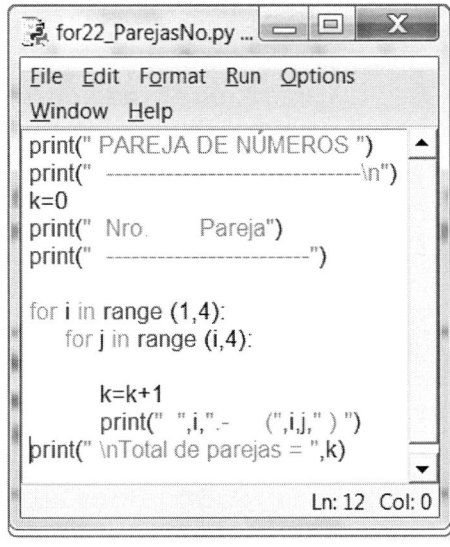
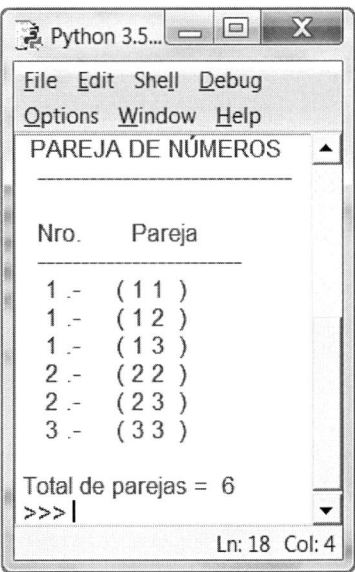

Se puede usar también el siguiente programa:

```
for i in range (1,4):
    for j in range (1,4):
        print(i,j)
```

Observar que el extremo final del rango no se incluye.

Ejemplo:

Diseñar un programa para listar todas las parejas de números con valores enteros del 1 al 3, pero sin incluir parejas repetidas.

Solución:

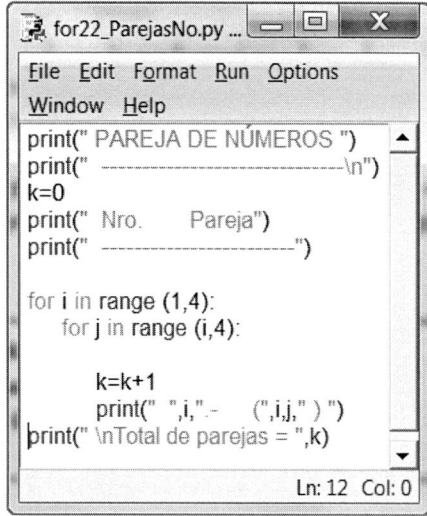

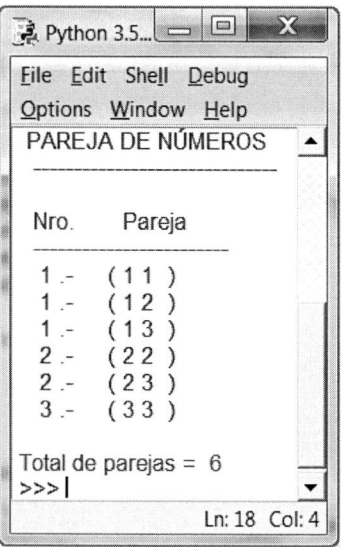

Ejemplo:

Diseñar un programa para listar todas las ternas (a, b, c) de números enteros entre 1 y 15, que cumplen la propiedad pitagórica $a^2 + b^2 = c^2$.

Solución:

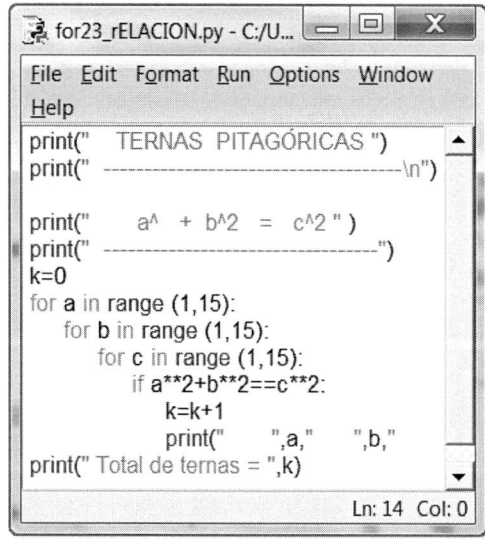

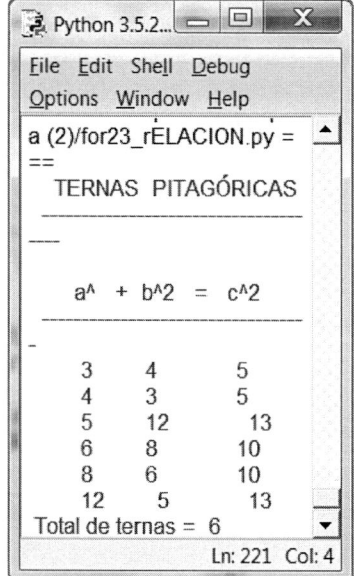

Ejemplo:

Diseñar un programa que permita validar datos de usuario por código y clave, donde:

a. Código: Es un número de seis cifras, usando el módulo 11. Autogenerar código.

b. Clave: ***

El sistema solo acepta tres administradores. También, por cada administrador, solo puede cometer tres errores; en otro caso, sale del programa. Si los datos son correctos, presentar tres opciones (ver interfaz). Para autogenerar el código, leerlo desde el teclado de seis cifras y extraer dígitos para ir multiplicando por cada factor de 2, 3, 4, 5, 6, 7, 8, 9 y hallar la suma. Finalmente, del resultado de la suma obtener el resto entre 11. Si el resultado es 0, asignar A; si es 1, asignar B y así sucesivamente. Por ejemplo, leer 848139 y definir un bucle para extraer dígitos con el fin de multiplicar por factores de 2, 3, 4, 5,... 9. Para el algoritmo módulo 11, autogenerar un código de seis dígitos tipo entero seguido de una letra según el resto de dividir entre 11 la suma acumulada de multiplicación de factores (dígitos por factores 2, 3, 4...9) y asignar letras correspondientes.

Este tipo de algoritmo permite que ningún usuario tenga un código repetido.

Procedimientos:

a. Leer código de usuario.

b. Descomponer en dígitos.

c. Multiplicar dígito por los factores 2, 3, 4, 5, 6, 7, 8 y 9, y acumular en sumarD.

d. Obtener el resto de sumarD%11.

e. Si el resto es 0, asignar 'A' y concatenar con el código. Si el resto es 1, asignar 'B' al código y así sucesivamente.

Solución:

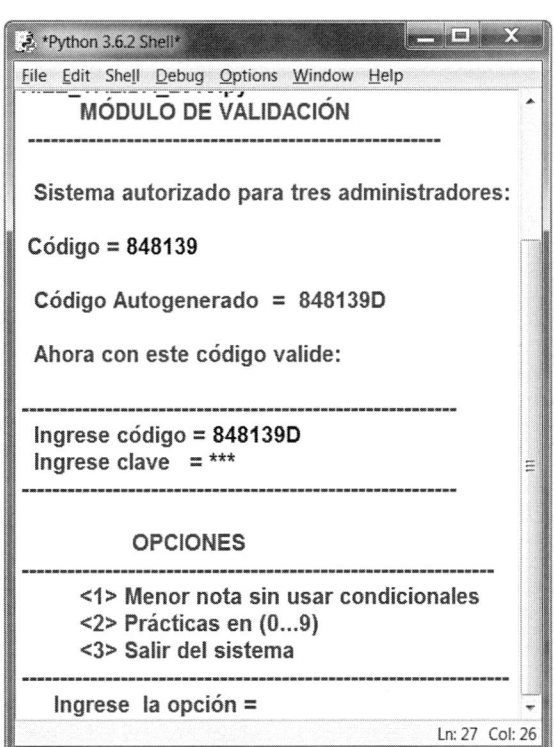

Diseño del programa fuente:

```
*WHILE_VALIDA_2018.py - F:/CAP_ii/WHILE_VALIDA_2018.py (3.6.2)*
File  Edit  Format  Run  Options  Window  Help
    import random
    print("      MÓDULO DE VALIDACIÓN ")
    print(" --------------------------------------------------------")
    print("")
    print(" Sistema autorizado p' 3 administradores:")

    letras=["A","B","C","D","E","F","G","H","I","J","K"]
    usu=0
    while(usu!=3):
      usu=usu+1
      print("")
      intento=1
      cod=int(input(" Código = "))
      aux=cod
      suma=0
      t=1
      while(t<=6):
        suma=suma+(8-t)*(cod%10)
        cod=int(cod/10)
        t=t+1
      ncod=str(aux)+ letras[suma%11]
      print("")
      print(" Código Autogenerado  = ",ncod)
      print(" Ahora con este código valide: ")
      while True and intento!=4:
        print("---------------------------------------------")
        cod=str(input(" Ingrese código = "))
        if cod==ncod :
          clave=str(input(" Ingrese clave   = "))
          if clave=="***":
            print("---------------------------------------------")
            break
        print(" Ud. tiene",3-intento," intentos")
        intento=intento+1
      if cod!=ncod or clave!="***":
        res=" "
      elif cod==ncod and clave=="***" :
        res="si"
      while res=="si":
        print(   "            OPCIONES       ")
        print("---------------------------------------------")
        print("      <1> Menor nota sin usar condicic
        print("      <2> Prácticas en (0...9)")
        print("      <3> Salir del sistema")
        print("---------------------------------------------")
        cod=int(input("    Ingrese  la opción = "))
    if cod==1:
      res1="si"
      while res1=="si" or res1=="SI":
        p1=int(input(" Ingrese nota 1 = "))
        p2=int(input(" Ingrese nota 2 = "))
        p3=int(input(" Ingrese nota 3 = "))
        p4=int(input(" Ingrese nota 4 = "))
        m=int(p2*int(p1/p2) + p1*int(p2/p1)  )/( int(p1/p2) + int(p2/p1)  )
        n=int(p4*int(p3/p4) + p3*int(p4/p3)  )/( int(p3/p4) + int(p4/p3)  )
        m=int(m*int(n/m) + n*int(m/n)  ) /( int(n/m) + int(m/n)   )
        print("")
        print(" La menor nota es=",int(m))
        res1=str(input(" Desea continuar.. ? (si /no)==> "))
```

Ejemplo:

En el siglo pasado, el hijo de un rey decidió viajar a otra nación a estudiar Programación Estructurada. Después de un tiempo, el niño remitió un telegrama a su padre con el siguiente texto:

$$
\begin{array}{r}
S\ E\ N\ D\ + \\
M\ O\ R\ E \\
\hline
M\ O\ N\ E\ Y
\end{array}
$$

El rey recibió y leyó el telegrama, y se sorprendió debido a que no sabía cuánto dinero necesita. Entonces, se le ocurrió representar cada letra por un número para resolver el acertijo y averiguar qué cantidad de dinero debía enviar. Si S y M no eran cero y no había dos letras con el mismo valor, ¿cuánto dinero envió finalmente el rey a su hijo y qué valor tuvo que dar a cada letra?

Análisis: sustituir, en la suma siguiente, las letras por cifras (de 0 a 9), teniendo en cuenta que, a cada letra distinta, le corresponde una cifra diferente.

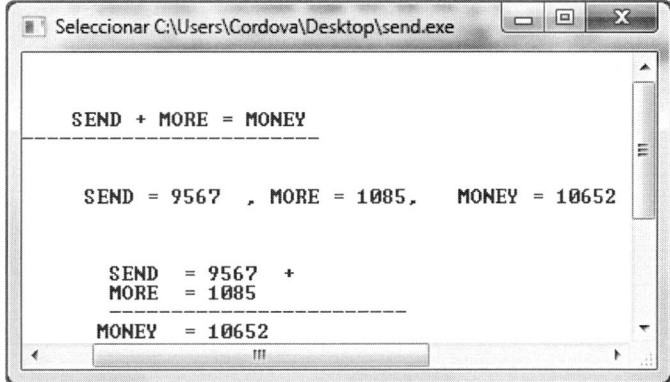

Solución:

Evidentemente M = 1; por lo tanto, las últimas cifras de la izquierda implican que S vale 8 o 9, y O vale 0 o 1. Si fuera S = 8, se tendría que O = 0 y E = 9, lo cual es imposible, pues se deduciría que N = 0, hecho contradictorio al ser la letra N distinta de la letra O. En resumen, M = 1 y S = 9; en consecuencia, O = 0, pues E no puede ser 9.

Se deduce entonces que E + 1 = N, por lo que:

a. N + R = 10 + E, que conduce a que R = 9, contradictorio con el hecho de que S = 9 y R no es S.

b. N + R + 1 = 10 + E, que permite deducir que R = 8.

De R = 8 y E + 1 = N se obtiene por descarte, con las cifras que quedan, que N = 6 y E = 5.

Por último, fácilmente puede obtenerse que Y = 2 y D = 7.

En conclusión, la suma pedida es:

$$
\begin{array}{r}
9\ 5\ 6\ 7\ + \\
1\ 0\ 8\ 5 \\
\hline
1\ 0\ 6\ 5\ 2
\end{array}
$$

Por lo tanto, el rey le hizo una transferencia bancaria a su hijo de 10 652 dólares y le envió el siguiente telegrama: "Juan, déjate de acertijos y no malgastes el dinero, adiós".

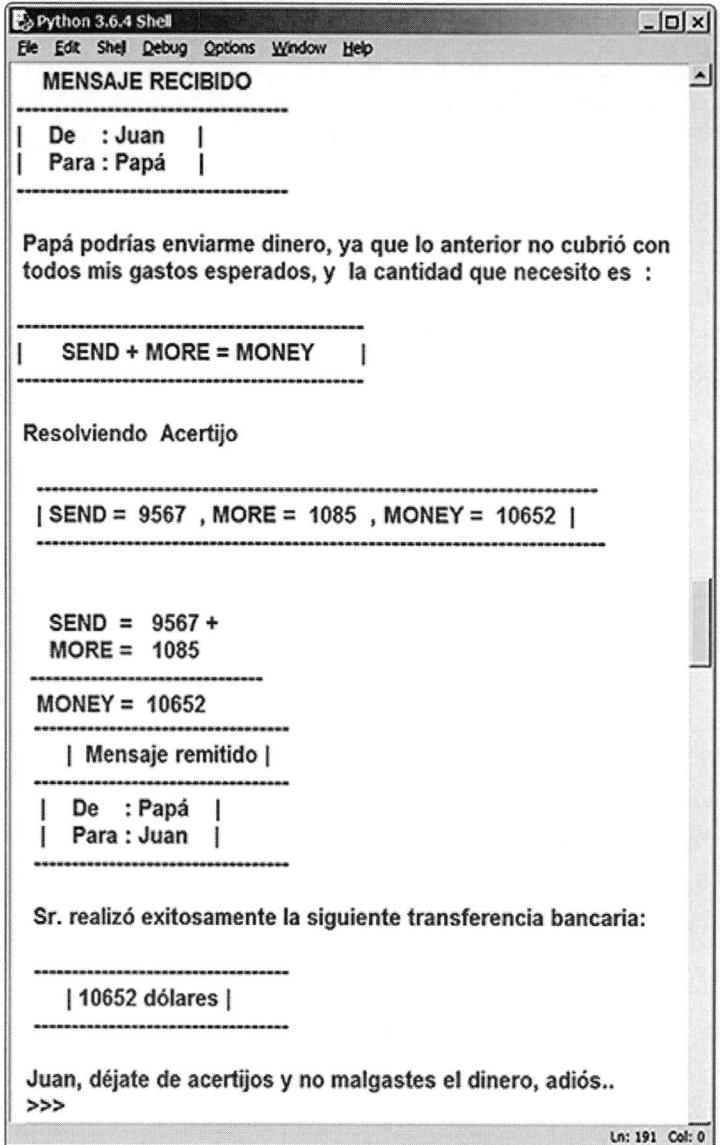

```
print("")
print("    MENSAJE RECIBIDO    ")
print("------------------------------------")
print("|   De   : Juan    |")
print("|   Para : Papá    |")
print("------------------------------------")
print("")
print(" Papá podrías enviarme dinero, ya que lo anterior no cubrió con ")
print(" todos mis gastos esperados, y  la cantidad que necesito es  :")
print("")
print("------------------------------------------------")
print("|      SEND + MORE = MONEY       |")
print("------------------------------------------------")
print("")
print(" Resolviendo  Acertijo ")
num = [0,1,2,3,4,5,6,7,8,9]
```

```
for s in num :
  for e in num :
    if (s!=e):
      for n in num :
        if(n!=e and s!=n):
          for d in num :
            if(d!=n and d!=e and d!=s):
              for m in num :
                if(m!=d and m!=n and m!=e and m!=s):
                  for o in num :
                    if(o!=m and o!=d and o!=n and o!=e and o!=s):
                      for r in num :
                        if(r!=o and r!=m and r!=d and r!=n and r!=e and r!=s):
                          for y in num :
                            if(y!=r and y!=o and y!=m and y!=d and y!=n and y!=e and y!=s):
                              if ((s*1000+e*100+n*10+d + m*1000 + o*100+r*10+e == m*10000
                                          +o*1000+n*100+e*10+y) and s != 0  and m!=0 ):
                                send=s*1000+e*100+n*10+d
                                more=m*1000 + o*100+r*10+e
                                money=m*10000+o*1000+n*100+e*10+y
                              else:
                                break
print("")
print("   ----------------------------------------------------------")
print("  | SEND = ",send," , MORE = ",more," , MONEY = ",money," |")
print("   ----------------------------------------------------------")
print("")
print("    SEND  =  ",send,"+")
print("    MORE = ",more)
print("  --------------------------")
print("   MONEY = ",money)

print("  --------------------------")
print("     | Mensaje remitido | ")
print("  --------------------------")
print("  |   De   : Papá    |")
print("  |   Para : Juan    |")
print("  --------------------------")
print("")
print(" Sr. realizó exitosamente la siguiente transferencia bancaria: ")
print("")
print("  --------------------------")
print("      |",money,"dólares |")
print("  --------------------------")
print("")
print("Juan, déjate de acertijos y no malgastes el dinero, adiós..")
```

Ln: 63 Col: 0

2.4. La instrucción exit

Esta instrucción se encuentra en el módulo sys. Se usa para forzar la finalización de un programa antes de la salida normal.

from sys import*

<Instrucciones>

exit()

Ejemplo:

Diseñar un programa para validar un dato de usuario con valor = 100. Si se cometen errores, solo aceptar tres oportunidades, pero antes se podría salir del sistema si se ingresa 123.

Solución:

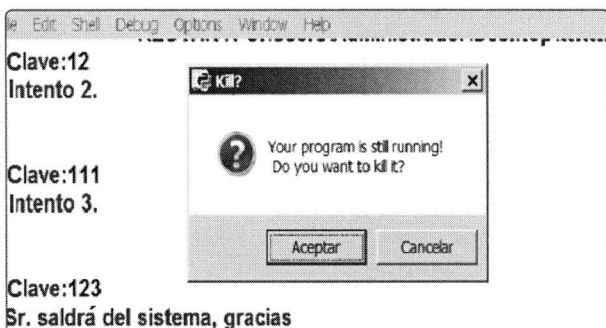
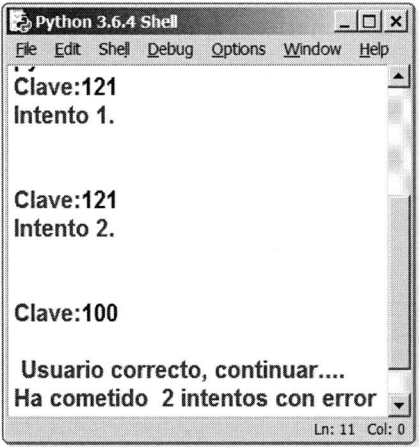

Solución:

```
i =0
while i <= 3:
    clav = int(input("Clave:"))
    if clav==100:
        print("")
        print(" Usuario correcto, continuar....")
        break
    elif clav == 123:
        print(" Sr. saldrá del sistema, gracias ")
        exit()
    i =i+1
    print("Intento %d. \n " % i)
    print("")
print("Ha cometido  %d intentos con error:" % i)
```

2.5. Ejecución repetida de un bloque mediante una condición al final: repetir

Permite definir ciclos con la condición al final. Esta estructura se usa para repetir un bloque hasta que se cumpla alguna condición. Tiene dos variaciones:

a. for i in range(inicio, fin)

b. se define una lista=[12,'Ana', 23.4]

Diagrama de flujo

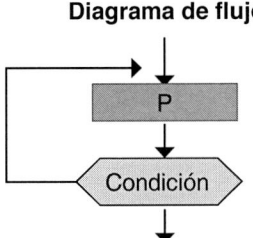

Se puede recorrer los elementos según su índice. Para hacer operaciones de mantenimiento, existe un capítulo sobre los siguientes métodos: sort(), append(), etc. Se explicará en la oportunidad respectiva.

Sintaxis Python:

Usando la instrucción while y la instrucción break de la siguiente manera:

> **while True:**
> > **Instrucción en el bloque P**
> > **Instrucción en el bloque P**
> > **. . ...**
> > **if condición: break**

El bucle while repite el bloque de instrucciones, hasta que se cumpla la condición al final. En este caso, se activa la instrucción break y el bucle finaliza.

Ejemplo:

Diseñar un programa que permita simular los lanzamientos de un dado. Determinar la cantidad de lanzamientos hasta obtener los dígitos 1 y 5.

Solución:

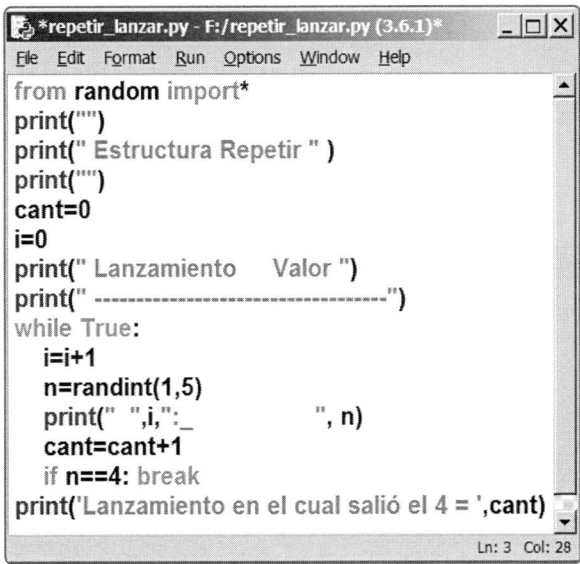

```
from random import*
print("")
print(" Estructura Repetir " )
print("")
cant=0
i=0
print(" Lanzamiento     Valor ")
print(" ---------------------------------")
while True:
    i=i+1
    n=randint(1,5)
    print(" ",i,":               ", n)
    cant=cant+1
    if n==4: break
print('Lanzamiento en el cual salió el 4 = ',cant)
```

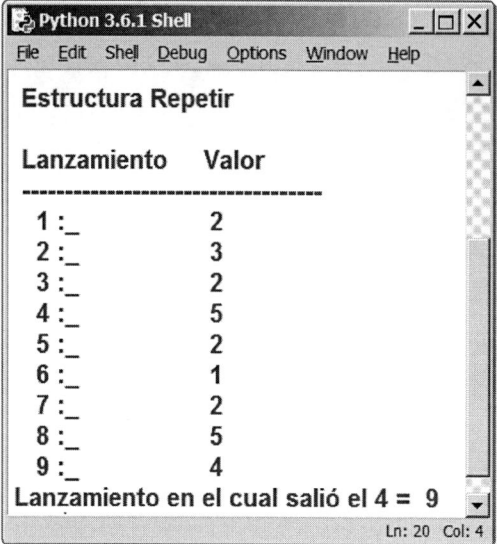

Ejemplo:

Diseñar un programa que permita validar los siguientes datos de usuario:

Email = tcodova@uni_uni_pe

Password=***

Para este proceso, aplicar la estructura repetitiva con postest de prueba. Si existe error, el sistema nuevamente solicita el ingreso de sus datos. Ahora, si los datos son correctos, el sistema solicita que ingrese un número n>1. Luego, descomponerlo en la suma de dos números, a y b, cada uno al cuadrado, con la condición de que a<=b. Mostrar el número de veces de la descomposición de n (ver interfaz).

Solución:

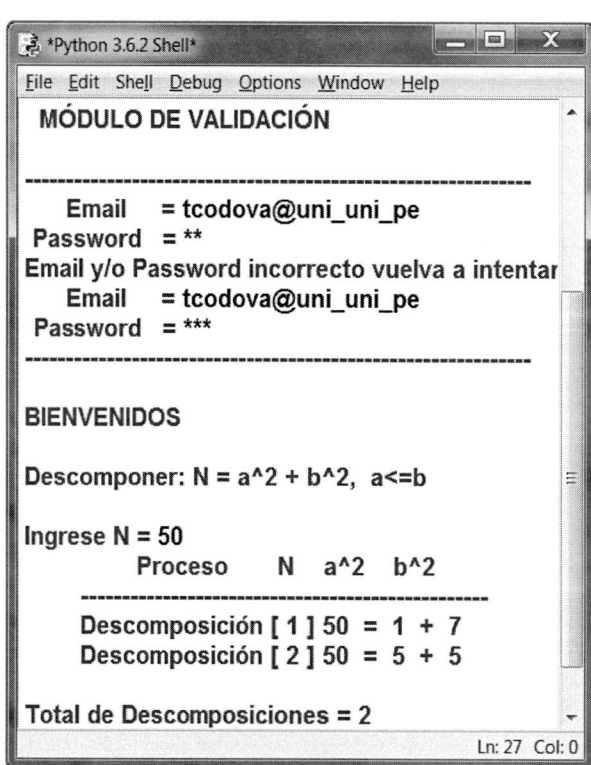

```
*PROBLEMA 1.py - C:\Users\Administrador\Desktop\back_UP_rojo\lp_tareas2_3_entr...    _ □ X
File  Edit  Format  Run  Options  Window  Help
print("  MÓDULO DE VALIDACIÓN")
print("-------------------------------------------------------------")
while True:
    while True:
        email=str(input("      Email    = "))
       password=str(input(" Password   = "))
        if (email!="tcodova@uni_uni_pe" or password!="***"):
            print("Email y/o Password incorrecto vuelva a intentar")
        if (email=="tcodova@uni_uni_pe" and password=="***"):break
    print("-------------------------------------------------------------")
    print("BIENVENIDOS")
    print("")
    print("Descomponer: N = a^2 + b^2,  a<=b")
    while True:
        n=int(input("Ingrese N = "))
        if (n<=1):
            print("el número ingresado no es válido, vuelva a intentar")
        if (n>1):break
    print("            Proceso      N    a^2   b^2")
    print("          -------------------------------------------------")
    from math import*
    raiz=int(sqrt(n))
    a=1
    i=0
    while a<raiz:
        b=1
        while b<=raiz:
            s=a**2 + b**2
            if (s==n):
                i=i+1
                print("      Descomposición [",i,"] ",n," = ",a," + ",b)
            b=b+1
        a=a+1
    print("")
    print("Total de Descomposiciones =",i)
    print("")
    while True:
        resp=str(input("Desea continuar..?(S/N) ==>"))
        if (resp!="S" and resp!="N"):
            print("respuesta incorrecta, vuelva a intentar")
        if (resp=="S" or resp=="N"): break
    if (resp=="N"): break
print("------------------------------")
                                                            Ln: 35  Col: 38
```

Ejemplo:

Diseñar un programa que permita procesar los ciclos académicos. Por cada ciclo, leer el número de cursos y, por cada curso, leer la cantidad de alumnos, donde, por cada alumno, leer p prácticas. Con los datos de prácticas, formar secuencia (mostrar las prácticas como un solo número), mostrar el promedio y el estado del alumno (aprobado o desaprobado).

Solución:

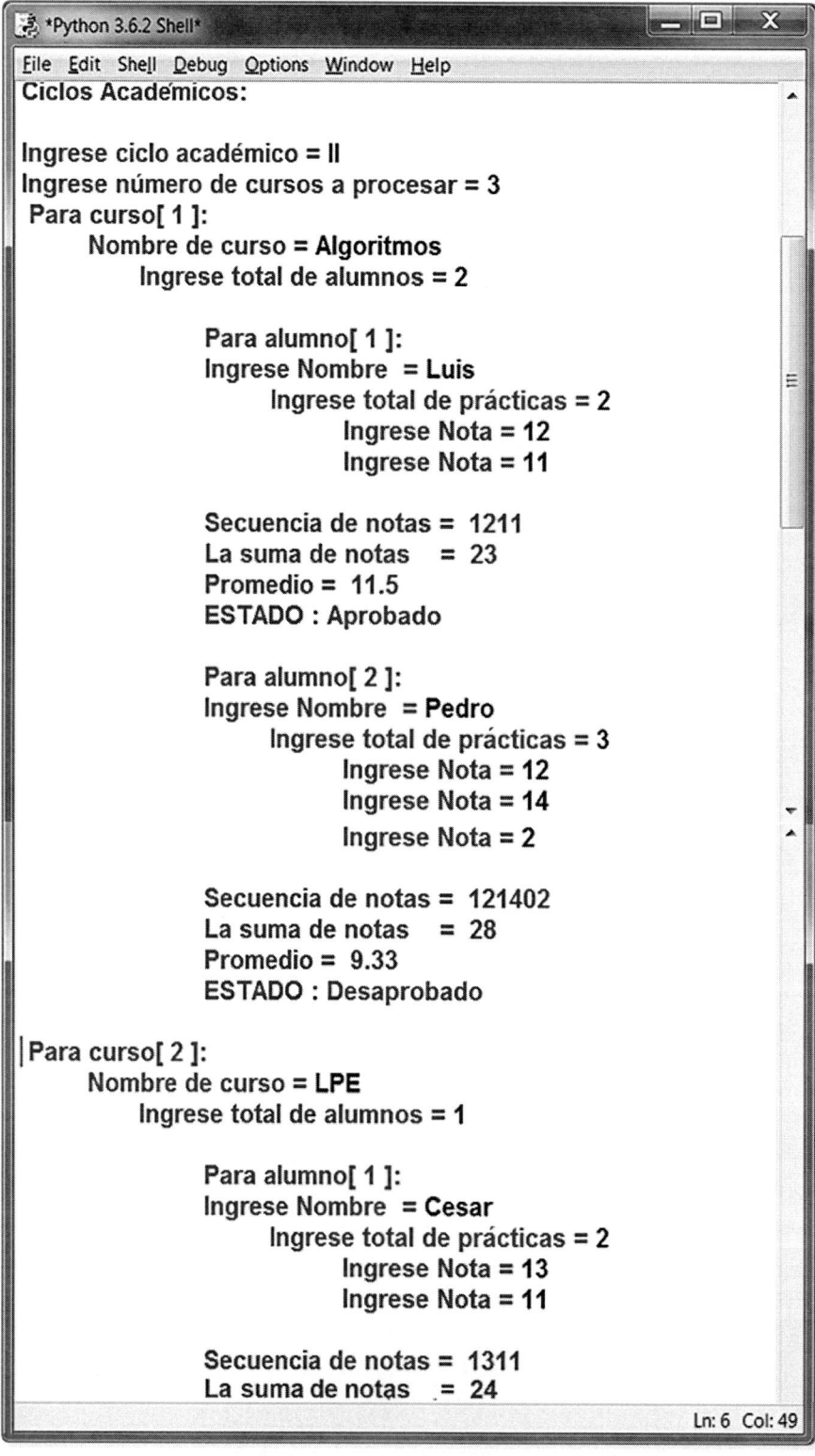

```
Ciclos Académicos:

Ingrese ciclo académico = II
Ingrese número de cursos a procesar = 3
 Para curso[ 1 ]:
        Nombre de curso = Algoritmos
            Ingrese total de alumnos = 2

                Para alumno[ 1 ]:
                Ingrese Nombre  = Luis
                    Ingrese total de prácticas = 2
                        Ingrese Nota = 12
                        Ingrese Nota = 11

                Secuencia de notas =  1211
                La suma de notas   =  23
                Promedio =  11.5
                ESTADO : Aprobado

                Para alumno[ 2 ]:
                Ingrese Nombre  = Pedro
                    Ingrese total de prácticas = 3
                        Ingrese Nota = 12
                        Ingrese Nota = 14
                        Ingrese Nota = 2

                Secuencia de notas =  121402
                La suma de notas   =  28
                Promedio =  9.33
                ESTADO : Desaprobado

|Para curso[ 2 ]:
        Nombre de curso = LPE
            Ingrese total de alumnos = 1

                Para alumno[ 1 ]:
                Ingrese Nombre  = Cesar
                    Ingrese total de prácticas = 2
                        Ingrese Nota = 13
                        Ingrese Nota = 11

                Secuencia de notas =  1311
                La suma de notas   =  24
```

```
*PROBLEMA 2.py - C:/Users/Administrador/Desktop/PROBLEMA 2.py (3.6.2)*
File  Edit  Format  Run  Options  Window  Help
print("      SISTEMA ACADÉMICO 2018")
print("Ciclos Académicos:")
while True:
    ciclo=str(input("Ingrese ciclo académico = "))
    cursos=int(input("Ingrese número de cursos a procesar = "))
    i=0
    while True:
        i=i+1
        print(" Para curso[",i,"]:")
        curso=str(input("      Nombre de curso = "))
        alumno=int(input("          Ingrese total de alumnos = "))
        j=0
        while True:
            j=j+1
            print("            Para alumno[",j,"]:")
            nombre=str(input("              Ingrese Nombre  = "))
            s=0
            practica=int(input("              Ingrese total de prácticas = "))
            k=0
            suma=0
            while True:
                k=k+1
                while True:
                    nota=int(input("                    Ingrese Nota = "))
                    if (nota>20):
                        print(" Nota fuera de rango, vuelva a intentar")
                    if (nota<=20):break
                s=s*100+nota
                suma=suma+nota
                if (k==practica):break
            print("              Secuencia de notas = ",s)
            print("              La suma de notas   = ",suma)
            prom=(suma/practica)
            prom2=round(prom*100)/100
            print("              Promedio = ",prom2)
            if (prom2>=10):
                print("                ESTADO : Aprobado")
            else:
                print("                ESTADO : Desaprobado")
            if (j==alumno):break
        if (i==cursos):break
    while True:
        resp=str(input("Desea procesar el siguiente ciclo académico..?(S/N) ==>"))
        if (resp!="S" and resp!="N"):
            print(" Respuesta incorrecta, vuelva a intentar")
        if (resp=="S" or resp=="N"): break
    if (resp=="N"): break
    print(" -----------------------------")
```
Ln: 42 Col: 0

Ejemplo:

Diseñar un programa que permita leer un número c >1 formado por dígitos. Luego, ordenarde forma ascendente y mostrar el número de dígitos que contiene c. Después de ordenar el número c, el programa debe enviar el mensaje "Desea ordenar nuevo número..?(S/N)". Si el usuario ingresa la letra S o s, entonces, se continúa ordenando. En otro caso, si se ingresa la letra n o N, finaliza con la ejecución del programa.

Solución:

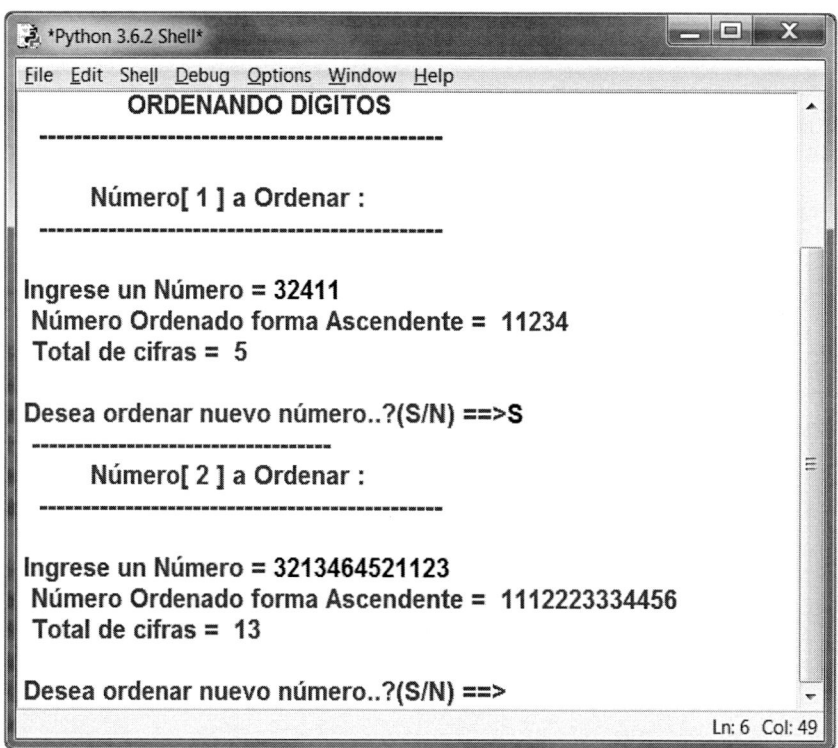

```
                ORDENANDO DÍGITOS
    ----------------------------------------------

        Número[ 1 ] a Ordenar :
    ----------------------------------------------

Ingrese un Número = 32411
 Número Ordenado forma Ascendente =  11234
 Total de cifras =  5

Desea ordenar nuevo número..?(S/N) ==>S
    ------------------------------------
        Número[ 2 ] a Ordenar :
    ----------------------------------------------

Ingrese un Número = 3213464521123
 Número Ordenado forma Ascendente =  1112223334456
 Total de cifras =  13

Desea ordenar nuevo número..?(S/N) ==>
```

```python
print("          ORDENANDO DÍGITOS")
print("  ----------------------------------------------")
k=0
while True:
    k=k+1
    print("        Número[",k,"] a Ordenar :")
    print("  ----------------------------------------------")
    while True:
        num=int(input("Ingrese un Número = "))
        if (num<9):
            print("El número contiene error, volver a ingresar: ")
        if (num>9):break
    num2=num
    cifra=0
    while True:
        rest=num2%10
        num2=int(num2/10)
        cifra=cifra+1
```

```
      if(num2==0):break
   num3=num
   x=cifra-1
   i=1
   while (j<=cifra):
      a=int(num3/(10**(cifra-i)))
      a=a%10
      b=int(num3/(10**(cifra-j)))
      b=b%10
      num3=num3-(a*(10**(cifra-i))+b*(10**(cifra-j)))
      if(a>b):
         aux=a
         a=b
         b=aux
      num3=num3+(a*(10**(cifra-i))+b*(10**(cifra-j)))
      j=j+1
   i=i+1
print(" Número Ordenado forma Ascendente = ",num3)
print(" Total de cifras = ",cifra)
print("")
while True:
   resp=str(input("Desea ordenar nuevo número..?(S/N) =:
   if (resp!="S" and resp!="N"):
      print("respuesta incorrecta, vuelva a intentar")
   if (resp=="S" or resp=="N"): break
f (resp=="N"): break
print(" ------------------------------")
```

Ln: 24 Col: 13

A continuación, se ilustra otra técnica de ordenamiento.

*Tarea3-APLICACION-3.py - C:\Users\Administrador\Desktop\back_UP_rojo\I...

File Edit Format Run Options Window Help

```
cont=1
u=1
while u!="n":
   print("     Número[",cont,"] a  Ordenar:")
   print("     ------------------------------")
   num=1
   while num<=9:
      num=int(input("Ingrese un Número n = "))
   p=num
   n=1
   numorden=0
   while n<=9:
      num=p
      while num>0:
         cifra=num%10
         if cifra==n:
            numorden=numorden*10+cifra
         num=int(num/10)
      n=n+1
   print("Número ordenado de forma ascendente= ",numorden)
   cont=cont+1
   u=input("Desea continuar..?(S/N)==>")
```

Ln: 10 Col: 42

Ejemplo:

Diseñar un programa que permita autogenerar el código de n empleados, para lo cual el usuario lee el código formado por 6 dígitos y luego el sistema autogenera su código, donde le asigna un carácter (letra: A...Z) en función del resto. Para lograr el objetivo, se debe usar el algoritmo del módulo 11, el cual consiste en descomponer el código en dígitos e ir multiplicando por los factores 2, 3, 4, 5, 6 y 7.

Se ilustra cómo se autogenera el código de empleado. Se ingresa el código 848139 y la secuencia es 2, 3, 4, 5, 6 y 7. Multiplicar el dígito de código por el dígito de la secuencia e ir formando la suma de la multiplicación de cada factor.

Suma=9*7+3*6+...

De la suma, obtener el resto del módulo 11.

Resto11 = suma mod11

Si el resto = 0, asignar A,...

Solución:

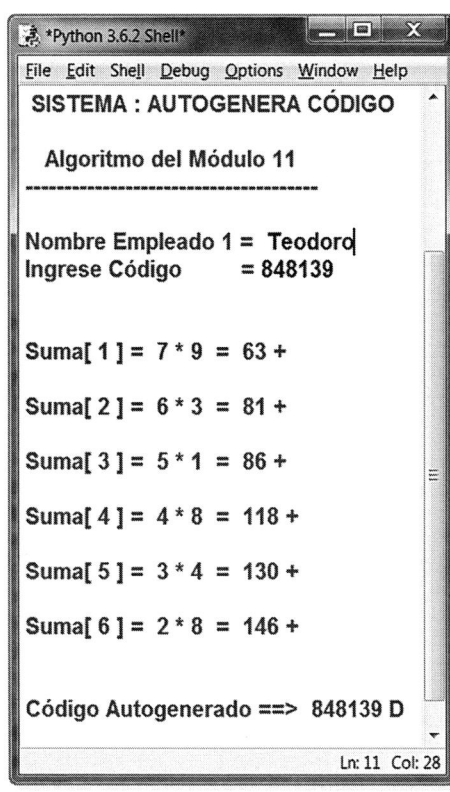

```python
print(" SISTEMA : AUTOGENERA CÓDIGO ")
print("")
print("   Algoritmo del Módulo 11")
print("---------------------------------")
i=1
while (i<=2):
    emp=str(input("Nombre Empleado "+str(i)+" = "))
    while True:
        n=int(input("Ingrese Código        = "))
        if(n<=99999 or n>=1000000):
            print("código inválido, vuelva a intentar")
        if(n>99999 and n<1000000):break
    print("")
    cifra=0
    num=n
    while True:
        rest=num%10
        num=int(num/10)
        cifra=cifra+1
        if(num==0):break
    j=1
    k=8
    num2=n
    suma=0
    while (j<=cifra):
        a=num2%10
        num2=int(num2/10)
        l=k-j
        prod=l*a
        suma=suma+prod
        print("Suma[ "+str(j)+" ] = ",l,"*",a," = ",suma,"+")
        j=j+1
    i=i+1
    modulo11=suma%11
    if(modulo11==0):
        asignacion=str("A")
    elif(modulo11==1):
        asignacion=str("B")
    ................................
    elif(modulo11==10):
        asignacion=str("K")
    print("")
    print("Código Autogenerado ==> ",n,asignacion)
```

Ejemplo:

Diseñar un programa que genere n parejas de números primos gemelos. Estos números tienen la propiedad de que, además de ser primos, la distancia entre ellos es 2. Por ejemplo, 3 y 5, 5 y 7, 11 y 13, 17 y 19, etc.

Solución:

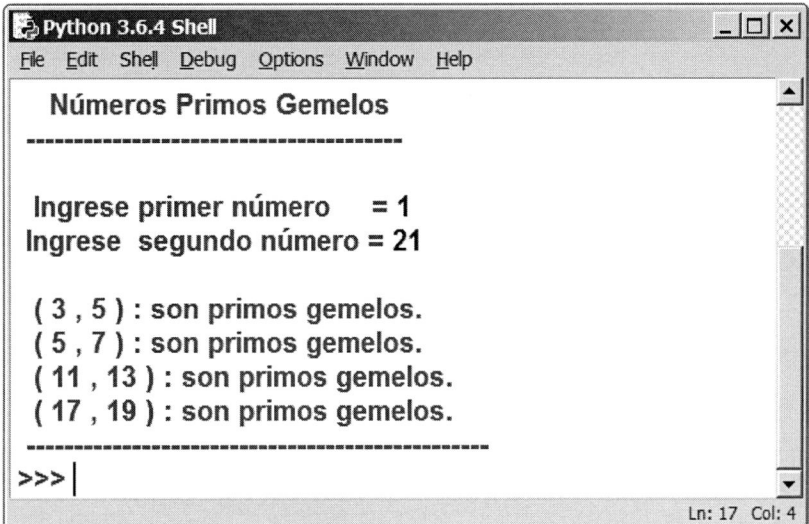

```
print("   Números Primos Gemelos ")
print(" -------------------------------------")
print("")
n1=int(input(" Ingrese primer número    = "))
n2=int(input(" Ingrese  segundo número = "))
print("")
a=0
for i in range (n1,n2+1):
    c=2
    esprimo=True
    while esprimo and c<i:
        if i%c==0:
            esprimo=False
        else:
            c=c+1
    if esprimo and not a:
        a=i
    elif esprimo and a:
        b=i

        if b-a==2:
            print(" (",a,",",b,") : son primos gemelos.")
        a=i
print(" -------------------------------------")
```

Ejemplo:

Diseñar un programa para leer dos notas y luego hallar la menor sin usar estructuras condicionales. El programa debe contar el número de operaciones que se ha realizado.

Solución:

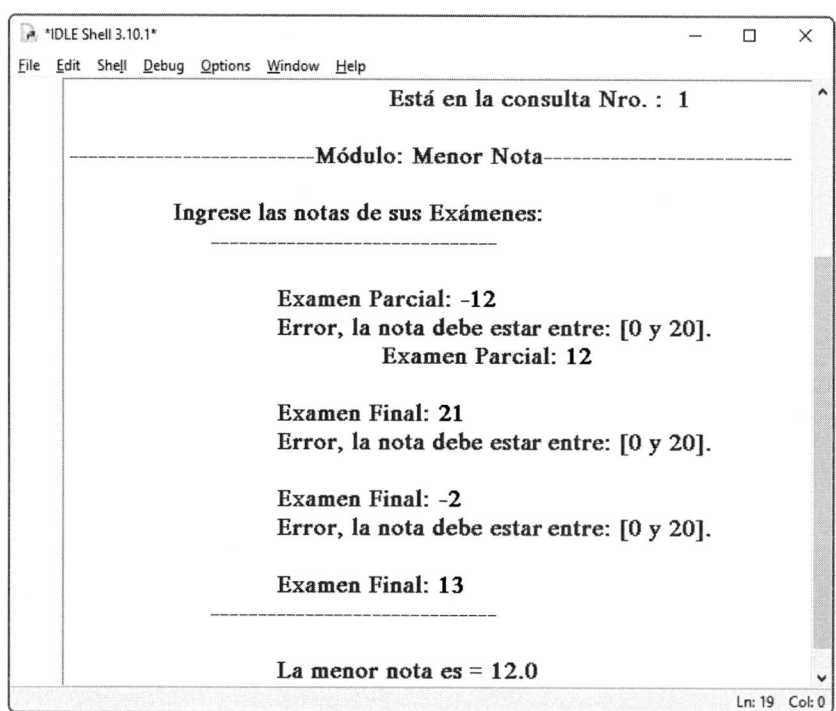

```
*while_menor_n.py - H:/LP_2022_OCT/while_menor_n.py (3.10.1)*          —  □  ×
File  Edit  Format  Run  Options  Window  Help
resp='S'
nv=0
while(resp=='S' or resp=='s'):
  nv=nv+1
  print("\n\t\t\t Está en la consulta Nro. : ",nv)
  print("")
  print(f'Módulo: Menor Nota'.center(70,"-"))
  ##print(f'{"-"*50}')

  print(f'\n\tIngrese las notas de sus Exámenes:')
  print(f'{"-"*30}'.center(70))
  parcial = int(input('\n\t\tExamen Parcial: '))
  while parcial < 0 or parcial > 20:
    print('\t\tError, la nota debe estar entre: [0 y 20].')
    parcial = int(input('\t\t\tExamen Parcial: '))
  final = int(input('\n\t\tExamen Final: '))

  while final < 0 or final > 20:
    print('\t\tError, la nota debe estar entre: [0 y 20].')
    final = int(input('\n\t\tExamen Final: '))
  print(f'{"-"*30}'.center(70))
  menor_nota = ((final//parcial)*parcial + (parcial//final)*final)/(final//parcial + parcial//final)
  print(f'\n\t\tLa menor nota es = {menor_nota}')
  resp=input(" Sr. desea continuar..?..(S/N)==>")
  if resp=='N' or resp=='n':
    print(" Sr. realizó:",nv," consultas")
    input(" Presione tecla para continuar...")
    exit()
                                                          Ln: 1  Col: 0
```

Ejemplo:

En la ciudad X, existen tres amigos: Juan, Ana y Pedro. Cada uno está a una distancia dada en puntos de coordenadas, como se muestra a continuación:

a. (Juan, Ana)

b. (Ana, Pedro)

c. (Juan, Pedro)

....

$$d = \sqrt{(x_2 - x_1)^2 + (y_2 - y_1)^2}$$

Encontrar quién hace la primera visita <A y así, sucesivamente.

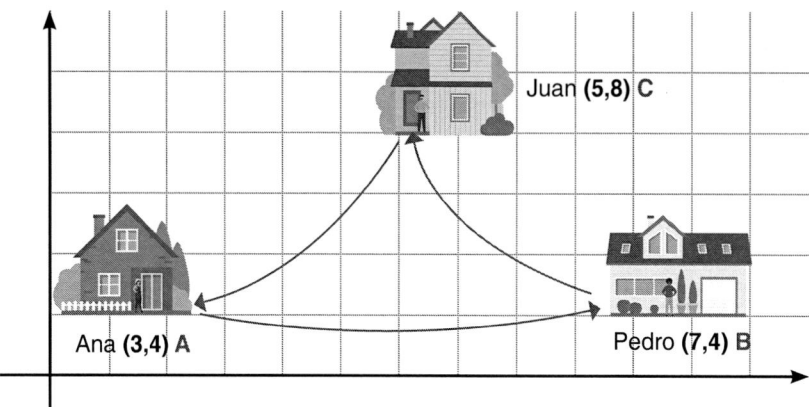

Juan (5,8) C

Ana (3,4) A

Pedro (7,4) B

Calcular distancia entre los puntos: $dAB = \sqrt{(x_2 - x_1)^2 + (y_2 - y_1)^2}$

Luego buscar la menor distancia: $dBC = \sqrt{(x_3 - x_2)^2 + (y_3 - y_2)^2}$

$$dCA = \sqrt{(x_3 - x_1)^2 + (y_3 - y_1)^2}$$

En Python, usar:

c=math.sqrt((pow((x2-x1),2))+math.sqrt(pow((y2-y1),2)))

C=4.123105625617661

Convertir a enteros para comparar tres números enteros: **ci=int(c)**

Ahora usar: **menor= min(a,b,c)**

Las distancias deben calcularse con una cifra decimal. Además, calcular la distancia de todo el perímetro que recorre Pedro.

Solución:

Para dar solución al problema, utilizar las fórmulas definidas anteriormente.

Ejemplo:

Diseñar un programa para recorrer e imprimir elementos de una lista inicializada. Lista = [100, Salas, Ana, 40.4, 16].

Solución:

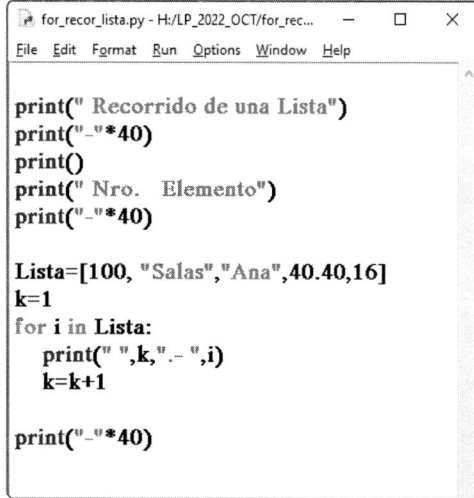

```
print(" Recorrido de una Lista")
print("-"*40)
print()
print(" Nro.   Elemento")
print("-"*40)

Lista=[100, "Salas","Ana",40.40,16]
k=1
for i in Lista:
    print(" ",k,".- ",i)
    k=k+1

print("-"*40)
```

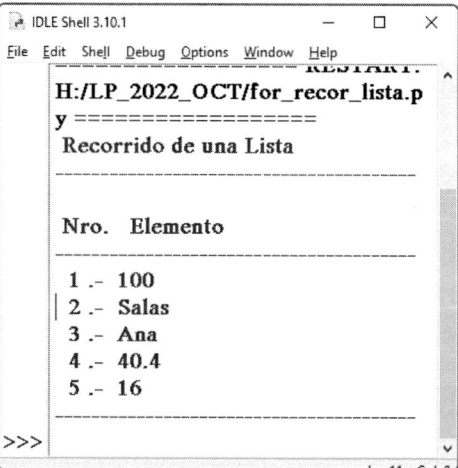

```
H:/LP_2022_OCT/for_recor_lista.py ==================
Recorrido de una Lista

 Nro.   Elemento
----------------------------------------
 1 .- 100
 2 .- Salas
 3 .- Ana
 4 .- 40.4
 5 .- 16
----------------------------------------
>>>
```

Ejemplo:

Diseñar un programa para recorrer elementos de una lista. Asimismo, ir acumulando la multiplicación factor a factor e ir almacenando en una nueva lista para guardar los resultados de cada multiplicación.

Solución:

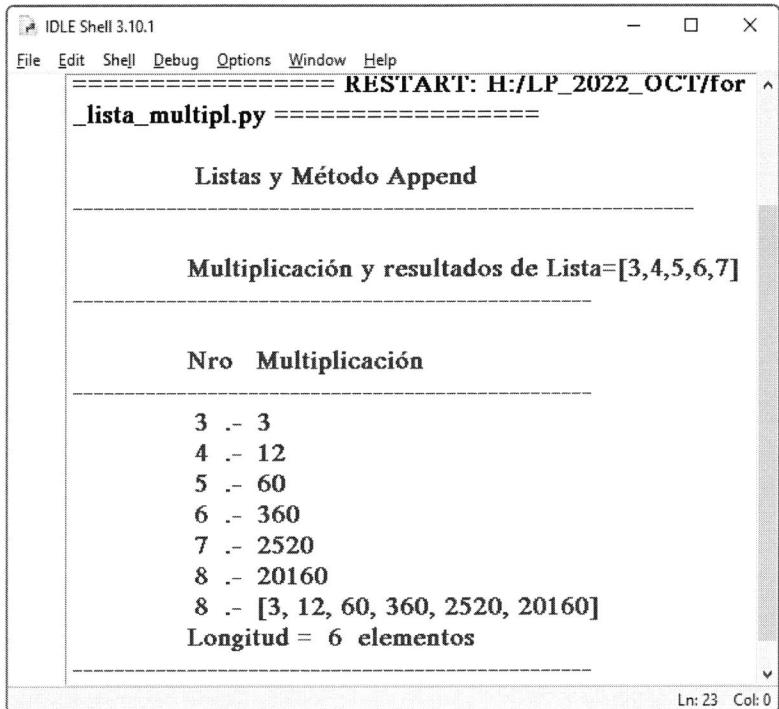

```
print("\n\t Listas y Método Append ")
print("-"*60)
lista=[3,4,5,6,7,8]
mul=1
result=list()
print(" \n\tMultiplicación y resultados de Lista=[3,4,5,6,7]")
print("-"*50)
print(" \n\tNro   Multiplicación ")
print("-"*50)
i=1
for i in lista:
    mul=mul*i
    result.append(mul)
    print("\t",i," .- ",mul)
print("\t",i," .- ",result)
print("\tLongitud = ",len(result)," elementos")
print("-"*50)
```

```
================ RESTART: H:/LP_2
022_OCT/for_lee _lista.py ==============
====
 Módulo: Lectura de elementos en una  Lista
--------------------------------------------------


 Ingrese longitud = 4
----------------------------------------
a=6
a=3
a=12
a=33

 Recorrido de una Lista
----------------------------------------

 Nro.   Elemento
----------------------------------------

   1 .-    6
   2 .-    3
   3 .-    12
   4 .-    33
----------------------------------------
```

```python
print(" Módulo: Lectura de elementos en una  Lista")
print("-"*50)
print()
n=int(input(" Ingrese longitud = "))

print("-"*40)
Lista=[]
k=1
for i in range(1,n+1):
    a=input("a=")
    Lista.append(a)
    k=k+1
print("")
print(" Recorrido de una Lista")
print("-"*40)
print("")
print(" Nro.   Elemento")
print("-"*40)
h=0
for i in Lista:
    h=h+1
    print("  ",h,".-    ",i)
print("-"*40)
```

Ejemplo:

Diseñar un programa que permita lo siguiente:

a. Crear un módulo de validación (interfaz estándar para n alumnos).

User=   Clave=

Los datos que se definan pueden ser aleatorios o leerse desde el teclado si son correctos.

b. Ingresar a una interfaz de usuario donde se lea o genere en forma aleatoria cuatro notas. Luego identificar la menor nota y obtener el promedio eliminando la menor nota. Mostrarlo con tres cifras decimales. Indicar si está aprobado o suspenso.

c. Contar total de aprobados y suspensos.

d. Mostrar como secuencia (un solo número) las notas aprobadas y suspensas.

e. Indicar cuál es la menor nota de las aprobadas.

Solución:

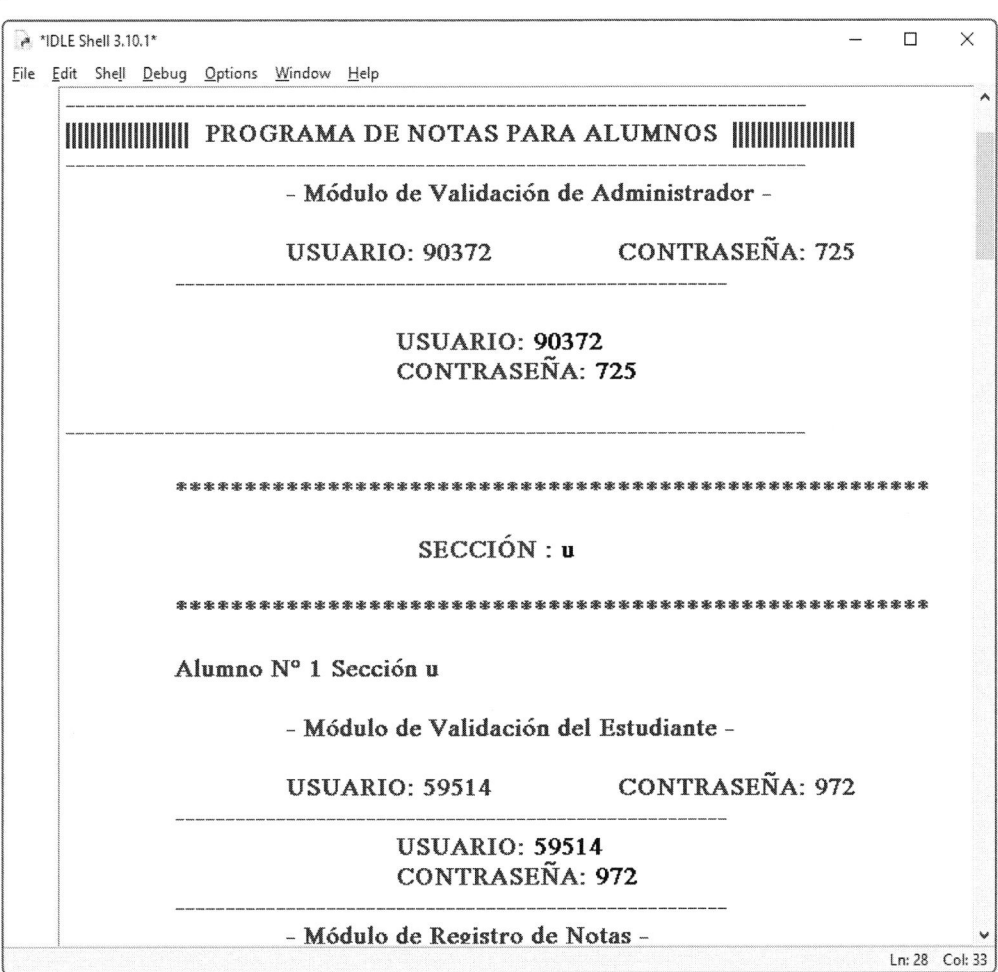

En esta interfaz, se registra alumno por alumno y el sistema solicita los datos de validación por cada uno. En la segunda interfaz, hay un infrome general de todos los alumnos que se han ingresado y se muestran las características del proceso de un alumno en la universidad.

```
*IDLE Shell 3.10.1*                                                  —  □  ×
File  Edit  Shell  Debug  Options  Window  Help

->> C
    _____

                      Reporte de Notas - Sección u
                   _____

                               NOTAS              ESTADO

                Alumno Nº1      6.250             DESAPROBADO
                Alumno Nº2      12.000            APROBADO
                Alumno Nº3      12.500            APROBADO

                TOTAL APROBADOS = 2          TOTAL DESAPROBADOS = 1
                MENOR NOTA APROBADA = 0.000 MAYOR NOTA APROBADA = 12.500
                   _____

    _____

    ¿Qué desea hacer?

    A.- Ingresar otra nota
    B.- Elegir otra sección
    C.- Salir

    ->>
                                                        Ln: 194  Col: 28
```

```
WHILE_ALUMNOS_Y.py - H:/LP_2022_OCT/WHILE_ALUMNOS_Y.py (3.10.1)      —  □  ×
File  Edit  Format  Run  Options  Window  Help

import random
print('-'*70)
print(f'{"|" * 20}  PROGRAMA DE NOTAS PARA ALUMNOS  {"|" * 20}')
print('-'*74)
#Validación del Administrador
usuario_admin = random.randint(9999, 99999)
contraseña_admin = random.randint(99, 999)
print('\t\t- Módulo de Validación de Administrador -\n')
print(f'\t\tUSUARIO: {usuario_admin}\t\tCONTRASEÑA: {contraseña_admin}')
print(f'\t{"-" * 55}')
usuario_ingresado = int(input('\n\t\t\tUSUARIO: '))
while usuario_ingresado != usuario_admin:
    print('\t\t\tUsuario incorrecto. Inténtelo de nuevo:')
    usuario_ingresado = int(input('\n\t\t\tUSUARIO: '))
contraseña_ingresada = int(input('\t\t\tCONTRASEÑA: '))
while contraseña_ingresada != contraseña_admin:
    print('\t\t\tContraseña incorrecta. Inténtelo de nuevo:')
    contraseña_ingresada = int(input('\t\t\tCONTRASEÑA: '))

print(f'\n{"-"*70}')
iteracion_seccion = True
while iteracion_seccion:
    num_alumnos=1;mayor_nota=0;menor_nota=0;num_aprobados=0;num_desaprobados=0
    reporte_notas = ''
    iteracion_nota = True;   generar_reporte = True;   iteracion_consulta = True
    print(f'\n\t{"*" * 55}')
    nombre_seccion = input('\n\t\t\t   SECCIÓN : ')
    while iteracion_nota:
        iteracion_consulta = True
                                                        Ln: 15  Col: 0
```

```
WHILE_ALUMNOS_Y.py - H:/LP_2022_OCT/WHILE_ALUMNOS_Y.py (3.10.1)                    —    □    ×
File  Edit  Format  Run  Options  Window  Help
    print(f'\n\t{"*" * 55}')
    print(f'\n\tAlumno N° {num_alumnos} Sección {nombre_seccion}\n')
    usuario_user = random.randint(9999, 99999)
    contraseña_user = random.randint(99, 999)
    print('\t\t- Módulo de Validación del Estudiante -\n')
    print(f'\t\tUSUARIO: {usuario_user}\t\tCONTRASEÑA: {contraseña_user}')
    print(f'\t{"-" * 55}')
    usuario_ingresado = int(input('\t\t\tUSUARIO: '))
    while usuario_ingresado != usuario_user:
        print('\t\t\tUsuario incorrecto. Inténtelo de nuevo:')
        usuario_ingresado = int(input('\t\t\tUSUARIO: '))
    contraseña_ingresada = int(input('\t\t\tCONTRASEÑA: '))
    while contraseña_ingresada != contraseña_user:
        print('\t\t\tContraseña incorrecta. Inténtelo de nuevo:')
        contraseña_ingresada = int(input('\t\t\tCONTRASEÑA: '))
    print(f'\t{"-" * 55}')
    print('\t\t- Módulo de Registro de Notas -\n')
    #Prácticas
    pc1 = int(input('\t1RA PRÁCTICA CALIFICADA = '))
    while pc1 < 0 or pc1 > 20:
        print('\tEl valor de la nota debe ser entre 0 a 20.\n\tInténtelo de nuevo: ')
        pc1 = int(input('\t1RA PRÁCTICA CALIFICADA = '))
    pc2 = int(input('\t2DA PRÁCTICA CALIFICADA = '))
    while pc2 < 0 or pc2 > 20:
        print('\tEl valor de la nota debe ser entre 0 a 20.\n\tInténtelo de nuevo: ')
        pc2 = int(input('\t2DA PRÁCTICA CALIFICADA = '))
    pc3 = int(input('\t3RA PRÁCTICA CALIFICADA = '))
                                                                          Ln: 47  Col: 0
```

```
WHILE_ALUMNOS_Y.py - H:/LP_2022_OCT/WHILE_ALUMNOS_Y.py (3.10.1)                    —    □    ×
File  Edit  Format  Run  Options  Window  Help
    pc3 = int(input('\t3RA PRÁCTICA CALIFICADA = '))
    while pc3 < 0 or pc3 > 20:
        print('\tEl valor de la nota debe ser entre 0 a 20.\n\tInténtelo de nuevo: ')
        pc3 = int(input('\t3RA PRÁCTICA CALIFICADA = '))
    pc4 = int(input('\t4TA PRÁCTICA CALIFICADA = '))
    while pc4 < 0 or pc4 > 20:
        print('\tEl valor de la nota debe ser entre 0 a 20.\n\tInténtelo de nuevo: ')
        pc4 = int(input('\t4TA PRÁCTICA CALIFICADA = '))
    print(f'\n\t{"-" * 55}')
    if pc1 <= pc2 and pc1 <= pc3 and pc1 <= pc4:
        pc_eliminada = pc1
    elif pc2 <= pc1 and pc2 <= pc3 and pc2 <= pc4:
        pc_eliminada = pc2
    elif pc3 <= pc1 and pc3 <= pc2 and pc3 <= pc4:
        pc_eliminada = pc3
    else:
        pc_eliminada = pc4
    prom_pc = (pc1 + pc2 + pc3 + pc4 - pc_eliminada)/3
    print(f'\n\tPROMEDIO DE PRÁCTICAS = {prom_pc:.3f}    (Nota eliminada: {pc_eliminada})')
    #Exámenes
    exam_parcial = int(input('\tEXAMEN PARCIAL = '))
    while exam_parcial < 0 or exam_parcial > 20:
        print('\tEl valor de la nota debe ser entre 0 a 20.\n\tInténtelo de nuevo: ')
        exam_parcial = int(input('\tEXAMEN PARCIAL = '))
    print(f'\t{"-" * 27}(Nota mín para aprobar: {((40 - exam_parcial - prom_pc)/2):.1f})')
    exam_final = int(input('\tEXAMEN FINAL = '))
    while exam_final < 0 or exam_final > 20:
                                                                          Ln: 73  Col: 58
```

```
*WHILE_ALUMNOS_Y.py - H:/LP_2022_OCT/WHILE_ALUMNOS_Y.py (3.10.1)*                    —    □    ×
File  Edit  Format  Run  Options  Window  Help
        while exam_final < 0 or exam_final > 20:
            print('\tEl valor de la nota debe ser entre 0 a 20.\n\tInténtelo de nuevo: ')
            exam_final = int(input('\tEXAMEN FINAL = '))
        print(f'\n\t{"-" * 55}')
        prom_final = (prom_pc + exam_parcial + 2*exam_final)/4
        if prom_final > 10:
            estado = "APROBADO"
            num_aprobados += 1
        else:
            estado = "DESAPROBADO"
            num_desaprobados += 1
        if num_alumnos == 1 and estado == "APROBADO":
            menor_nota = prom_final;
            mayor_nota = prom_final
        elif num_alumnos > 1 and estado == "APROBADO" :
            if prom_final < menor_nota:
                menor_nota = prom_final
            if prom_final > mayor_nota:
                mayor_nota = prom_final
        print(f'\n\t  Pesos: PP = 1   EP = 1   EF =2')
        print(f'\tPROMEDIO FINAL DEL CURSO = {prom_final:.3f}   (Estado = {estado})\n')
        reporte_notas +=('\t'+'Alumno N°'+f'{num_alumnos}'+'\t'+f'{prom_final:.3f}'+'\t\t'+ estado + '\n')
        print(f'\n\t{"*" * 55}')
        num_alumnos += 1
        print('-'*74)
        print('¿Qué desea hacer?')
        print('\nA.- Ingresar otra nota')
                                                                                    Ln: 100  Col: 0
```

```
*WHILE_ALUMNOS_Y.py - H:/LP_2022_OCT/WHILE_ALUMNOS_Y.py (3.10.1)*                    —    □    ×
File  Edit  Format  Run  Options  Window  Help
        print('B.- Ver el reporte y elegir otra sección')
        print('C.- Ver el reporte')
        print('D.- Salir')
        while iteracion_consulta:
            decision= input('\n>> ')
            if decision == "A" or decision == "a":
                generar_reporte = False
                iteracion_consulta = False
            elif decision == "B" or decision == "b":
                iteracion_nota = False
                generar_reporte = True
                iteracion_consulta = False
            elif decision == "C" or decision == "c":
                generar_reporte = True
                iteracion_consulta = False
            elif decision == "D" or decision == "d":
                generar_reporte = False
                iteracion_nota = False
                iteracion_seccion = False
                iteracion_consulta = False
            else:
                print('Las alternativas solo son "A", "B", "C" o "D". Inténtelo de nuevo: ')
        # reporte de Notas
        if generar_reporte:
            iteracion_consulta = True
            print('-'*74)
            print(f'\n\t\tReporte de Notas - Sección {nombre_seccion}')
                                                                                    Ln: 129  Col: 0
```

```
*WHILE_ALUMNOS_Y.py - H:/LP_2022_OCT/WHILE_ALUMNOS_Y.py (3.10.1)*                    —   □   ×
File  Edit  Format  Run  Options  Window  Help
        print(f'\t{"-" * 55}')
        print('\t\t\tNOTAS\t\tESTADO\n')
        print(reporte_notas)
        print(f'\tTOTAL APROBADOS =  {num_aprobados}\t\tTOTAL DESAPROBADOS = {num_desaprobados}')
        print(f'\tMENOR NOTA APROBADA = {menor_nota:.3f}\tMAYOR NOTA APROBADA = {mayor_nota:.3f}')
        print(f'\t{"-" * 55}')
        print('-'*74)
        if decision == "C" or decision == "c":
            print('¿Qué desea hacer?')
            print('\nA.- Ingresar otra nota')
            print('B.- Elegir otra sección')
            print('C.- Salir')
            while iteracion_consulta:
                decision= input('\n->> ')
                if decision == "A" or decision == "a":
                    iteracion_consulta = False
                elif decision == "B" or decision == "b":
                    iteracion_nota = False
                    iteracion_consulta = False
                elif decision == "C" or decision == "c":
                    iteracion_nota = False
                    iteracion_seccion = False
                    iteracion_consulta = False
                else:
                    print('Las alternativas solo son "A", "B" y "C". Inténtelo de nuevo: ')
print(f'{"|" * 26}  Hasta la próxima  {"|" * 26}')
print('-'*74)
                                                                              Ln: 143   Col: 50
```

El siguiente programa resume el código, pues la generación de notas es aleatoria.

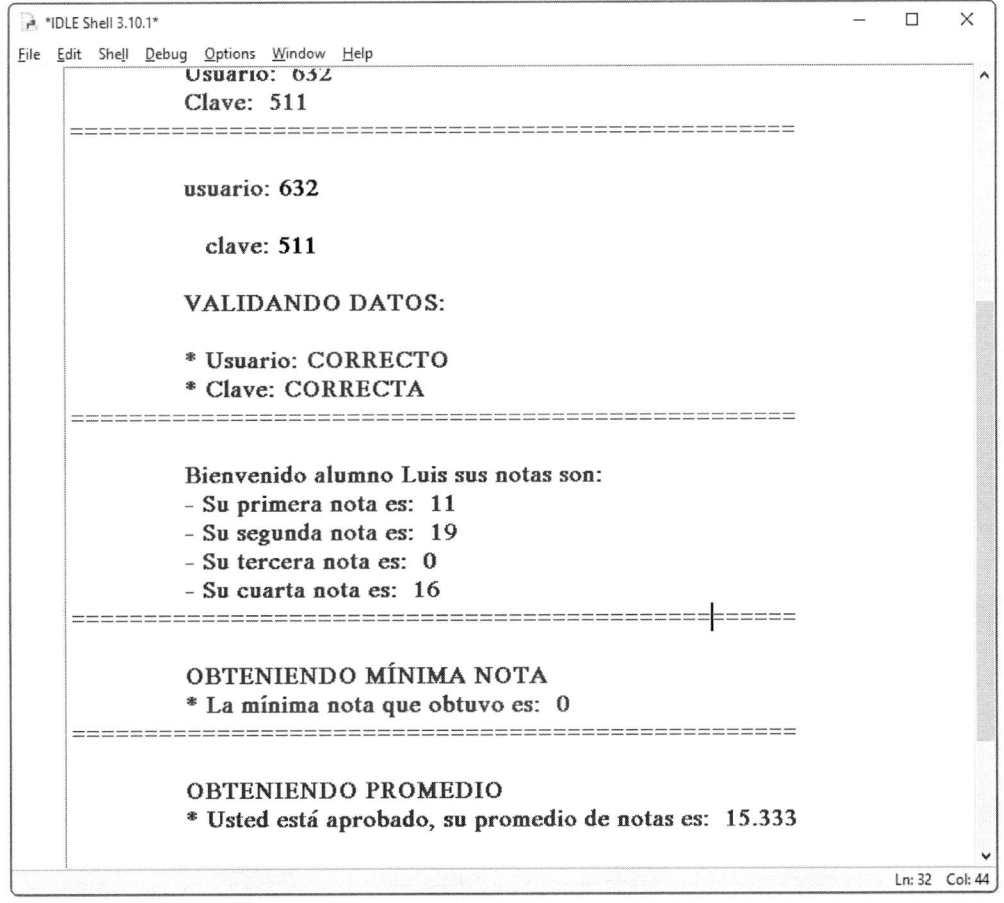

```
*IDLE Shell 3.10.1*                                                    —   □   ×
File  Edit  Shell  Debug  Options  Window  Help
            Usuario: 632
            Clave: 511
            ================================================

            usuario: 632

            clave: 511

            VALIDANDO DATOS:

            * Usuario: CORRECTO
            * Clave: CORRECTA
            ================================================

            Bienvenido alumno Luis sus notas son:
            - Su primera nota es:  11
            - Su segunda nota es:  19
            - Su tercera nota es:  0
            - Su cuarta nota es:  16
            ================================================

            OBTENIENDO MÍNIMA NOTA
            * La mínima nota que obtuvo es:  0
            ================================================

            OBTENIENDO PROMEDIO
            * Usted está aprobado, su promedio de notas es:  15.333
                                                                      Ln: 32   Col: 44
```

```
*while_aleat_alumns.py - H:/LP_2022_OCT/while_aleat_alumns.py (3.10.1)*                    —   □   ×
File  Edit  Format  Run  Options  Window  Help
from random import *
respuesta = 'S'or 's'
numero_de_alumnos_registrados = 0
while respuesta == 'S'or 's':
        numero_de_alumnos_registrados = numero_de_alumnos_registrados + 1
        print("\n\t Está registrando al ",numero_de_alumnos_registrados,"º alumno")
        print("="*50)
        nombre_de_usuario = input("\n\t Ingrese nombre del alumno: ")
        print("-"*50)
        usuario = randint(100,999)
        clave = randint(100,999)
        print("\n\t Alumno",nombre_de_usuario,"le recordamos que su cuenta tiene como usuario y clave:")
        print("\t Usuario: ",usuario)
        print("\t Clave: ",clave)
        print("="*50)
        usuario_n = int(input("\n\t usuario: "))
        clave_n = int(input("\n\t    clave: "))

        print("\n\t VALIDANDO DATOS:")
        if usuario_n == usuario and clave_n == clave:
                print("\n\t * Usuario: CORRECTO")
                print("\t * Clave: CORRECTA")
                print("="*50)
                print("\n\t Bienvenido alumno",nombre_de_usuario,"sus notas son:")
                nota1_usuario = randint(0,20)
                nota2_usuario = randint(0,20)
                nota3_usuario = randint(0,20)
                nota4_usuario = randint(0,20)
                if nota1_usuario>=0 and nota1_usuario<=20 and nota2_usuario>=0 and nota2_usuario<=20 and nota3_usuario>=0 and
                                                                                              Ln: 19  Col: 0
```

```
*while_aleat_alumns.py - H:/LP_2022_OCT/while_aleat_alumns.py (3.10.1)*                    —   □   ×
File  Edit  Format  Run  Options  Window  Help
                        print("\t - Su primera nota es: ",nota1_usuario)
                        print("\t - Su segunda nota es: ",nota2_usuario)
                        print("\t - Su tercera nota es: ",nota3_usuario)
                        print("\t - Su cuarta nota es: ",nota4_usuario)
                        print("="*50)
                        print("\n\t OBTENIENDO MÍNIMA NOTA")
                        minima_nota = min(nota4_usuario,nota3_usuario,nota2_usuario,nota1_usuario)
                        print("\t * La mínima nota que obtuvo es: ",minima_nota)
                        print("="*50)
                        print("\n\t OBTENIENDO PROMEDIO")
                        promedio_notas = ((nota4_usuario + nota3_usuario + nota2_usuario + nota1_usuario) - minima_nota)/3
                        if promedio_notas > 9 and promedio_notas <=20:
                                print("\t * Usted está aprobado, su promedio de notas es: ",format(promedio_notas,"5.3f"))
                        else:
                                print("\t * Usted está desaprobado, su promedio de notas es: ",format(promedio_notas,"5.3f"))

                        print("\n")
                        print("*"*70)
                        print("*"*70)

        else:
                print("\n\t Cuenta no válida.")
        respuesta = input("\n\t¿Desea registrar más alumnos? (S/N): ")
        if respuesta == 'N' or respuesta == 'n':
                print("-"*50)
                print("\n\tUsted ha registrado un total de",numero_de_alumnos_registrados,"alumnos")
                                                                                              Ln: 50  Col: 0
```

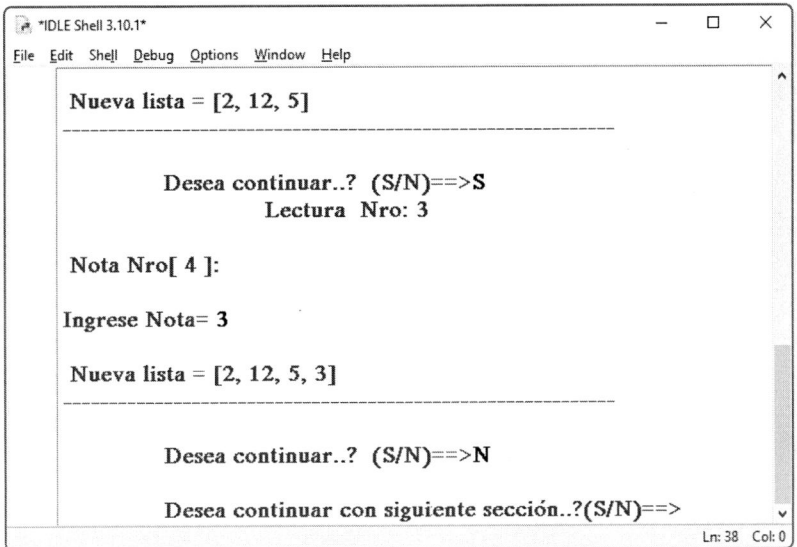

Ejemplo:

Diseñar un programa que permita formar una tabla de multiplicar de dimensión m*m. El usuario define la longitud de las filas y columnas. Asimismo, de la tabla de datos, se debe obtener lo siguiente:

a. Total de datos de un dígito

b. Total de datos formados por dos dígitos

c. Total de datos formados por tres dígitos

Finalmente, el programa debe ser interactivo con el usuario. Es decir, por cada ejecución debe presentar la pregunta "Señor, desea continuar...? (S/N)".

Solución:

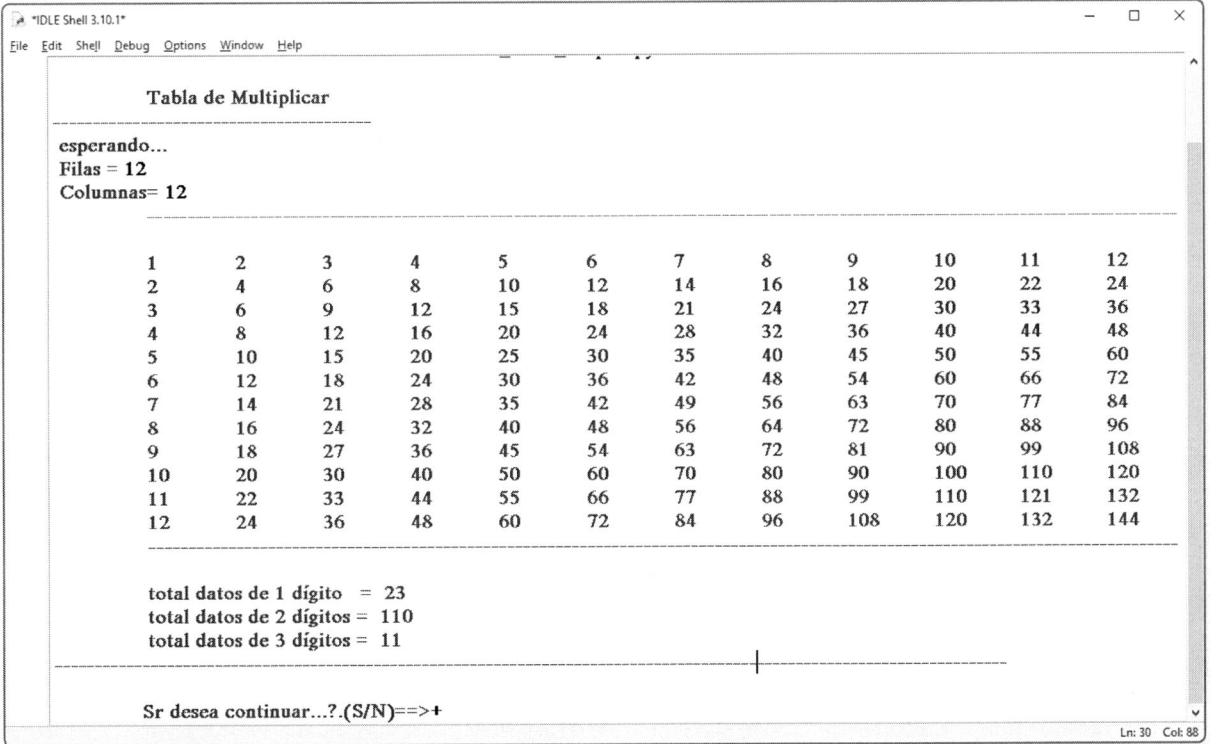

```
*for_tabla_mltplic.py - H:\for_tabla_mltplic.py (3.10.1)*          —    □    ✕
File  Edit  Format  Run  Options  Window  Help

print("\n\t Tabla de Multiplicar")
print(" esperando...")
resp='S'
while resp=='S':
    f=int(input(" Filas = "))
    c=int(input(" Columnas= "))
    d1=0;   d2=0;   d3=0
    print("\t","-"*130)
    for i in range(1,f+1):
        for j in range(1,c+1):
            print("\t",i*j,end="")
            if i*j>-1 and i*j<10:
                d1=d1+1
            else:
                if i*j>9 and i*j<100:
                    d2=d2+1
                else:
                    if i*j>99 and i*j<1000:
                        d3=d3+1
    print("\t","-"*130)
    print("\n\t total datos de 1 dígito   = ",d1)
    print("\t total datos de 2 dígitos = ",d2)
    print("\t total datos de 3 dígitos = ",d3)
    print("-"*120)
    resp=str(input("\n\tSr desea continuar...?.(S/N)==>"))

                                                        Ln: 19  Col: 0
```

Ejemplo:

Diseñar un programa para leer la edad de n pobladores y luego buscar la mayor edad. No usar funciones de Python, sino estructuras repetitivas.

Solución:

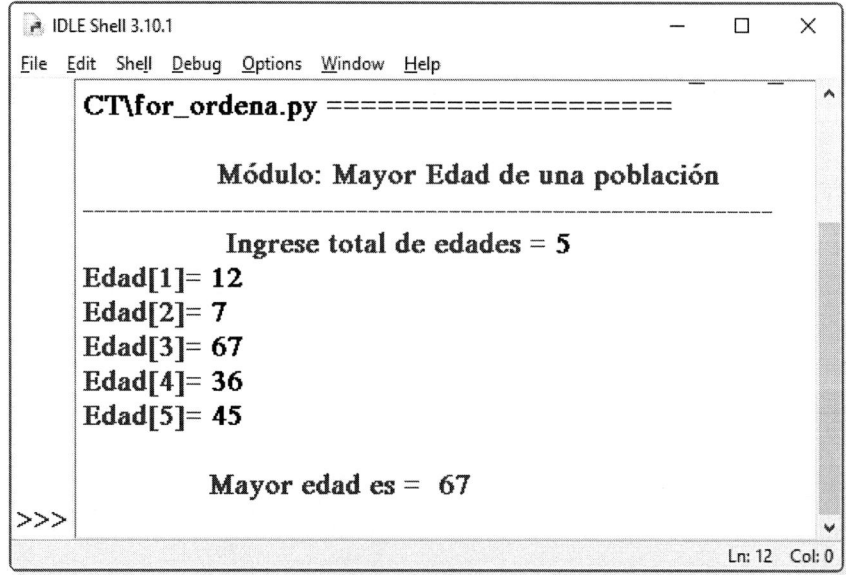

```
IDLE Shell 3.10.1                                    —    □    ✕
File  Edit  Shell  Debug  Options  Window  Help

CT\for_ordena.py ====================

       Módulo: Mayor Edad de una población
----------------------------------------------------------------
            Ingrese total de edades = 5
Edad[1]= 12
Edad[2]= 7
Edad[3]= 67
Edad[4]= 36
Edad[5]= 45


            Mayor edad es =  67
>>>
                                                   Ln: 12  Col: 0
```

```
for_ordena.py - H:\LP_2022_OCT\for_ordena.py (3.10.1)          —   □   ✕

File  Edit  Format  Run  Options  Window  Help
print("\n\t Módulo: Mayor Edad de una población")
print("-"*60)
tot=int(input("\t  Ingrese total de edades = "))
mayor=0
while tot != 0:
    for i in range (tot):
        edad=int(input("Edad["+str(i+1)+"]= "))
        if edad >mayor:
            mayor =edad
            d = i
    break
print("\n\tMayor edad es = ",mayor)

                                                           Ln: 9   Col: 27
```

Ejemplo:

Diseñar un programa que permita generar un módulo de validación con datos aleatorios. Si el usuario ingresa correctamente los datos, el programa debe generar una edad entre 3 y 25 años. Luego, lo clasifica según lo siguiente:

a. Nivel primaria: 3 a 9 años.

b. Nivel secundaria: 10 a 15 años.

c. Nivel universidad: 16 a 25 años.

A continuación, se solicita la lectura de apellidos.

Después, se deben mostrar las edades ordenadas de forma ascendente, así como la mayor y la segunda edad mayor. Asimismo, indicar a qué nivel pertenece la edad mayor.

Solución:

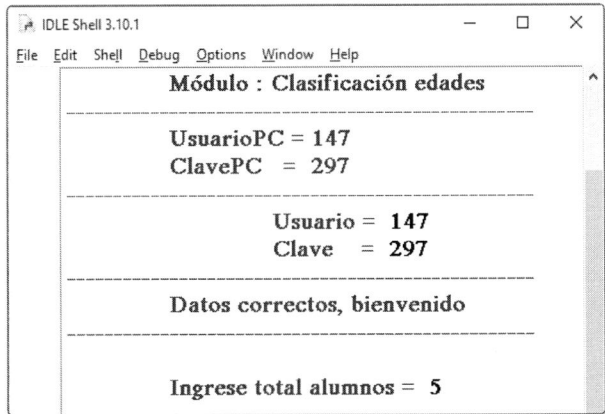

```
IDLE Shell 3.10.1                      —   □   ✕

File  Edit  Shell  Debug  Options  Window  Help
                Módulo : Clasificación edades
    ------------------------------------------------

    UsuarioPC = 147
    ClavePC  =  297
    ------------------------------------------------

                Usuario =  147
                Clave   =  297
    ------------------------------------------------

    Datos correctos, bienvenido
    ------------------------------------------------

    Ingrese total alumnos =  5
```

```
La 1 ° edad =  12
        Pertenece al nivel Secundario
        Ingrese Apellido = Salas

La 2 ° edad =  11
        Pertenece al nivel Secundario
        Ingrese Apellido = Basilio

La 3 ° edad =  6
        Pertenece al nivel Primario
        Ingrese  Apellido = Corcuera
                                      Ln: 52   Col: 0
```

```
IDLE Shell 3.10.1                                          —    □    ✕
File  Edit  Shell  Debug  Options  Window  Help

    Datos =  [12, 11]

   La 4 ° edad =  23
             Pertenece al nivel Universitario
             Ingrese Apellido= Zevallos

   La 5 ° edad =  11
             Pertenece al nivel Secundario
             Ingrese Apellido = Cortes
       ------------------------------

   Los apellidos son =  ['Salas', 'Basilio', 'Corcuera', 'Zevallos', 'Cortes']
   Edades sin ordenar =  [12, 11, 6, 23, 11]
    Edades ordenadas forma Ascendente =  [6, 11, 11, 12, 23]

            La cantidad :   Primaria     Secundaria    Universidad
        --------------------------------------------------------------
                          1              3               1

            La mayor edad =  23
            La segunda mayor =  12
            La mayor edad está en el  nivel Universitario
                                                       Ln: 52  Col: 0
```

```
*for_clasificar.py - C:/Users/User/Desktop/for_clasific...  —   □   ✕
File  Edit  Format  Run  Options  Window  Help

from random import*
import random      ## para randint
print("\tMódulo : Clasificación edades ")
print("-"*50)
user=random.randint(100,999)
password=random.randint(100,999)
print("\tUsuarioPC =",user)
print("\tClavePC  = ",password)
print("-"*50)
usa=int(input("\t\tUsuario =  "))
usb=int(input("\t\tClave    =  "))
print("-"*50)
if( usa==user and usb==password):
    print("\tDatos correctos, bienvenido ")
    print("-"*50)
    n=int(input("\n\tIngrese total alumnos =  "))
    tu=0;    ts=0;    tp=0
    lista=[]; listaPr=[]; listaSe=[];  listaUn=[]
    listaApe=[]
    for i in range (1,n+1):
        edad=randint(3,25)
        print("\t\nLa",i,"°","edad = ",edad)
        if edad>=3 and edad<10:
            print("\tPertenece al nivel Primario")
            apellido=input("\tIngrese  Apellido = ")
            tp=tp+1
            listaPr.append(edad)
            listaApe.append(apellido)
            print(" Datos = ",lista)
                                                       Ln: 29  Col: 0
```

```
*for_clasificar.py - C:/Users/User/Desktop/for_clasificar.py (3.10.1)*          —   □   ×
File  Edit  Format  Run  Options  Window  Help
        if edad>=10 and edad<16:
            print("\tPertenece al nivel Secundario")
            apellido=input("\tIngrese Apellido = ")
            ts=ts+1
            listaSe.append(edad)
            listaApe.append(apellido)
        if edad>=16 and edad <=25:
            print("\tPertenece al nivel Universitario")
            apellido=input("\tIngrese Apellido= ")
            tu=tu+1
            listaUn.append(edad)
            listaApe.append(apellido)
        lista.append(edad)
print("-"*30)
print("\nLos apellidos son = ",listaApe)
print("Edades sin ordenar = ",lista)
lista.sort()
print(" Edades ordenadas forma Ascendente = ",lista)
print("\n\tLa cantidad :   Primaria      Secundaria     Universidad")
print("-"*80)
print("\t\t ",tp,"\t\t ",ts,"\t\t ",tu)
e=max(lista)
print("\n\tLa mayor edad = ",e)
lista.remove(e)
segundomayor=max(lista)
print("\tLa segunda mayor = ",segundomayor)
```
Ln: 45   Col: 44

```
*for_clasificar.py - C:/Users/User/Desktop/for_clasificar.py (3.10.1)*          —   □   ×
File  Edit  Format  Run  Options  Window  Help
    if e>=3 and e<10:
        print("\tLa mayor edad está en nivel Primario")
        listaPr.sort()
        print("\tOrden ascendente del nivel Primario: ",listaPr)
    if e>=10 and e<16:
        print("\tLa mayor edad está en el nivel Secundario")
        listaSe.sort()
        print("\tOrden ascendente del nivel Secundario: ",listaSe)
    if e>=16 and e<=25:
        print("\tLa mayor edad está en el nivel Universitario")
        listaUn.sort()
```
Ln: 64   Col: 61

Ejemplo:

El problema anterior está enfocado de otra forma: se leen los niveles y luego se ingresa a cada nivel y se procesan las notas. Realizar lo siguiente:

a. Ver interfaz.

b. Lectura de edades en el rango según nivel.

c. Listado de edades ordenadas.

d. Mayor y segunda mayor edad.

e. Edades ordenadas.

Solución:

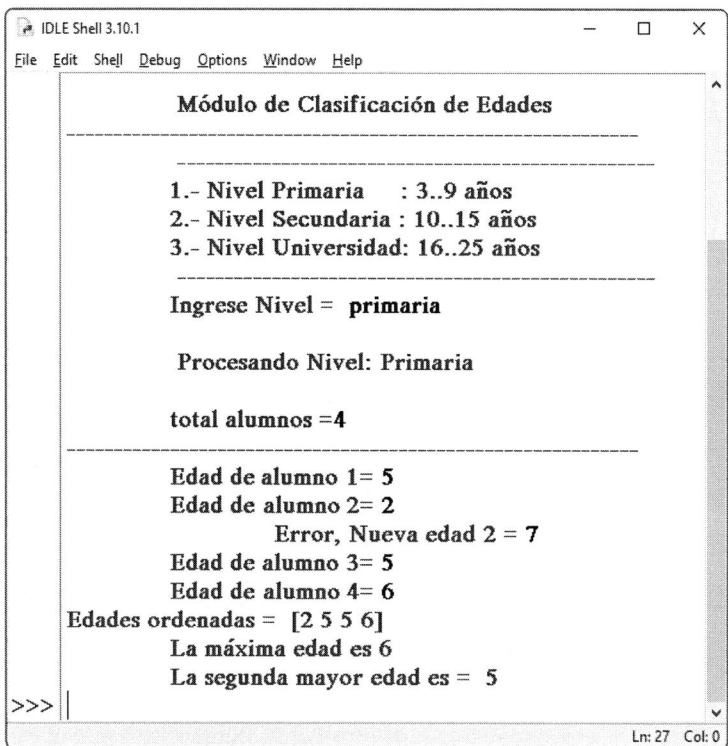

```python
import numpy as np
print("\n\t Módulo de Clasificación de Edades  ")
print("-"*60)
print("\t","-"*50)
print("\t1.- Nivel Primaria    : 3..9 años")
print("\t2.- Nivel Secundaria : 10..15 años")
print("\t3.- Nivel Universidad: 16..25 años")
print("\t","-"*50)
i=0
niv=input("\tIngrese Nivel =  ")
if niv=='primaria':
    print("\n\t Procesando Nivel: Primaria ")
```

```
        while True:
            n=int(input("\n\ttotal alumno="))
            print("-"*60)
            lista=[]
            for m in range(1,n+1):
                i=i+1
                edad=int(input("\tEdad de alumno "+ str(i) +"= "))
                lista.append(edad)
                while not(edad>=3 and edad<=9):
                    edad=int(input("\t\tError,Nueva edad "+str(i) +"="))
            print("Edades ordenadas = ",np.sort(lista))
            lista2=np.sort(lista)
            print("\tLa máxima edad es",lista2[-1])
            print("\tLa segunda mayor edad es = ",lista2[-2])
```

Ln: 19   Col: 0

for-sort.py - C:\Users\User\Desktop\for-sort.py (3.10.1)   —   □   ✕

File Edit Format Run Options Window Help

```
            break
if niv=='secundaria':
    print("\n\t Procesando nivel: Secundaria ")
    while True:
        n=int(input("\n\tTotal alumnos ="))
        print("-"*60)
        lista=[]
        for m in range(1,n+1):
            i=i+1
            edad=int(input("\n\tEdad de alumno "+ str(i) +": "))
            lista.append(edad)
            while not(10<=edad<=15):
                print("\tError fuera de rango ")
                edad=int(input("\n\tNueva edad de alumno " + str(i) +
        print("\tEdades ordenadas = ",np.sort(lista))
        mylista2=np.sort(lista)
        print("\tMayor edad es = ",mylista2[-1])
        print("\tSegunda mayor edad = ",mylista2[-2])
        break
if niv=='universidad':
    print("\n\t Procesando alumnos de: Universidad")
    while True:
        n=int(input("\n\tTotal alumnos ="))
        print("-"*60)
        lista=[]
```

```
    for m in range(1,n+1):
        i=i+1
        edad=int(input("\n\tEdad del alumno "+ str(i) +": "))
        lista.append(edad)
        while not(16<=edad<=25):
            print("\tError, fuera de rango ")
            edad=int(input("\n\tEdad de alumno" + str(i) +" :"))
    print("Edades ordenadas son = ",np.sort(lista))
    mylista2=np.sort(lista)
    print("\n\t\tLa máxima edad es",mylista2[-1])
    print("\t\\ttLa segunda mayor edad es",mylista2[-2])
    break
```
Ln: 57   Col: 49

Contad_acum_2022_2.py - H:\LP_2022_OCT\Contad_acum_2022_2.py (3.10.1)   — □ ×

File Edit Format Run Options Window Help

```
print('Cantidad inicial  1 es = 10')
print("-"*40)
dias=0;trabaj=10;dias=dias+1
print('Total de trabajadores =',trabaj)
dias=dias+1
print('\n\t\t Trabajadores en el día =',dias)
contra_trabj=int(input('Ingresa la cantidad de trabajadores = '))
trabaj=trabaj+contra_trabj
print('Total de trabajadores =',trabaj)
dias=dias+1
print('\n\t\t  Trabajadores en el día =',dias)
contra_trabj=int(input('Ingresa la cantidad de trabajadores = '))
trabaj=trabaj+contra_trabj
print('Total de trabajadores =',trabaj)
dias=dias+1
print('\n\t\t Trabajadores en el día =',dias)
contra_trabj=int(input('Ingresa la cantidad de trabajadores  nuevos =
trabaj=trabaj+contra_trabj
print('La cantidad de trabajadores en total son',trabaj)
dias=dias+1
print('\n\t\t  Trabajadores en el día =',dias)
contra_trabj=int(input('Ingresa la cantidad de trabajadores   = '))
trabaj=trabaj+contra_trabj
print('Total de trabajadores =',trabaj)
dias=dias+1
print('\n\t\t  Trabajadores en el día =',dias)
contra_trabj=int(input('Ingresa la cantidad de trabajadores  nuevos =
trabaj=trabaj+contra_trabj
print('')
print('Total de trabajadores ='.trabaj)
```

Ejemplo:

Diseñar un programa para leer n elementos y guardar elementos en una lista. Luego, mostrar los elementos y la cantidad.

Solución:

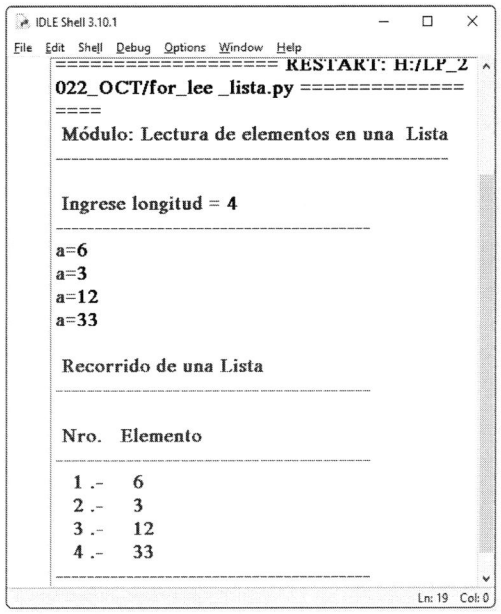

```
print(" Módulo: Lectura de elementos en una  Lista")
print("-"*50)
print()
n=int(input(" Ingrese longitud = "))

print("-"*40)
Lista=[]
k=1
for i in range(1,n+1):
    a=input("a=")
    Lista.append(a)
    k=k+1
print("")
print(" Recorrido de una Lista")
print("-"*40)
print("")
print(" Nro.   Elemento")
print("-"*40)
h=0
for i in Lista:
    h=h+1
    print("  ",h,".-    ",i)
print("-"*40)
```

El siguiente programa resume el código, pues la generación de notas es aleatoria. En la interfaz se ilustran las consultas y los ingresos de datos al programa.

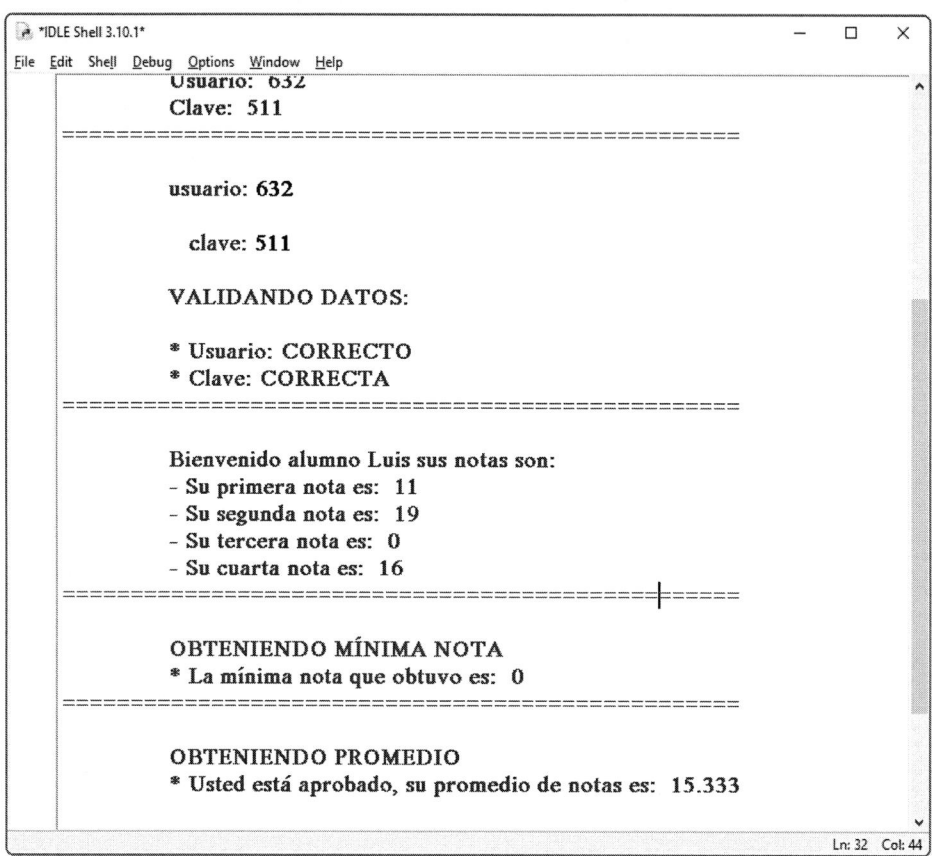

```python
from random import *
respuesta = 'S'or 's'
numero_de_alumnos_registrados = 0
while respuesta == 'S'or 's':
        numero_de_alumnos_registrados = numero_de_alumnos_registrados + 1
        print("\n\t Está registrando al ",numero_de_alumnos_registrados,"° alumno")
        print("="*50)
        nombre_de_usuario = input("\n\t Ingrese nombre del alumno: ")
        print("-"*50)
        usuario = randint(100,999)
        clave = randint(100,999)
        print("\n\t Alumno",nombre_de_usuario,"le recordamos que su cuenta tiene como usuario y clave:")
        print("\t Usuario: ",usuario)
        print("\t Clave: ",clave)
        print("="*50)
        usuario_n = int(input("\n\t usuario: "))
        clave_n = int(input("\n\t    clave: "))

        print("\n\t VALIDANDO DATOS:")
        if usuario_n == usuario and clave_n == clave:
                print("\n\t * Usuario: CORRECTO")
                print("\t * Clave: CORRECTA")
                print("="*50)
                print("\n\t Bienvenido alumno",nombre_de_usuario,"sus notas son:")
                nota1_usuario = randint(0,20)
                nota2_usuario = randint(0,20)
                nota3_usuario = randint(0,20)
                nota4_usuario = randint(0,20)
                if nota1_usuario>=0 and nota1_usuario<=20 and nota2_usuario>=0 and nota2_usuario<=20 and nota3_usuario>=0 and
```

```
*while_aleat_alumns.py - H:/LP_2022_OCT/while_aleat_alumns.py (3.10.1)*                    —    □    ×
File  Edit  Format  Run  Options  Window  Help
                        print("\t – Su primera nota es: ",nota1_usuario)
                        print("\t – Su segunda nota es: ",nota2_usuario)
                        print("\t – Su tercera nota es: ",nota3_usuario)
                        print("\t – Su cuarta nota es: ",nota4_usuario)
                        print("="*50)
                        print("\n\t OBTENIENDO MÍNIMA NOTA")
                        minima_nota = min(nota4_usuario,nota3_usuario,nota2_usuario,nota1_usuario)
                        print("\t * La mínima nota que obtuvo es: ",minima_nota)
                        print("="*50)
                        print("\n\t OBTENIENDO PROMEDIO")
                        promedio_notas = ((nota4_usuario + nota3_usuario + nota2_usuario + nota1_usuario) – minima_nota)/3
                        if promedio_notas > 9 and promedio_notas <=20:
                                print("\t * Usted está aprobado, su promedio de notas es: ",format(promedio_notas,"5.3f"))
                        else:
                                print("\t * Usted está desaprobado, su promedio de notas es: ",format(promedio_notas,"5.3f"))

                        print("\n")
                        print("*"*70)
                        print("*"*70)

        else:
                print("\n\t Cuenta no válida.")
        respuesta = input("\n\t¿Desea registrar más alumnos? (S/N): ")
        if respuesta == 'N' or respuesta == 'n':
                print("_"*50)
                print("\n\tUsted ha registrado un total de",numero_de_alumnos_registrados,"alumnos")

                                                                              Ln: 50  Col: 0
```

Ejemplo:

Diseñar un programa para leer una nota inicial. Guardar en una lista,después, leer la sección de alumnos y su nota y, finalmente, mostrar las notas y continuar. Se puede leer la sección siguiente y almacenar las notas que se desee en forma interactiva.

Solución:

```
*IDLE Shell 3.10.1*                                           —    □    ×
File   Edit   Shell   Debug   Options   Window   Help

  Nueva lista = [2, 12, 5]
  ------------------------------------------------------------

              Desea continuar..?  (S/N)==>S
                      Lectura  Nro: 3

  Nota Nro[ 4 ]:

  Ingrese Nota= 3

  Nueva lista = [2, 12, 5, 3]
  ------------------------------------------------------------

              Desea continuar..?  (S/N)==>N

              Desea continuar con siguiente sección..?(S/N)==>

                                                      Ln: 38  Col: 0
```

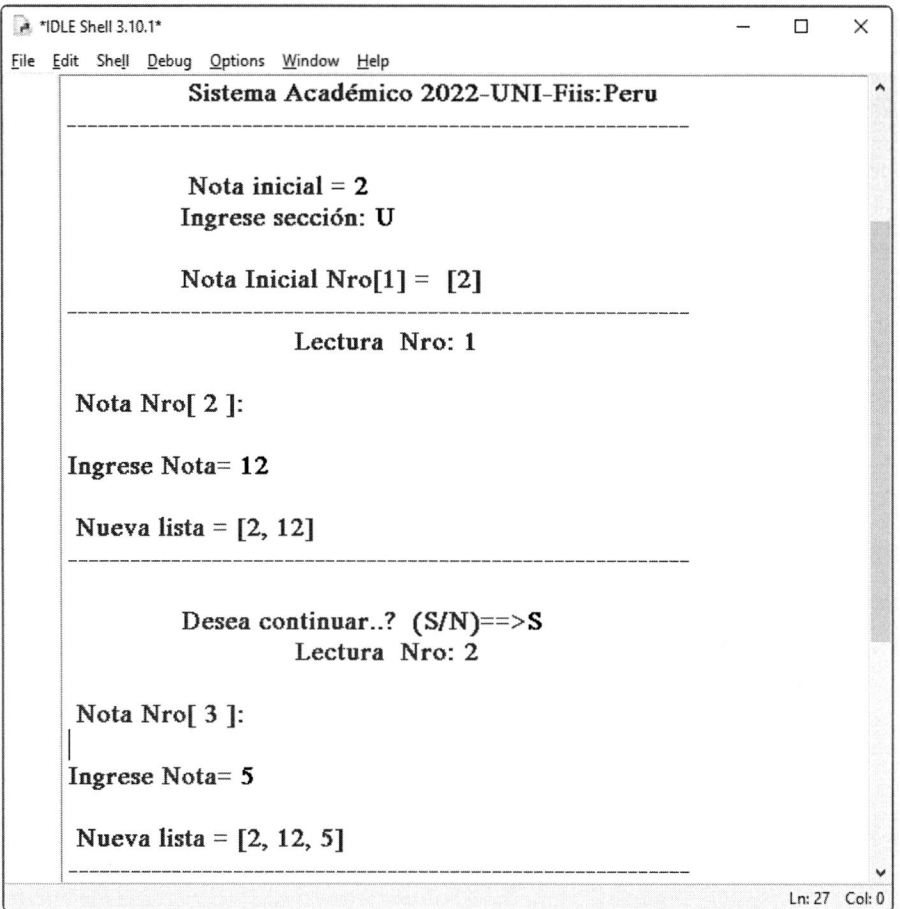

Ejemplo:

Diseñar un programa para ordenar dígitos de forma ascendente.

Solución:

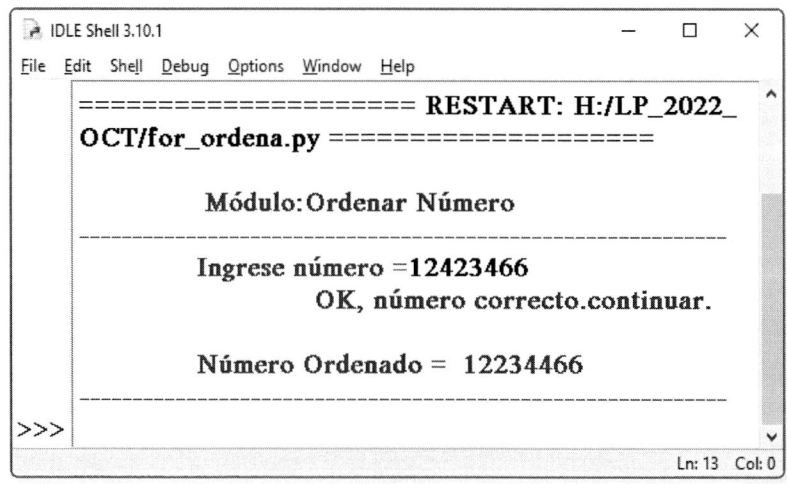

```
for_ordena.py - H:/LP_2022_OCT/for_ordena.py (3.10.1)        —   □   ✕

File  Edit  Format  Run  Options  Window  Help

print("\n\t Módulo:Ordenar Número")
print("-" * 60)
j=0
sec=0
while True:
    num=int(input("\tIngrese número ="))
    if num>1:
        print("\t\tOK, número correcto.continuar.")
        break
    else:
        print(" Error")
aux=num
while j<10:  ##  para que j sea solo dígitos
    while num>0:## descomponer n ingresar en dígitos
        d=num%10
        num=num//10
        if d==j:
            sec=sec*10+d
    j=j+1
    num=aux
print("\n\tNúmero Ordenado = ",sec)
print("-" * 60)

                                          Ln: 16   Col: 16
```

Ejemplo:

Diseñar un programa que permita leer tres números, que pueden estar formados por 2, 3, 4 o más dígitos y luego, realizar lo siguiente:

a. Validar que los tres números estén dentro de su respectivo rango.

b. Realizar una búsqueda de usuario. Ingresar un número n y este debe estar en los números ingresados (ver formulario).

Solución:

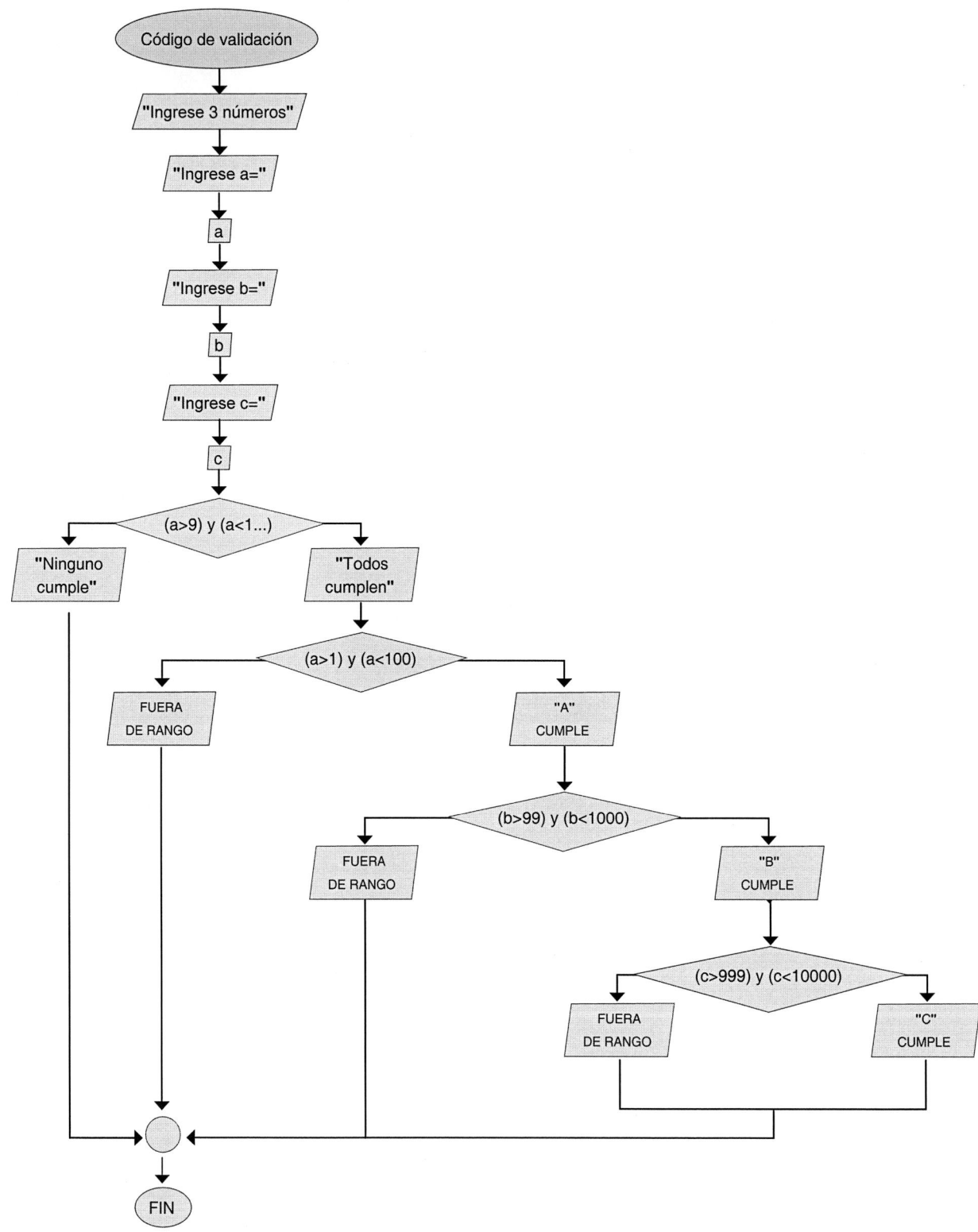

IDLE Shell 3.10.1 — □ ✕

File   Edit   Shell   Debug   Options   Window   Help

```
                    Módulo if.. else: Buscar
--------------------------------------------------------
<1> Ingrese número de 2 dígitos= 23
<2> Ingrese número de 3 dígitos= 345
<3> Ingrese número de 4 dígitos= 3456


        números dentro del rango establecido



        los dígitos del primer número son:  3 , 2
        los dígitos del segundo número son:  5 , 4 , 3
        los dígitos del tercer número son:  6 , 5 , 4 , 3
--------------------------------------------------------


        Ingrese dígito a buscar: 3

        1.- Dígito 3  encontrado en el primer número:  23
        2.- Dígito 3  encontrado en el segundo número:  345
        3.- Dígito 3  encontrado en el tercer número:  3456
```

>>> |

Ln: 25   Col: 0

---

ere.py - C:/Users/User/Desktop/ciclo_2021_2/Clases_2021_II/LP_2021_II/practicas/t...   — □ ✕

File   Edit   Format   Run   Options   Window   Help

```python
print("\n\t\tMódulo if.. else: Buscar  ")
print("-"*50)
n1=int(input("<1> Ingrese número de 2 dígitos= "))
if n1>9 and n1<100:
    n2=int(input("<2> Ingrese número de 3 dígitos= "))
    if n2>99 and n2<1000:
        n3=int(input("<3> Ingrese número de 4 dígitos= "))
        if n3>999 and n3<10000:
            print('\n\tnúmeros dentro del rango establecido   ')
            d1=n1%10
            pe1=n1//10
            d2=n2%10
            pe2=n2//10
            d3=pe2%10
            pe3=pe2//10
            d4=n3%10
            pe4=n3//10
            d5=pe4%10
            pe5=pe4//10
            d6=pe5%10
            pe6=pe5//10
print("")
```

Ln: 13   Col: 0

```
ere.py - C:/Users/User/Desktop/ciclo_2021_2/Clases_2021_II/LP_2021_II/practicas/trabajo_2/GRUPO 6_03...   —   □   ×
File  Edit  Format  Run  Options  Window  Help
print("")
print("\n\t  los dígitos del primer número son: ",d1, ",",pe1)
print("\tlos dígitos del segundo número son: ",d2, ",",d3, ",",pe3)
print("\tlos dígitos del tercer número son: ",d4,",",d5, ",",d6, ",",pe6)
print("-"*50)
tn=int(input("\n\tIngrese dígito a buscar: "))
if 0<=tn<10:
    if tn==d1 or tn==pe1:
        print("\n\t1.- Dígito",tn," encontrado en el primer número: ",n1)
        if tn==d2 or tn==d3 or tn==pe3:
            print("\t2.- Dígito",tn," encontrado en el segundo número: ",n2)
            if tn==d4 or tn==d5 or tn==d6 or tn==pe6:
                print("\t3.- dígito",tn," encontrado en el tercer número: ",n3)
            else:
                print("Dígito no encontrado")
        else:
            print('No es un dígito')
    else:
        print("fuera del rango")
else:
    print("fuera del rango")
                                                                          Ln: 36  Col: 0
```

Ejemplo:

Diseñar un programa para validar de forma aleatoria, luego leer edades de tres poblaciones: niños, adultos y jóvenes. Clasificarlos en edades pares e impares, formar secuencias y ordenarlos.

Solución:

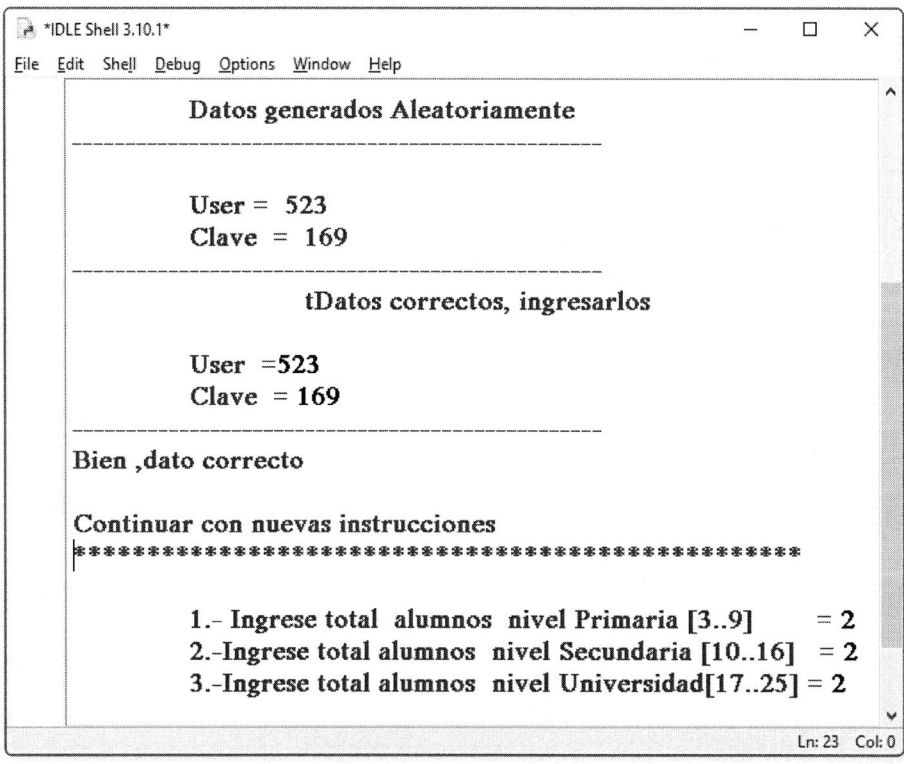

```
*IDLE Shell 3.10.1*                                          —   □   ×
File  Edit  Shell  Debug  Options  Window  Help
                 Datos generados Aleatoriamente
        ----------------------------------------------

              User =  523
              Clave  =  169
        ----------------------------------------------
                   tDatos correctos, ingresarlos

              User  =523
              Clave  = 169
        ----------------------------------------------
Bien ,dato correcto

Continuar con nuevas instrucciones
**************************************************

              1.- Ingrese total  alumnos  nivel Primaria [3..9]      = 2
              2.-Ingrese total alumnos  nivel Secundaria [10..16]  = 2
              3.-Ingrese total alumnos  nivel Universidad[17..25] = 2
                                                           Ln: 23  Col: 0
```

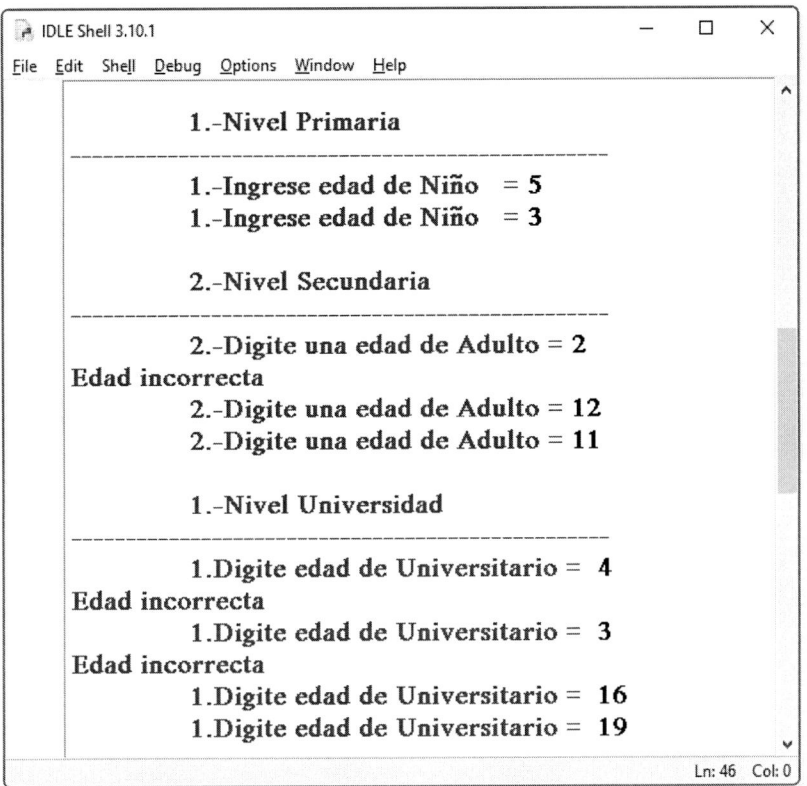

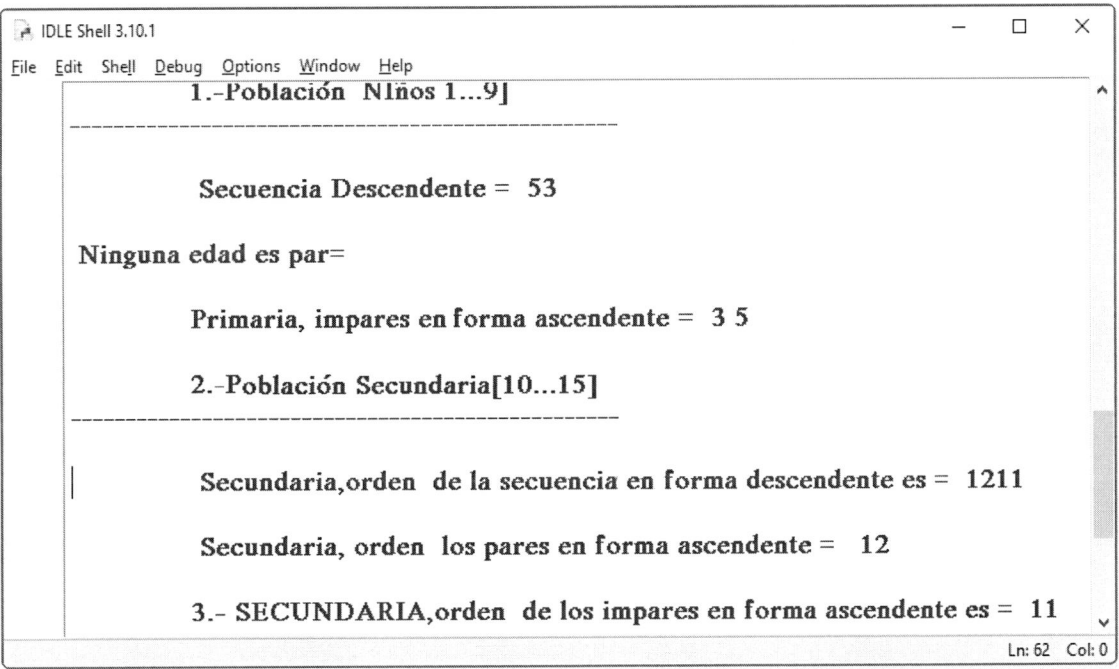

```
IDLE Shell 3.10.1                                      —    □    ×
File  Edit  Shell  Debug  Options  Window  Help

              Población  Universitaria[16...25]
    ----------------------------------------------------

         Universidad, el orden de la secuencia en forma descendente es = 1916

         Universidad, el orden  de los pares en forma ascendente es =   16

         Universidad, el orden  de los impares en forma ascendente es =  19
                                                       Ln: 75   Col: 0
```

```
for_listas.py - C:\Users\User\Desktop\for_listas.py (3.10.1)    —   □   ×
File  Edit  Format  Run  Options  Window  Help

import random
prim=[  ]# para primaria
lista = []
lista2 = []  #para secundaria
secun=[]
lista3 = []
lista4 = []
uni=[]    #para universidad
lista5 = []
lista6 = []
e=0
resp='s'
while True:
    print("\n\t\tMÓDULO DE VALIDACIÓN")
    print("-"*50)
    User1=random.randint(100,999)
    clave1=random.randint(100,999)
    print(" \n\tDatos generados Aleatoriamente ")
    print("-"*50)
    print("\n\tUser = ",clave1)
    print("\tClave  = ",User1)
    print("-"*50)
                                               Ln: 6   Col: 0
```

```
for_listas.py - C:\Users\User\Desktop\for_listas.py (3.10.1)          —    □    ✕
File  Edit  Format  Run  Options  Window  Help
        print("\t\ttDatos correctos, ingresarlos ")
        IngreseC=input("\n\tUser  =")
        IngreseCl=input("\tClave  = ")
        print("-"*50)
        if IngreseC.isdigit():
           if clave1==int(IngreseC):


                if IngreseCl.isdigit():
                   print("Bien ,dato correcto")
                   if int(IngreseCl)==User1:
                       print("\nContinuar con nuevas instrucciones")
                       break
                   else:
                       print("Error  en su  contraseña ")
                else:
                   print("Ingrese números enteros ....")
           else:
               print("Error, sr  vuelva a intentarlo")

while (resp=="S" or resp=="s") :
  print("*"*50)
  n = input("\n\t1.- Ingrese total  alumnos  nivel Primaria [3..9]
                                                          Ln: 43  Col: 0
```

```
for_listas.py - C:\Users\User\Desktop\for_listas.py (3.10.1)          —    □    ✕
File  Edit  Format  Run  Options  Window  Help
             if int(agehs)%2 == 0:
                 lista3.insert(i,int(agehs))
                 lista3.sort()
             else:
                 lista4.insert(i,int(agehs))
                 lista4.sort()
             j=j+1
           else:
               print('Edad incorrecta')
        else:
           print('Señor se ha equivocado')
     print( ' \n\t1.-Nivel Universidad')
     print("-"*50)
```

```
for_listas.py - C:\Users\User\Desktop\for_listas.py (3.10.1)        —    □    ×

File  Edit  Format  Run  Options  Window  Help

            if age.isdigit():
                if 3<=int(age)<=9:
                    prim.insert(i,int(age))
                    if int(age)%2 == 0:
                        lista.insert(i,int(age))
                        lista.sort()

                    else:
                        lista2.insert(i,int(age))
                        lista2.sort()
                    i=i+1
                else:
                    print('\n\t1.-Edad incorrecta')
            else:
                print(' \n\t1.-Error, se ha equivocado')
    print( ' \n\t2.-Nivel Secundaria')
    print("-"*50)
    j=0
    while j<int(z):
        agehs = input('\t2.-Digite una edad de Adulto = ')
        if agehs.isdigit():
            if 10<=int(agehs)<=15:
                secun.insert(i,int(agehs))

                                                        Ln: 53  Col: 0
```

```
for_listas.py - C:\Users\User\Desktop\for_listas.py (3.10.1)        —    □    ×

File  Edit  Format  Run  Options  Window  Help

                if int(agehs)%2 == 0:
                    lista3.insert(i,int(agehs))
                    lista3.sort()
                else:
                    lista4.insert(i,int(agehs))
                    lista4.sort()
                j=j+1
            else:
                print('Edad incorrecta')
        else:
            print('Señor se ha equivocado')
    print( ' \n\t1.-Nivel Universidad')
    print("-"*50)
    k=0
    while k<int(u):
        ageu = input('\t1.Digite edad de Universitario =  ')
        if ageu.isdigit():

                                                        Ln: 88  Col: 0
```

```
for_listas.py - C:\Users\User\Desktop\for_listas.py (3.10.1)                    —    □    ×
File  Edit  Format  Run  Options  Window  Help
                    if 16<=int(ageu)<=25:
                        uni.insert(i,int(ageu))
                        if int(ageu)%2 == 0:
                            lista5.insert(i,int(ageu))
                            lista5.sort()
                        else:
                            lista6.insert(i,int(ageu))
                            lista6.sort()
                        k=k+1
                    else:
                        print('Edad incorrecta')


            else:
                print('Señor se ha equivocado')



        print("\n\t1.-Población  Niños 1...9] " )
        print("-"*50)
        primasc="" #primaria
        prim.sort(reverse=True)
        for i in prim:
            primasc=primasc + str(i)
        print("\n\t Secuencia Descendente = ',primasc)
                                                                        Ln: 113  Col: 0
```

```
for_listas.py - C:\Users\User\Desktop\for_listas.py (3.10.1)                    —    □    ×
File  Edit  Format  Run  Options  Window  Help
        if len(lista)!=0:
            listaa=""
            for i in lista:
                listaa=listaa+ str(i)+ " "
            print('\n\tEl orden Descendente = ', listaa)
        else:
                print('\n Ninguna edad es par=')

        if len(lista2)!=0:
            listaa2=""
            for i in lista2:
                listaa2=listaa2+ str(i)+ " "
            print('\n\tPrimaria, impares en forma ascendente = ', listaa2)
        else:
                print('\n Ninguna edad es impar')

        print("\n\t2.-Población Secundaria[10...15]" )
        print("-"*50)
                                                                        Ln: 113  Col: 0
```

```
for_listas.py - C:\Users\User\Desktop\for_listas.py (3.10.1)                    —    □    ×
File  Edit  Format  Run  Options  Window  Help
      secunasc=""#Secundaria
      secun.sort(reverse=True)
      for a in secun:
        secunasc=secunasc + str(a)
      print('\n\t Secundaria, el orden de la secuencia en forma descendente es=',secunasc)
      if len(lista3)!=0:
          listaa3=""
          for i in lista3:
            listaa3=listaa3 + str(i)+ " "
          print('\n\t Secundaria, el orden de los pares en forma ascendente =  ',listaa3)
      else:
            print('\n Ninguna edad es par')
      if len(lista4)!=0:
          listaa4=""
          for i in lista4:
            listaa4=listaa4 + str(i)+ " "
          print('\n\t3.- Secundaria, el orden de los impares en forma ascendente es = ',
      else:
            print('\n\t Ninguna edad es impar')

      print("\n\tPoblación  Universitaria[16...25]" )
      print("-"*50)
      uniasc=""#Universidad
      uni.sort(reverse=True)
      for a in uni:
        uniasc=uniasc + str(a)
      print('\n\ Secundaria, el orden de la secuencia en forma descendente es = ',uniasc)

      if len(lista5)!=0:
                                                                              Ln: 153  Col: 0
```

```
*for_listas.py - C:\Users\User\Desktop\for_listas.py (3.10.1)*                  —    □    ×
File  Edit  Format  Run  Options  Window  Help
            print("su número de errores es:",e)
        else:
              break
    else:
      print()
      print("\n\tingrese un número por favor")
      print()
      e=e+1
      resp=input("\n\tSr desea continuar ...?(S/N)==>")
      if e<=3:
        print("su número de errores es:",e)
      else:
          break
```

```
        else:
            print()
            print("ingrese un número por favor")
            print()
            resp=input("Sr desea continuar...?(S/N)==>")
            e=e+1
            if e<=3:
                print("su número de errores es:",e)
            else:
                break
print("\nla cantidad de errores es igual: ",e)
exit()

        if len(lista5)!=0:
            listaa5=""
            for i in lista5:
                listaa5=listaa5 + str(i)+ " "
            print('\n\tUniversidad, el orden de los pares en forma ascendente es =  ', listaa5)
        else:
                ('\n\t Ninguna edad es par')
        if len(lista6)!=0:
            listaa6=""
            for i in lista6:
                listaa6=listaa6 + str(i)+ " "
            print('\n\tUniversidad, el orden de los impares en forma ascendente es = ',listaa6)

        else:
                print('\n\t Ninguna edad es impar')
        break
    else:
            print()
            print("ingrese un número por favor")
            print()
            e=e+1
            resp=input("desea continuar ===>(S/N)")
            if e<=3:
                print("su número de errores es:",e)
            else:
                break
    else:
        print()
        print("\n\tingrese un número por favor")
```

Ln: 187   Col: 56

Ejemplo:

Ver temas de la metodología de dinámica de sistemas. En el caso específico, se trata el tema de objetivos que se presentan en los sistemas comerciales, por ejemplo: una empresa comercial dispone a la fecha de 100 productos y, como está cerca la Navidad, el dueño se plantea el objetivo de disponer de 200 productos en su almacén. Diseñar un programa que controle tal proceso y, para tal fin, leer las compras durante el día y durante 5 días como intervalo de simulación. El proceso analiza cuando la discrepancia es igual a cero.

Discrepancia = Objetivo – Almacén

Solución:

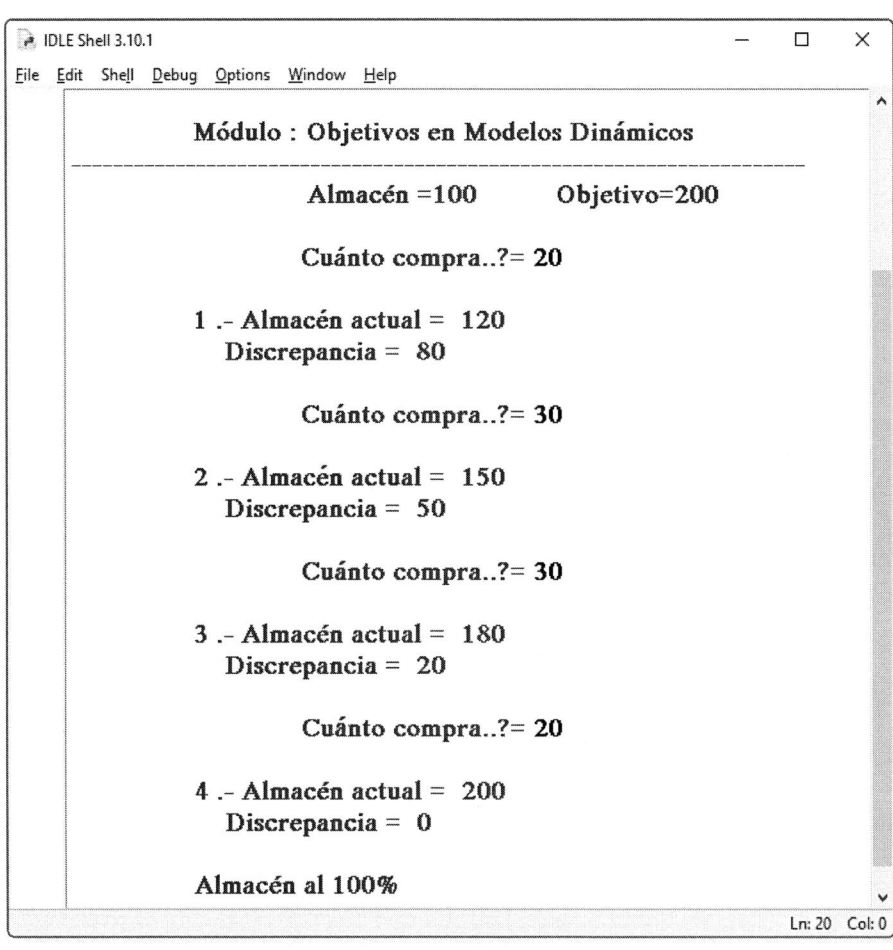

```
*while_alma.py - C:\Users\User\Desktop\LP_2023_f\ciclo_2021_2\while_alma.py (3.10.1)*    —   □   ×
File  Edit  Format  Run  Options  Window  Help
print("\n\t Módulo : Objetivo en Modelos Dinámicos")
print("-"*70)
print("\t\t Almacén =100 unid   ,      Objetivo=200")
alm=100
obj=200
t=0
tasa=0.2
disc=100
while t<=5:
    comp=int(input(" \n\t\tCuánto compra..?= "))
    compre=tasa*disc
    print(" Nueva compra = ",compre)
    alm=alm+compre
    disc=obj-alm
    print("\n\t",t+1,"Cantidad actual=",alm,"\n\tDiscrepancia=",disc)
    t=t+1
    if disc==0:
        print(" \n\t Almacén al 100%")
        exit()
```

Diagrama causal:

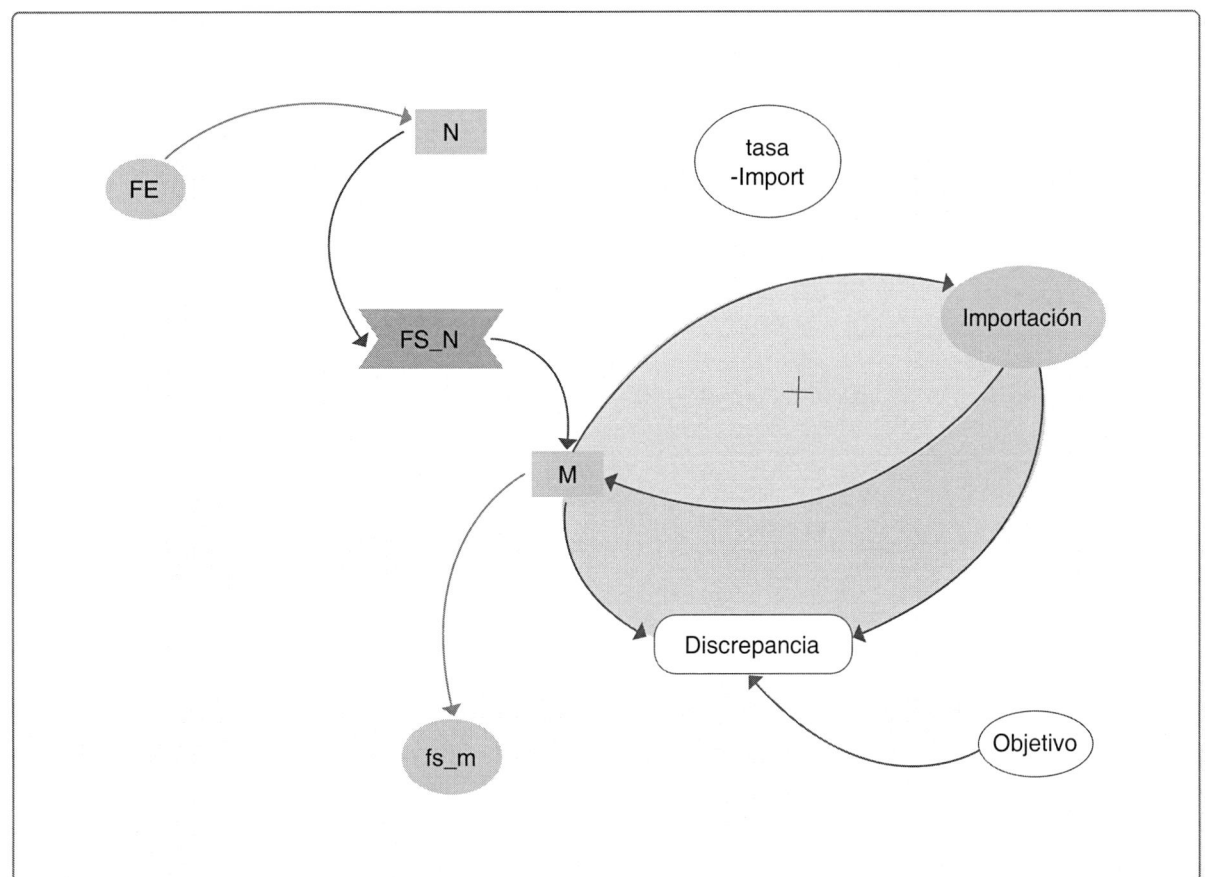

Ejemplo:

Diseñar un programa que permita leer las notas de prácticas en el intervalo [0..20]. Si la nota está fuera del intervalo, ha cometido un error y si estos superan las tres oportunidades, entonces, el sistema finaliza.

Solución:

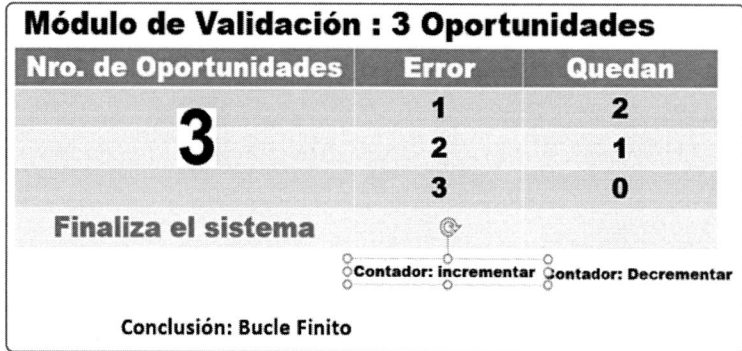

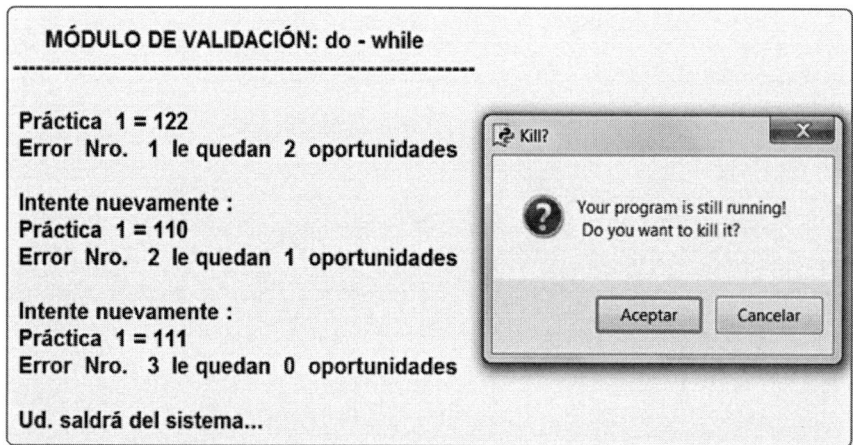

```
print("")
print("    MÓDULO DE VALIDACIÓN: do - while ")
print("------------------------------------------------")
print("")
ne=1
while True:
    pc = int(input(' Práctica  1 = '))
    if pc>=0 and pc<=20:
        print(" Práctica correcta... ")
        break
    else:
        print(" Error  Nro.  ",ne, " le quedan ",3-ne," oportunidades ")
        ne+=1
        if(ne<4):
            print("")
            print(" Intente nuevamente : ")
        else:
            print("")
            print(" Ud. saldrá del sistema...")
            exit()
```

Ejercicios de programación con ciclos o bucles:

1. Diseñar un programa que permita determinar la cantidad de términos que deben sumarse en la serie $1^3 + 2^3 + 3^3 + 4^3 + ...$ para que el valor de la suma sea mayor a un número x ingresado al inicio.

2. Diseñar un programa que, dados dos números enteros a y b, determine su máximo común divisor m sin usar estructuras condicionales.

3. Diseñar un programa que permita calcular un valor aproximado para la constante π usando la siguiente expresión:

   π/4 = 1 – 1/3 + 1/5 – 1/7 + 1/9 – 1/11 + 1/13...

   La cantidad de términos es ingresada por el usuario.

4. Diseñar un programa que permita leer las coordenadas de un rectángulo y luego calcular la distancia del contorno del rectángulo.

5. Diseñar un programa que permita determinar la suma de los términos de la serie $2^3 + 3^3 + 3^3 + ... + n^3$, donde n es un número natural.

6. Diseñar un programa que permita leer un número par. Encontrar dos números al azar, tales, que la suma sea igual al dato dado.

7. Diseñar un programa que permita leer un número par. Encontrar dos números al azar, tales, que sean primos y la suma sea igual al dato dado.

8. Dado un valor entero positivo n, verificar que $1^3 + 2^3 + 3^3 + ... + n^3 = (1 + 2 + 3 + ... n)^2$.

9. Diseñar un programa con un ciclo. Dentro del ciclo se generarán tres números aleatorios con valores enteros del 1 al 10. El programa deberá terminar cuando, en alguna repetición, uno de los tres números sea igual al producto de los otros dos números. Mostrar los números resultantes y la cantidad de repeticiones que se han realizado.

10. El cuadrado de cualquier número terminado en 5 se puede formar como el producto: (decenas)(decenas + 1) + 25. Por ejemplo:

    85^2 = 10(8)10(9) + 25 = 7225
    475^2 = 10(47)10(48) + 25 = 225625

    Diseñar un programa que verifique si se cumple esta regla con los números 5, 10, 15, 20,..., m. Si no es verdad, mostrar el primer número que no cumple esta regla, m es un dato.

11. Diseñar un programa para leer un valor aproximado para la constante π usando la siguiente expresión.

    π/4 = 1 – 1/3 + 1/5 – 1/7 + 1/9 – 1/11 + 1/13 ...

    La cantidad se debe ingresar desde el teclado.

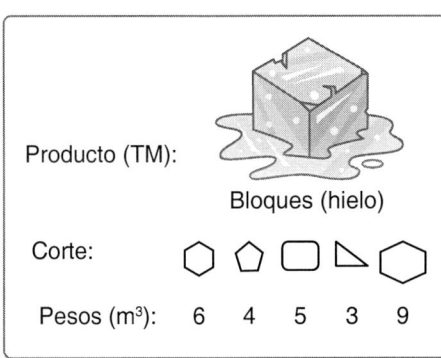

Producto (TM):

Bloques (hielo)

Corte:

Pesos (m^3): 6   4   5   3   9

12. Una empresa dispone de un bloque de hielo con un peso mayor de 15 cifras y tiene unidad de medida TM. Para su venta, el bloque se debe cortar en partes y con unidad de medida m^3. Los valores de cada corte solo deben tomar pesos entre 1...9 m^3, no necesariamente ordenados, pero sí pueden ser iguales (no todos). Considerando que el peso es en TM y siempre será un número par, diseñar un programa que permita leer el peso total del bloque de hielo y hacer las siguientes consultas:

a. Mostrar todos los bloques extraídos mediante el proceso de corte. Verificar si la suma del proceso de cortes es igual al peso total del bloque.

b. Para fines de distribución, describir cuál es el proceso más óptimo. Diseñar, implementar y mostrar resultados.

c. Según b, mostrar los bloques repetidos, las veces que se repite y sus posiciones respectivas.

13. Diseñar un programa que permita generar una tabla de multiplicar de dimensión n*m (leer n filas y m columnas); luego, hacer un informe de:

a. Total de números dentro de la tabla con un dígito y mostrar los datos.

b. Total de números dentro de la tabla con dos dígitos y mostrar los datos invertidos.

c. Total de números dentro de la tabla con tres dígitos y mostrar los datos invertidos.

d. Encontrar el número mayor y mostrarlo en forma invertida.

e. Usando la respuesta en c, encontrar el total de dígitos pares y mostrar la suma acumulada. Realizar lo mismo para los dígitos impares.

14. Diseñar un programa para leer n alumnos identificados por código, el cual debe ser generado por el algoritmo módulo 11, luego leer sus cursos y por cada uno de estos, leer sus prácticas. Calcular:

a. Promedio de alumno por curso eliminando la menor nota

b. Promedio de alumnos por curso

c. Curso con mayor promedio

d. Código de alumno, su curso y sus notas

Ejemplo: Código= 848139, entonces el código autogenerado: 848139D.

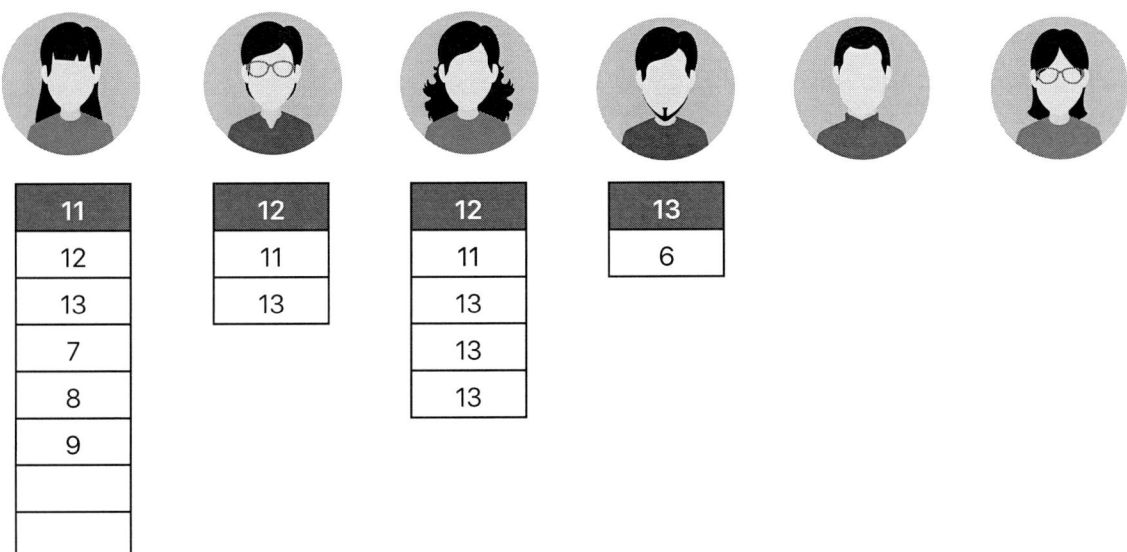

15. Programar para ordenar un número entero n > 2 de forma ascendente;después, contar el total de dígitos pares e impares, la suma acumulada de pares y de impares, y el segundo número menor.

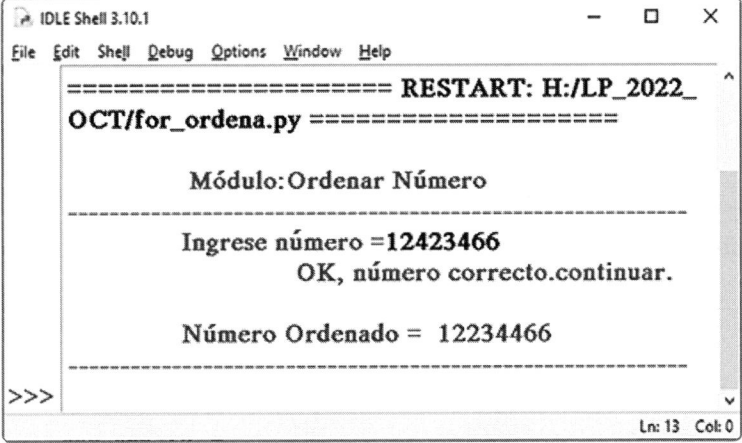

16. En un juego, se debe asignar a cada persona un número mágico, que se obtiene con la siguiente regla: se suman los dígitos de la fecha de nacimiento y se suman, nuevamente, los dígitos del resultado, hasta obtener un solo dígito, como en el siguiente ejemplo. Diseñar el programa con los siguientes datos:

Fecha de nacimiento:
28/11/1989
$28 + 11 + 1989 = 2028 \rightarrow 2 + 0 + 2 + 8 = 12 \rightarrow 1 + 2 = 3$
Entonces el número buscado es 3

Leer tres números: día, mes y año. Mostrar el número mágico correspondiente.

17. Se presentan tres casos:

Caso 1:

Se trata de un grupo de n estudiantes de diferentes niveles:

a. Primaria: sus edades están en el rango de [3..9].

b. Secundaria: sus edades están en el rango de [10..15].

c. Universidad: sus edades están en el rango de [16..25].

Por cada nivel, leer el total de edades y, por cada alumno, leer apellido y edad. Luego mostrar:

a. Mayor y segunda mayor edad, además de sus posiciones por cada nivel.

b. Edades ordenadas de forma ascendente.

c. Según la parte a, mostrar de forma ordenada y ascendente qué nivel posee la mayor edad.

Se supone que, en cada región del país, existen los niveles dados, entonces el programa debe mostrar la región que está implementando los niveles y, cuando el nivel no se encuentre en la región, el programa finaliza.

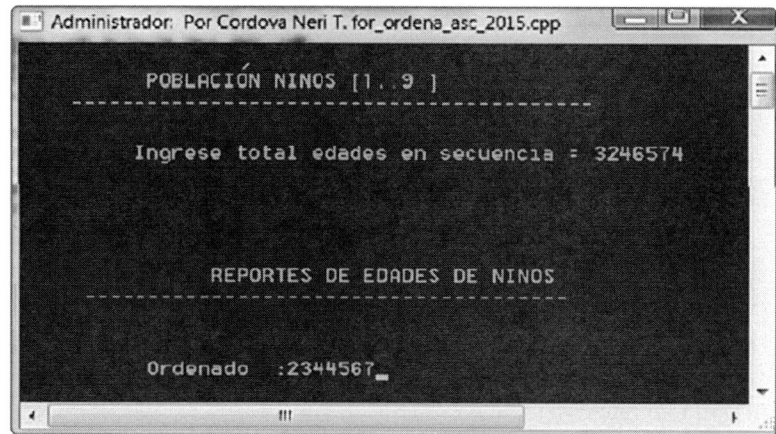

Observación:

Para los tres casos, se debe crear un módulo de validación de forma aleatoria y con tres dígitos.

Caso 2:

Se trata de un grupo de n estudiantes de diferentes niveles, las edades deben leerse en forma de secuencia (sec=1211131613...).

a. Primaria: sus edades están en el rango de [3..9].

b. Secundaria: sus edades están en el rango de [10..15].

c. Universidad: sus edades están en el rango de [16..25]. Luego mostrar:

- Menor y segunda menor edad, y sus posiciones, sexo y apellido por cada nivel.
- Edades ordenadas de forma descendente, solo las pares y el total.
- Según el primer punto de esta lista, qué nivel posee la mayor y menor edad, y posición, sexo y apellidos.

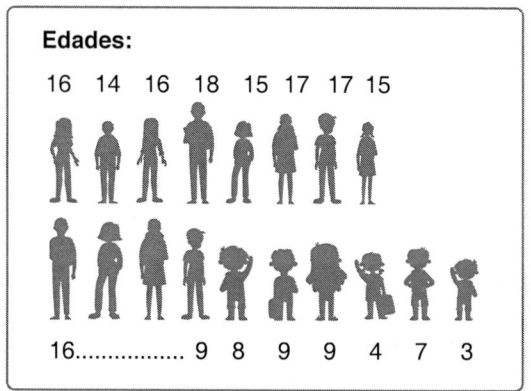

Edades:

16   14   16   18   15   17   17   15

16................ 9   8   9   9   4   7   3

Trabajar con tres regiones del país que existen y, por cada región, los niveles dados. El programa debe mostrar la región que está procesando los niveles y, cuando no existe, salir.

Observación:

Crear el módulo de validación para los tres casos, de forma aleatoria y con tres dígitos.

Caso 3:

Se trata de un grupo de n estudiantes de diferentes niveles con los siguientes datos: edades en el rango establecido por nivel:

a. Primaria: sus edades están en el rango [3..9].

b. Secundaria: sus edades están en el rango de [10..15].

c. Universidad: sus edades están en el rango de [16..25].

Por cada nivel, mostrar las edades en forma de secuencia (sec: 22231720), después, mostrar:

a. Edades pares e impares ordenadas de forma ascendente.

b. La secuencia ordenada de forma descendente.

c. Menor y segunda menor edad, y sus posiciones según el nivel.

d. Según parte a, indicar qué nivel posee la mayor y menor edad, y su posición. Se supone que, en cada región del país, existen los niveles dados; entonces, el programa debe mostrar la región que está procesando los niveles. En el país solo existen cuatro regiones.

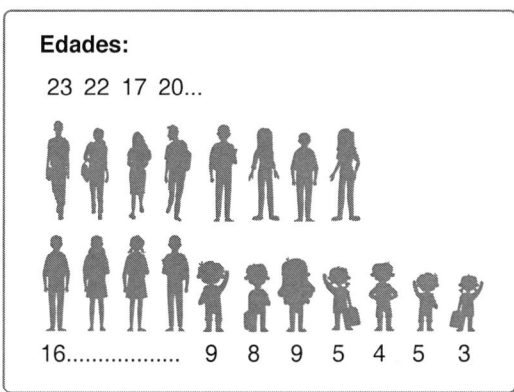

Edades:

23 22 17 20...

16................. 9 8 9 5 4 5 3

Observación:

Crear el módulo de validación para los tres casos, de forma aleatoria y con tres dígitos.

Capítulo 3

Programación modular: funciones

Las funciones pueden usarse directamente en la ventana shell. Desde el editor, se diseña como una librería y, para su ejecución, se debe importar. Pueden ser funciones no recursivas o recursivas.

La transmisión de datos se realiza usando variables que se denominan parámetros. Toda función permite devolver un tipo de dato solicitado. En la siguiente gráfica, se ilustra un conjunto de alternativas y, por cada una, se deberá hacer un conjunto de procesos. En el segundo nivel, se ilustran las funciones que son subprogramas o módulos. Una función nunca se ejecuta sola, depende del programa principal o llamador. La fecha de regreso es el return o retorno de un valor procesado.

3.1. Conceptualización

El diseño de la aplicación consiste en una arquitectura de niveles, tal como se muestra en la imagen.

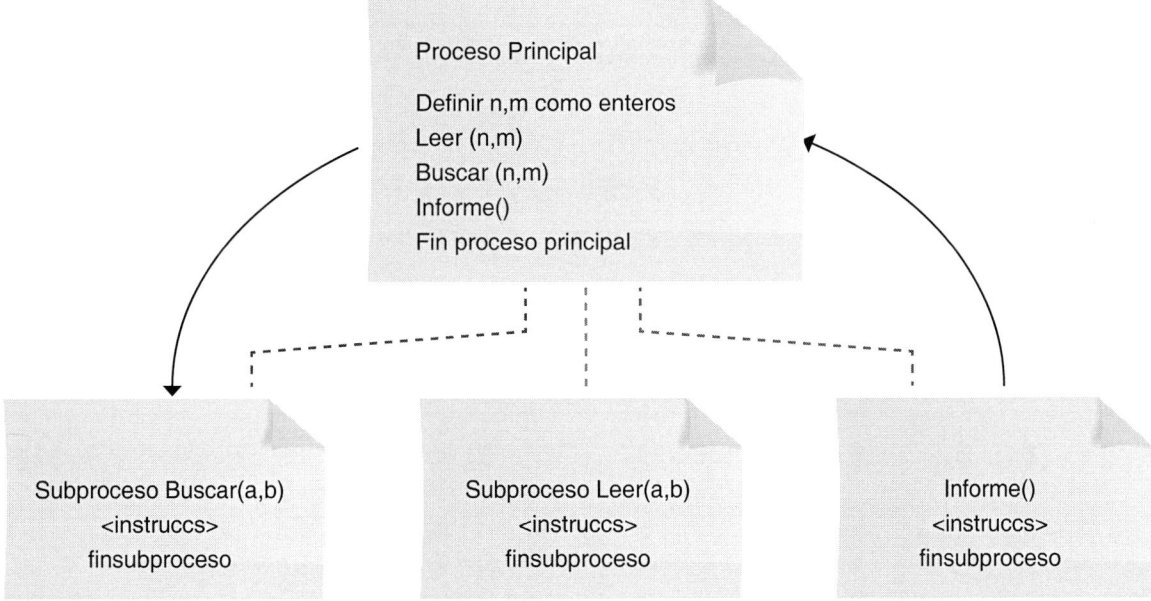

En general, el diseño de subprogramas permite:

a. Diseño no recursivo

b. Diseño recursivo

Observación:

También se debe recordar que en Lenguaje de Programacion Pascal existe el nombre de los subprogramas en términos de grandes unidades (UNIT).

Ventajas del diseño de subprogramas:

a. Permiten que el programador esté concentrado en un tema específico.

b. Mejor comprensión y fácil legibilidad del subprograma.

c. Optimiza las búsquedas de datos o errores de ejecución.

d. Son subprogramas debido al concepto de reutilización del subprograma dentro de otros.

e. También se trabajan como módulos externos, es decir, se puede llamar de cualquier ubicación a la función para su ejecución.

f. Permiten importar cuando estén en otra ubicación, lo cual se hace mediante la instrucción.

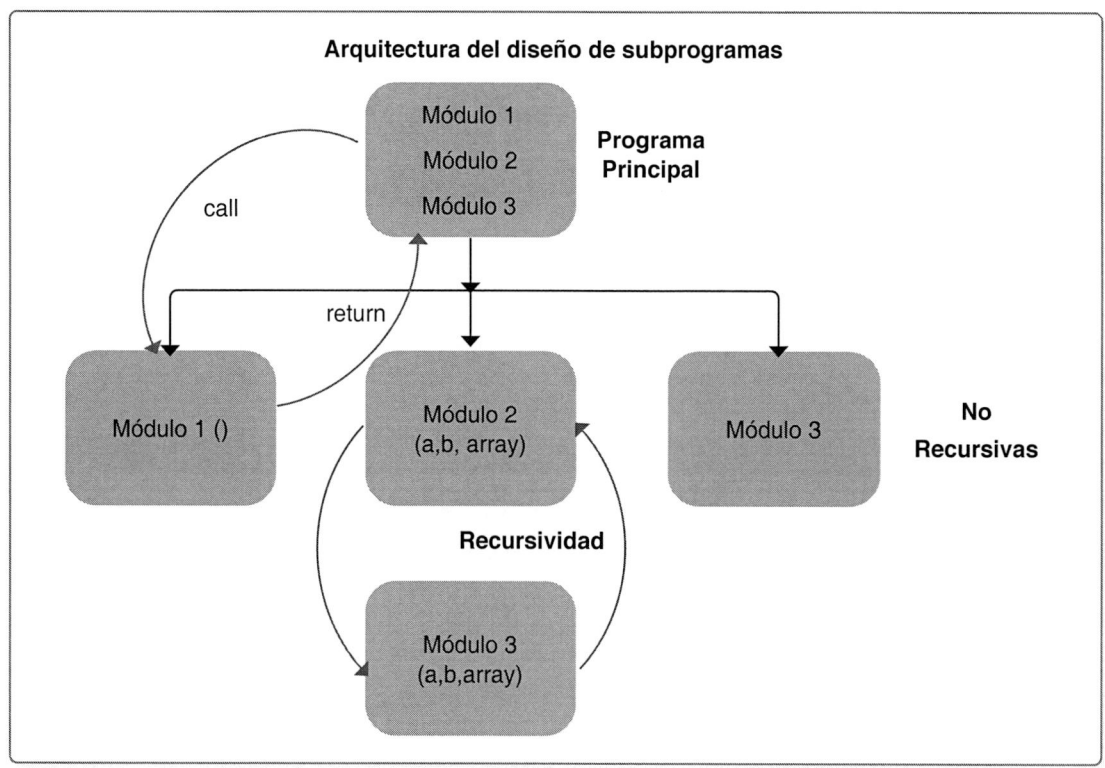

Técnicas

1.- Programación Modular Dependiente (PMD): Permite procesar subprogramas dentro de un mismo ambiente.

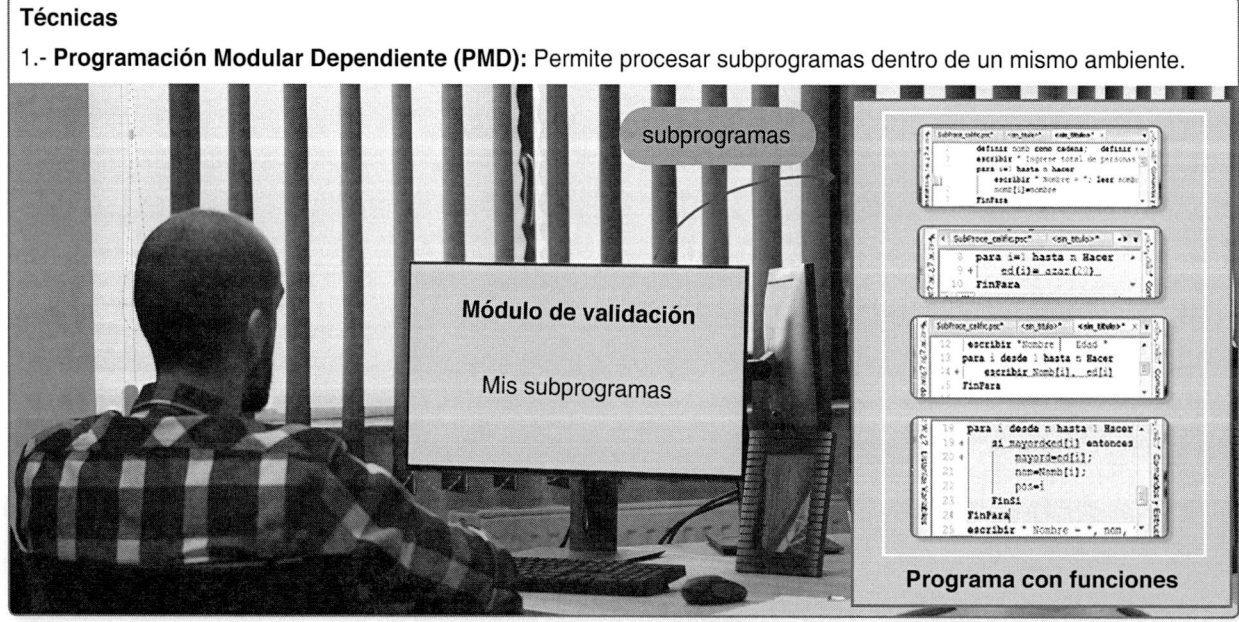

Presentación del estilo de programación tradicional con programación modular dependiente:

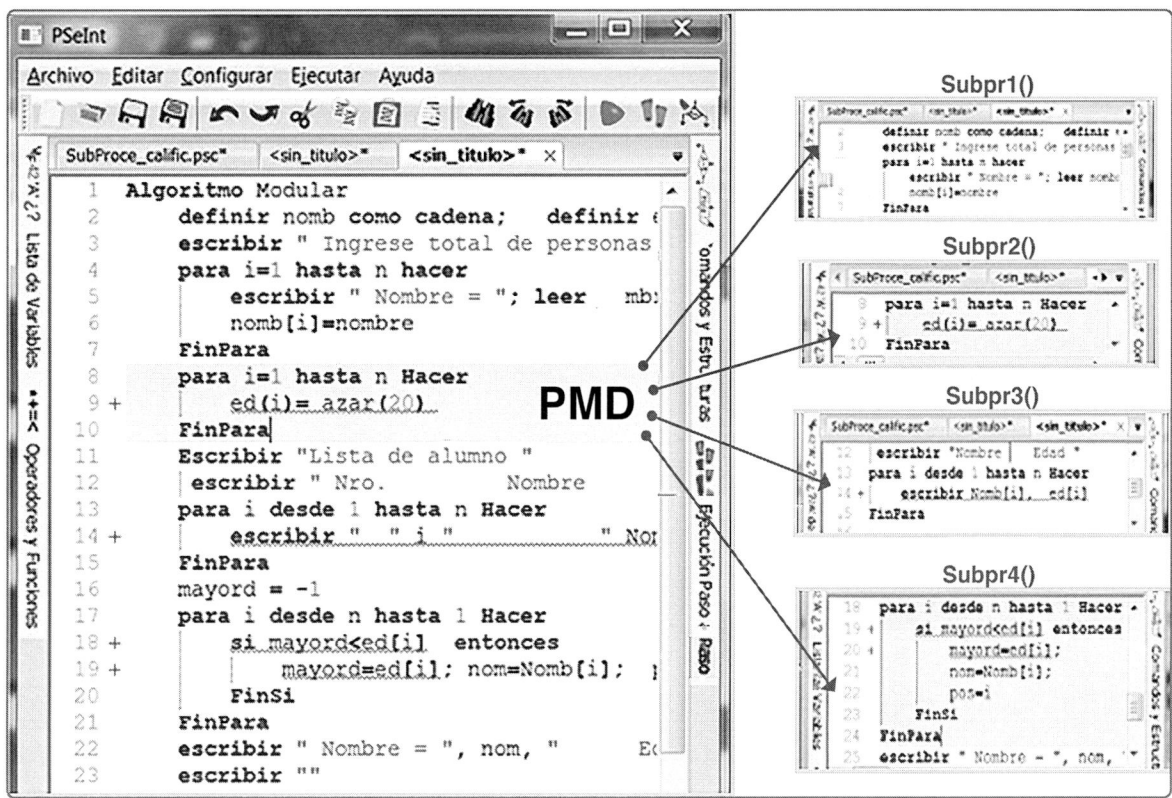

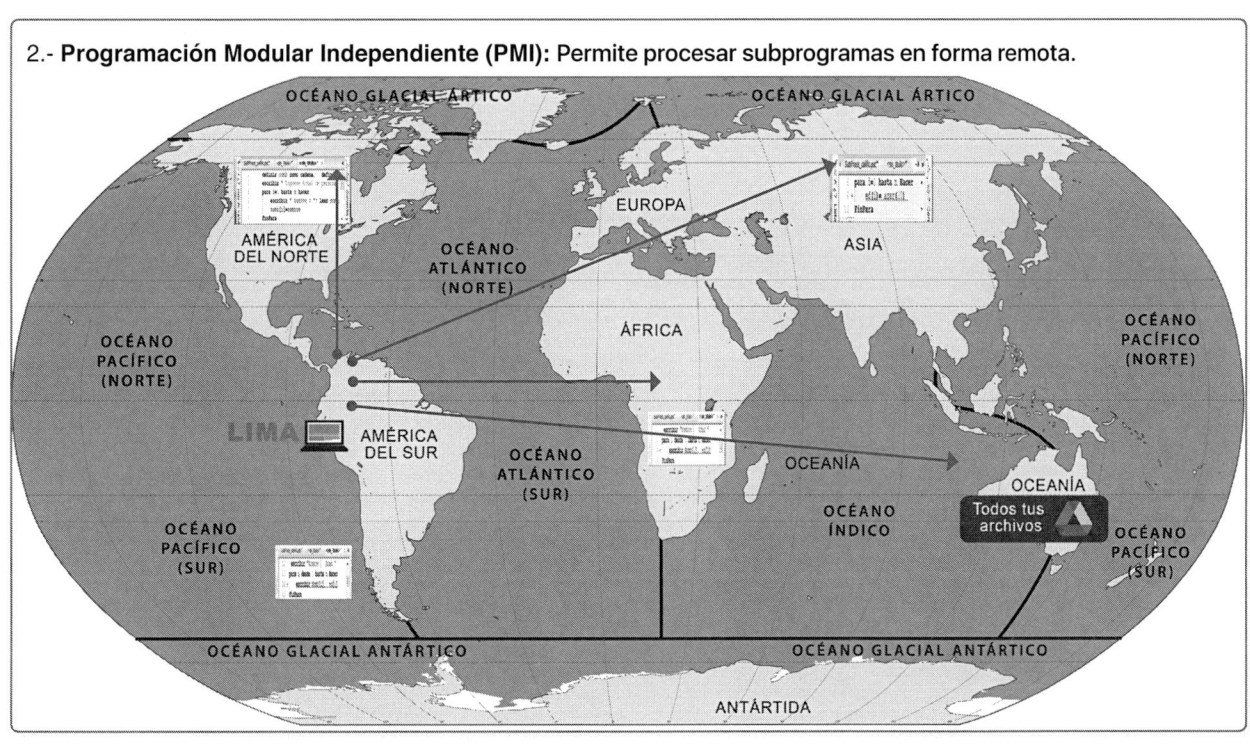

2.- **Programación Modular Independiente (PMI):** Permite procesar subprogramas en forma remota.

Diseño de PMI

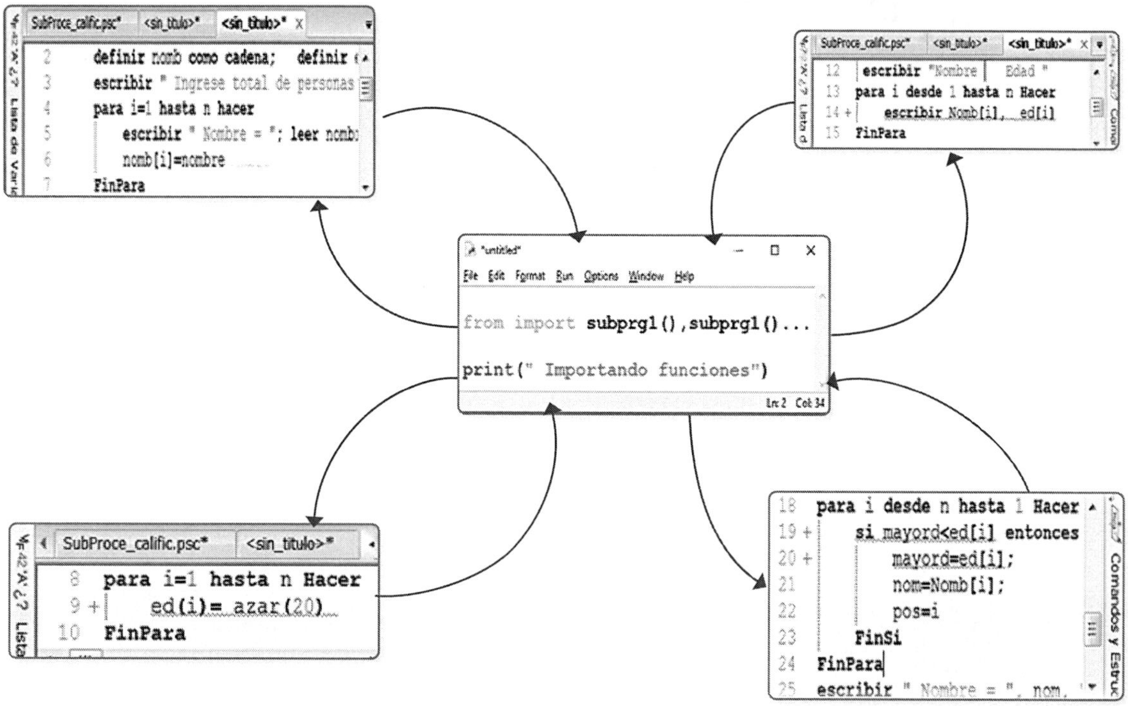

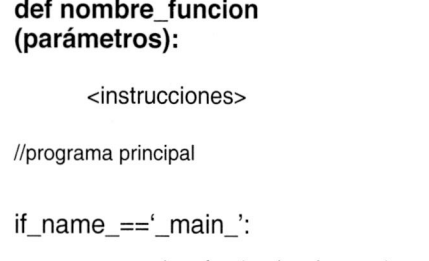

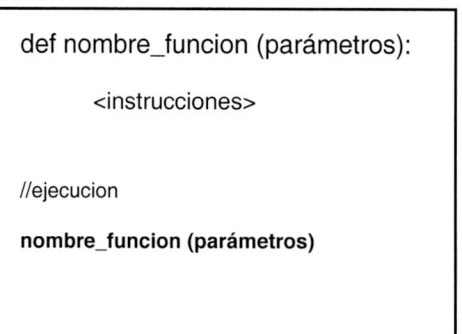

Sintaxis 1

```
def nombre_funcion
(parámetros):

        <instrucciones>

//programa principal

if_name_=='_main_':
        nombre_funcion (parámetros)
```

Sintaxis 2

```
def nombre_funcion (parámetros):

        <instrucciones>

//ejecucion

nombre_funcion (parámetros)
```

3.2. Funciones no recursivas

Son módulos que solo dependen de estructuras repetitivas o estructura de datos.

Ejemplo:

Diseñar una función pow(), que recibe dos parámetros, y calcular la potencia. Luego, ejecutar desde el programa principal.

Solución:

Sintaxis 1:   Sintaxis 2:

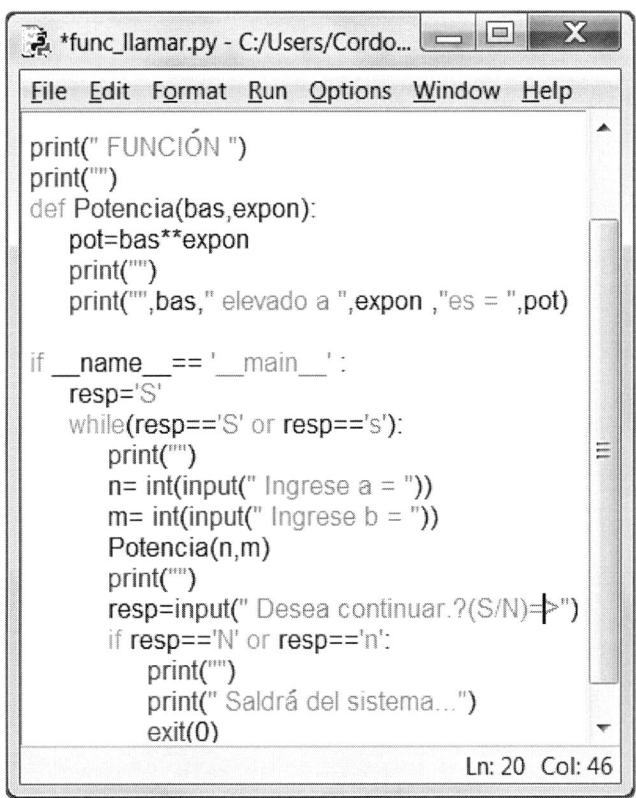
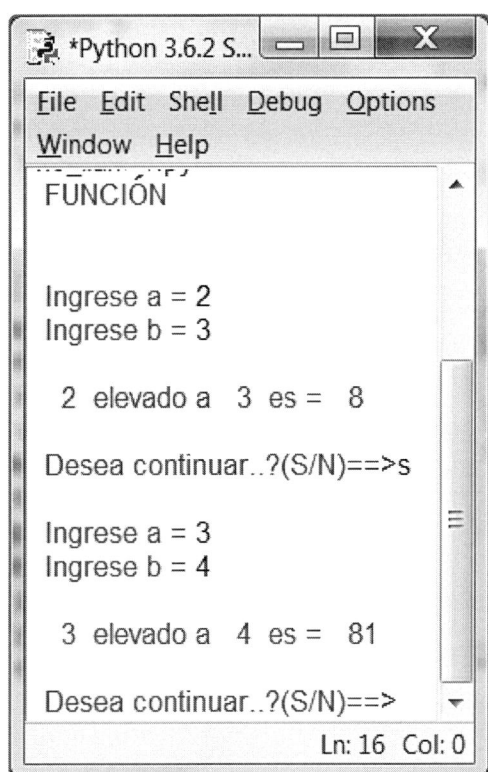

```python
print(" FUNCIÓN ")
print("")
def Potencia(bas,expon):
    pot=bas**expon
    print("")
    print("",bas," elevado a ",expon ,"es = ",pot)

if __name__ == '__main__' :
    resp='S'
    while(resp=='S' or resp=='s'):
        print("")
        n= int(input(" Ingrese a = "))
        m= int(input(" Ingrese b = "))
        Potencia(n,m)
        print("")
        resp=input(" Desea continuar.?(S/N)==>")
        if resp=='N' or resp=='n':
            print("")
            print(" Saldrá del sistema...")
            exit(0)
```

Ejemplo:

Diseñar un programa que permita evaluar en x=k (k es ingresado por el usuario) la siguiente función $y = f(x)=4x^2+1$.

Solución:

```python
m=0;n=0
def Potencia(bas,expon):
    a=int(input(" Ingrese base  = "))
    b=int(input(" Ingrese exponente="))
    pot=a**b
    print("")
    print(" ",a,"elevado a ",b," es =",pot)
    print("")
Potencia(n,m)
```

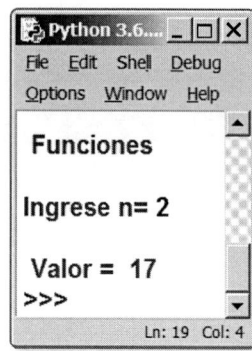

```
print("")
print(" Funciones  " )
def cuadradoS(x):
    y=4*x**2 + 1
    return y

# Programa principal
print("")
n=int(input("Ingrese n= "))
print("")
print(" Valor = ",cuadradoS(n))
```

```
Funciones

Ingrese n= 2

 Valor =  17
>>>
```

Ejemplo:

Diseñar un programa que permita evaluar, mediante un bucle repetitivo en cinco puntos, la siguiente función: $y = f(x) = 4x^2+1$.

Solución:

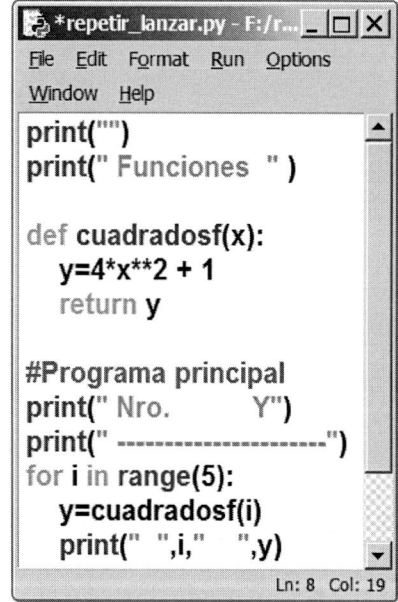

```
print("")
print(" Funciones  " )

def cuadradosf(x):
    y=4*x**2 + 1
    return y

#Programa principal
print(" Nro.         Y")
print(" ---------------------")
for i in range(5):
    y=cuadradosf(i)
    print("  ",i,"     ",y)
```

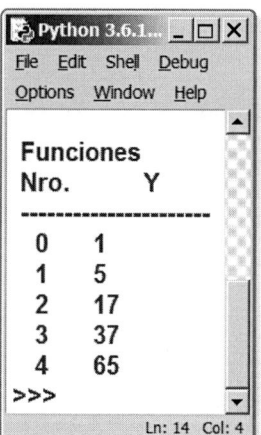

```
Funciones
Nro.       Y
---------------------
 0      1
 1      5
 2      17
 3      37
 4      65
>>>
```

Ejemplo:

Diseñar una función que permita leer dos números, a y b, enteros y luego, calcular la suma. Si existe error, que devuelva el mensaje respectivo. El programa debe ser interactivo con el usuario.

Solución:

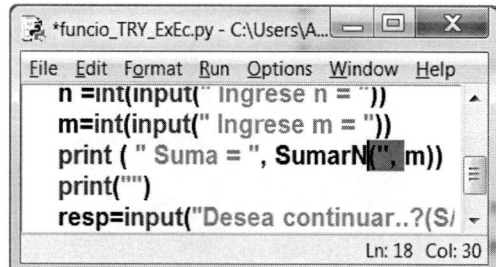

```
n =int(input(" Ingrese n = "))
m=int(input(" Ingrese m = "))
print ( " Suma = ", SumarN(n, m))
print("")
resp=input("Desea continuar..?(S/
```

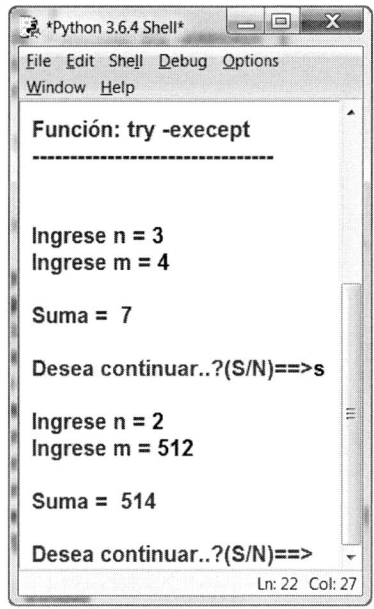

Observación:

Al diseñar la función, no se considera el hecho de que existe algún tipo de error. ¿Qué pasaría si uno de los parámetros pasados no es un número?

Ejemplo:

Se plantea la siguiente interrogante: sumarN(' ',7). ¿Qué pasa si el código se rompe por alguna otra razón y causa que el programa se bloquee? Ante estas interrogantes, usar excepciones, utilizando try y except. En la interfaz adjunta, se ilustra el error (el argumento faltante está resaltado).

Solución:

```python
print(" Función: try -execept ")
print(" ----------------------------- ")
print("")

def SumarN(a, b):
    try:
        return a + b
    except Exception as e:
        print(" Sr.ha cometido Error :"+ str(e))
## programa principal
resp='S'
while (resp=='S' or resp=='s'):
    print("")
    n =int(input(" Ingrese n = "))
    m=int(input(" Ingrese m = "))
    print("")
    print ( " Suma = ", SumarN(n, m))
    print("")
    resp=input(" Desea continuar..?(S/N)==>")
    if(resp=='N' or resp=='n'):
        print(" Hasta luego")
        exit(0)
```

Ejemplo:

Diseñar un programa que permita leer un número p>9. Luego, mediante una función, ordenar los dígitos de forma ascendente. Hacer un informe del número ordenado.

Solución:

Explicación:

a. Se tiene la recta donde existen los números ordenados 1 2 3 4...

b. Se tiene un número n de donde se extrae un dígito. Comparar con la recta. Si es V, formar secuencia.

c. El control tiene aux.

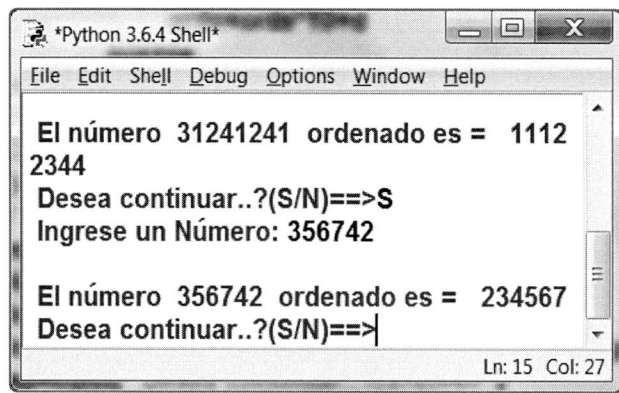

```
*Python 3.6.4 Shell*                        _ □ X
File  Edit  Shell  Debug  Options  Window  Help

  El número  31241241  ordenado es =   1112
  2344
  Desea continuar..?(S/N)==>S
  Ingrese un Número: 356742

  El número  356742  ordenado es =   234567
  Desea continuar..?(S/N)==>|
                                        Ln: 15  Col: 27
```

```
*func_orden.py - H:/CAP_ii/func_orden.py (3.6.4)*          _ □ X
File  Edit  Format  Run  Options  Window  Help

def ordenaasc(nro,resp):
    orde=0
    for i in range(10):
        aux=p
        while(aux>0):
            d=aux%10;
            pe=aux//10;
            if(d==i):
                orde=orde*10+d
            aux=pe
    return orde
print("")
print(" Ordenando Número")
print("")
resp='S'
while(resp=='S'):
    p=int(input(" Ingrese un Número: "))
    print("")
    print( " El número ",p," ordenado  = ",ordenaasc(p,p))
    resp=input(" Desea continuar..?(S/N)==>")
                                              Ln: 15  Col: 0
```

Ejemplo:

Diseñar un programa que permita convertir un número n a cualquier base solicitada por el usuario, es decir, el usuario lee el número a convertir y luego, lee la base deseada.

Solución:

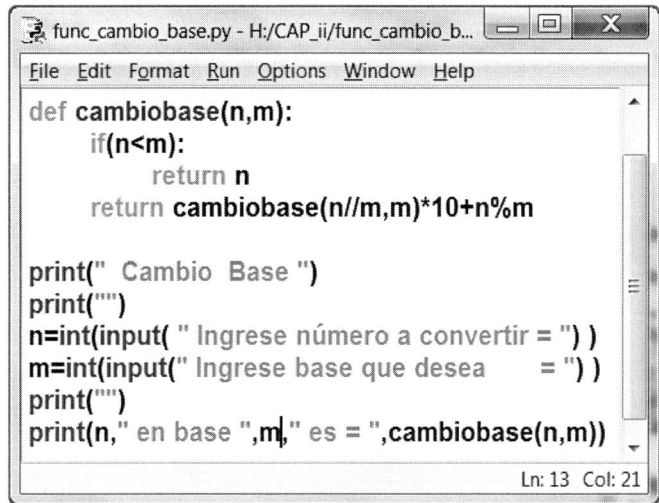

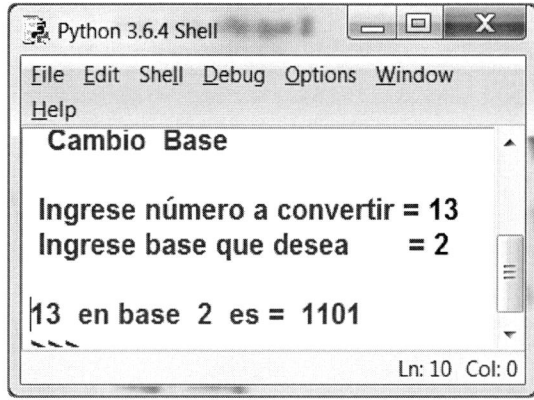

3.3. Declaración de variables globales

Son variables que pueden ser usadas en el programa principal, así como en un subprograma, no cambian de valor cuando se sale a otra función. Se puede usar en cualquier subprograma.

Ejemplo:

Diseñar un programa usando una función principal para realizar lo siguiente: la función menu() permite crear el menú principal, donde para cada opción se ejecutan las siguientes instrucciones:

<1> Permite ingresar un número n > 1. Luego, el usuario puede leer un dígito y buscarlo en n.

<2> Permite leer un número n > 1 y después extrae los dígitos en una secuencia. Aquí el programa debe ser interactivo con el usuario ante la consulta (N).

<3> Permite leer tres números y luego, mostrar la media.

<4 > Permite finalizar con el programa.

Solución:

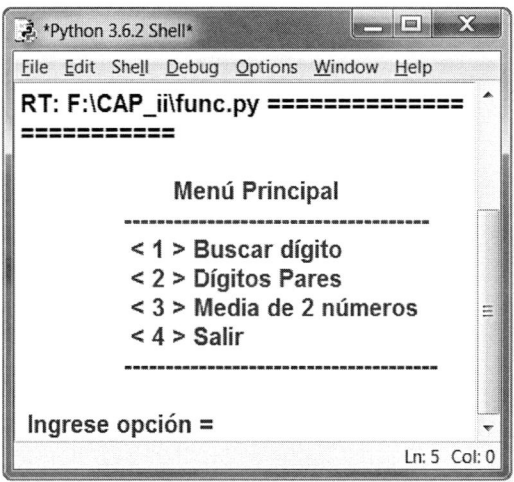

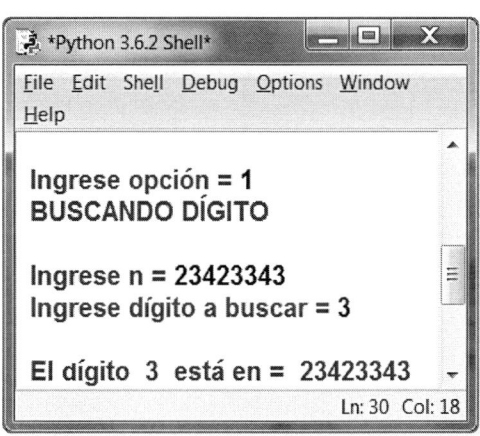

Observación:

Diseñar usando las dos técnicas:

a. Ejecutar desde la consola y luego mostrar alternativas.

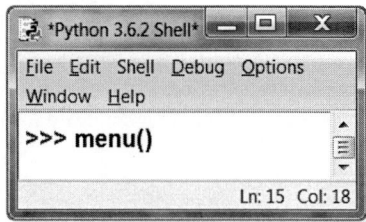

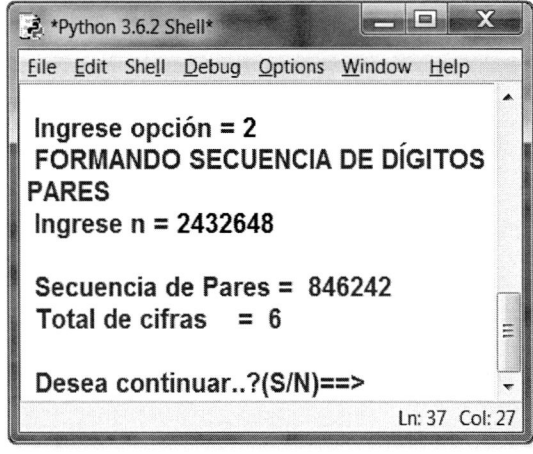

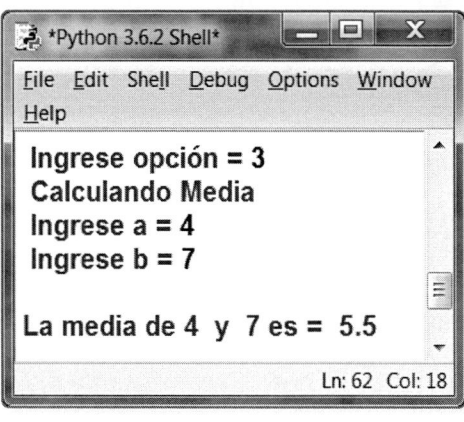

b. Presentar el menú() de opciones en la interfaz shell, tal y como se ilustra a continuación.

```python
def menu():
    print("\t     Menú Principal ")
    print(" \t----------------------------------- ")
    print("\t < 1 > Buscar dígito")
    print("\t < 2 > Dígitos Pares")
    print("\t < 3 > Media de 2 números ")
    print("\t < 4 > Salir ")
    print("\t-----------------------------------")
    try :
        op=int(input(" Ingrese opción = "))
    except:
        print(" No es número:  ")
        menu()
    if op==1:
        print(" BUSCANDO DÍGITO ")
        n=int(input(" Ingrese n = "))
        db=int(input(" Ingrese dígito a buscar = "))
        nv=0
        aux=n
        while aux>0:
            d=aux%10
            if(d==db):
                print(" El dígito ",db, " está en = ",n)
                break
```

```
aux=aux//10
    menu()
elif op==2:
    resp='S'
    while resp=='S':
        print(" FORMANDO SECUENCIA DE DI(
        n=int(input(" Ingrese n = "))
        aux=n
        secp=0
        np=0
        while aux>0:
            d=aux%10
            if(d%2==0):
                np=np+1
                secp=secp*10+d
            aux=aux//10
        print(" Secuencia de Pares = ",secp)
        print(" Total de cifras    = ",np)
        resp=str(input(" Desea continuar..?(S/|
    menu()
elif op==3:
    print(" Calculando Media ")
    a=int(input(" Ingrese a = "))
    b=int(input(" Ingrese b = "))
```

Ejemplo:

Diseñar un programa que contenga las siguientes funciones:

a. leerN().- Permite leer un nuevo entero n > 9.

b. invertir(n).- Permite invertir el número n.

c. informe().- Permite mostrar el número invertido.

El programa debe ser interactivo, es decir, después de la respuesta, hacer la consulta **"Desea continuar..? (S/N)"**.

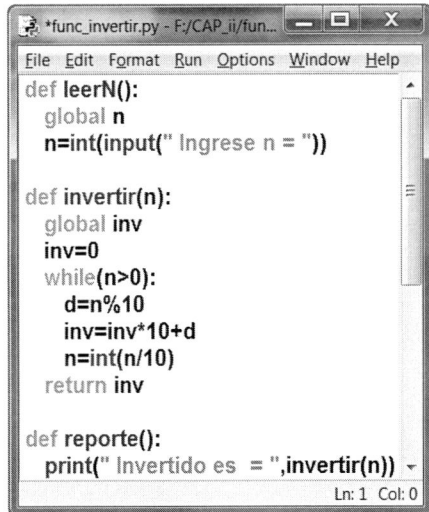

```
def leerN():
    global n
    n=int(input(" Ingrese n = "))

def invertir(n):
    global inv
    inv=0
    while(n>0):
        d=n%10
        inv=inv*10+d
        n=int(n/10)
    return inv

def reporte():
    print(" Invertido es  = ",invertir(n))
```

Solución:

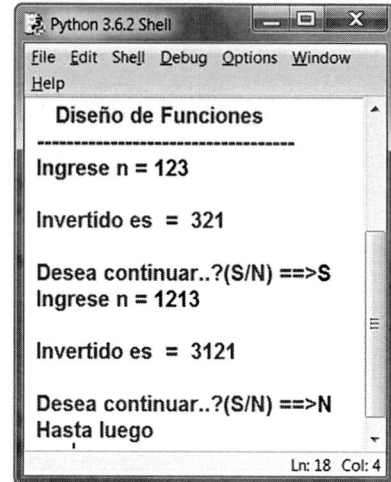

Ejemplo:

Diseñar un programa que contenga la siguiente función:

BuscaLetra(cadena,letraB)

Tiene el rol de verificar si un carácter definido o buscado por el usuario está en la cadena. Si se encuentra, devolver su índice respectivo.

Solución:

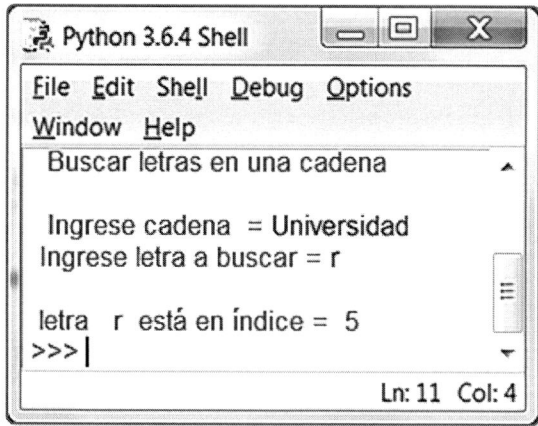

Ejemplo:

Diseñar un programa que permita validar datos para tres usuarios y datos de ingreso al sistema de evaluación. Los datos son los siguientes: código de seis dígitos, el usuario lo lee y el sistema lo autogenera. Para esta tarea, usar el algoritmo del módulo 11. Después de autogenerar, utilizar este código para validar su ingreso al sistema, luego leer la clave=123. Si los datos son correctos, el sistema solicita que ingrese su nombre. A continuación, muestra una tabla donde establece criterios de evaluación (ver interfaz). Finalmente, le solicita que ingrese el total de problemas resueltos, con los cuales toma una decisión. Después, envía un mensaje tal como se ilustra en la interfaz.

Solución:

En la siguiente interfaz, se ilustra la validación con código autogenerado, así como los administradores del sistema y su cantidad de problemas resueltos.

La tabla de calificación es:

Nro.	Problemas	Observación
1	13 – 28	Excelente
2	6 – 12	Ok
3	3 – 5	Bien
4	1 – 2	Mal

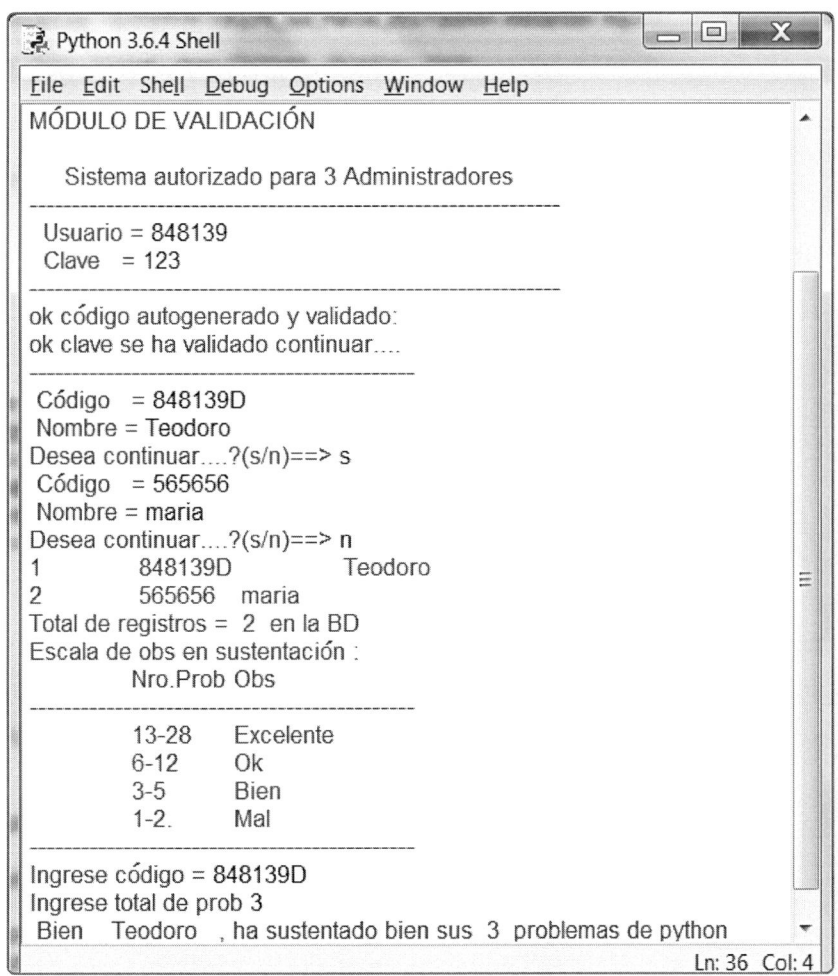

```
while_modulo11_varios.py - C:/Users/Cordova/Desktop/while_mod...

File  Edit  Format  Run  Options  Window  Help

def mod11(cod):
    v=0
    while v==0:
        t=1
        s=0
        k=cod
        ncod=0
        while t<=6:
            s=s+(8-t)*(cod/10)
            cod=int(cod/10)
            t=t+1
        resto=s%11
        nresto=int(resto)
        ncod=str(k)
        if (nresto==4):
            ncod=ncod+'D'
            return 1
            v=1
        else:
            return 0

def obs(a):
    if 13<=a and a<=28:
        return " Excelente"
    if 6<=a and a<=12:
        return " Ok"
    if 3<=a and a<=5:
        return " Bien  "
    if 1<=a and a<=2:
        return " Mal "
print("")
                                                      Ln: 87  Col: 0
```

```
while_modulo11_varios.py - C:/Users/Cordova/Desktop/while_mod...

File  Edit  Format  Run  Options  Window  Help

print("MÓDULO DE VALIDACIÓN")
print("")
print("    Sistema autorizado para 3 Administradores")
print("-----------------------------------------------------------")
n=0
val=0
while n<3 and val==0:

    cod=int(input(" Usuario = "))
    cla=int(input(" Clave   = "))

    print("-----------------------------------------------------------")

    while cod<100000 or cod >999999 and n<3:
        print("El código debe ser de 6 dígitos")
        print("Intente de nuevo")
        n=n+1
```

```
        n=n+1
        cod=int(input("Ingrese usuario = "))


if mod11(cod)==1 and cla==123:
    print("ok código autogenerado y validado: ")
    print("ok clave se ha validado continuar....")
    print("-------------------------------------------")
    val=1
else:
    if mod11(cod)!=1:
        print("usuario no válido")
    if mod11(cod)==1 and cla!=123:
        print("clave incorrecta")
    if 3-n!=0:
```

Ln: 87 Col: 0

Interfaz donde se valida el código autogenerado en la anterior interfaz y el número de oportunidades que tiene el usuario para tener acceso al sistema. En este caso, solo se le da tres oportunidades. Si son superadas (es decir, cuando se cometen más de tres errores), el programa finaliza.

while_modulo11_varios.py - C:/Users/Cordova/Desktop/while_mod...

File Edit Format Run Options Window Help

```
        n=n+1
        print("Le queda ",int(3-n),"intentos")
if n==3:
    print("Límites de intentos alcanzados")
else:
    alumnos = []
    resp="s"
    while resp=="s":
        cod=input(" Código   = ")
        nom=input(" Nombre = ")
        alumnos.append({'Nombre': nom, 'código': cod})

        resp=str(input("Desea continuar....?(s/n)==> "))
    for i in range(len(alumnos)):
        print(int(i+1),"\t",alumnos[i]['código'],"\t",alumnos[i]['Nombre'])
    print("Total de registros = ",len(alumnos)," en la BD")
    print("Escala de obs en sustentación : ")
    print("\tNro.Prob\tObs")
    print("-------------------------------------------")
    print("\t13-28\tExcelente")
    print("\t6-12\tOk")
    print("\t3-5\tBien")
    print("\t1-2.\tMal")
    print("-------------------------------------------")
    codi=input("Ingrese código = ")
    for i in range(len(alumnos)):
        if alumnos[i]['código'] == codi:
            encontrar=1
            break
        else:
            encontrar=0
    if encontrar==1:
        nprob=int(input("Ingrese total de prob"))
        print(obs(nprob)," ",alumnos[i]['Nombre']," , ha sustentado bien
```

Ln: 87 Col: 0

Ejemplo:

Diseñar un programa que contenga las siguientes funciones:

a. Cuadrado(n).- Permite validar si un número n, ingresado por usuario, es par. Si es verdadero, entonces llama a la función Potencia(a).

b. Potencia(a).- Eleva el número n al cuadrado.

Luego, desde el programa principal, llamar a la función cuadrado(a). Para continuar con nuevos cálculos, diseñar el programade forma interactiva; es decir, contestar a la pregunta (S/N). Si la respuesta es N, entonces enviar el mensaje **"Gracias por su visita"**.

Solución:

```
def cuadrado(n):
##  ver si es par, para elevar potencia
    if n%2 == 0:
        return potencia(n)
    else:
        print (" No es divisible = " )
def potencia(a):
    cuad= a**2
    return cuad
resp='S'
while(resp=='S'):
    print("")
    a=int(input( " Ingrese a = "))
    print("Cuadrado = ",cuadrado(a))
    print("")
    resp=input("Sr. desea continuar..? (S/N)
    if resp=='N':
        print(" Gracias por su visita ...")
```

```
 Ingrese a= 6
Cuadrado = 36

Sr. desea continuar..? (S/N)==> S

 Ingrese a= 8
Cuadrado = 64

Sr. desea continuar..? (S/N)==> S

 Ingrese a= 12
Cuadrado = 144

Sr. desea continuar..? (S/N)==> N
 Gracias por su visita ...
>>>
```

Observación:

En el presente diseño se observará que se ha usado la sintaxis2.

Ejemplo:

Diseñar un programa usando solo la ventana interactiva shell, donde el usuario lee un número base a y luego lee un segundo número exponente b. Con estos números, el programa calcula la potencia respectiva.

Como se observa desde modo shell, no se puede llamar a una función usando def, se debe llamar solo por su nombre.

Solución:

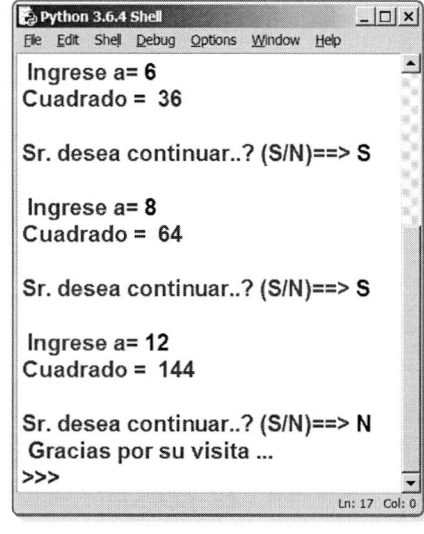

```
 Ejecutar Funciones modo Shell
>>> çdef poten()
SyntaxError: invalid syntax
>>> def poten():
        a=int(input(" Ingrese a = ")
)
        b=int(input(" Ingrese b = ")
)
        pot=a**b
        print(" Potencia =",pot)


>>> poten()
 Ingrese a = 2
 Ingrese b = 3
 Potencia = 8
```

Ejemplo:

Diseñar un programa que permita implementar los siguientes módulos:

a. LeerN().- Procedimiento que permite leer un número n con más de dos dígitos.

b. Invertir().- Función que permite invertir el número n.

c. Informe().- Procedimiento que permite mostrar el número n invertido.

Solución:

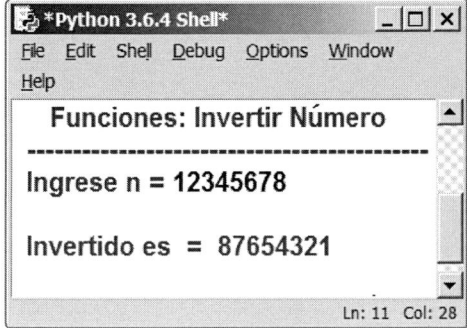

Ejemplo:

Diseñar un programa que permita validar los datos de personal autorizado al ingreso de un sistema informático. Los datos son:

a. Usuario: FIIS,UNI,SEDCR

b. Claves: 100, 200, 300

Se debe validar cada dato de forma independiente, es decir, diseñar una función validarUsuario(usuario) para validar usuario y una función validarClave(clave) para validar clave. Asimismo, solo se dispone de tres oportunidades.

Solución:

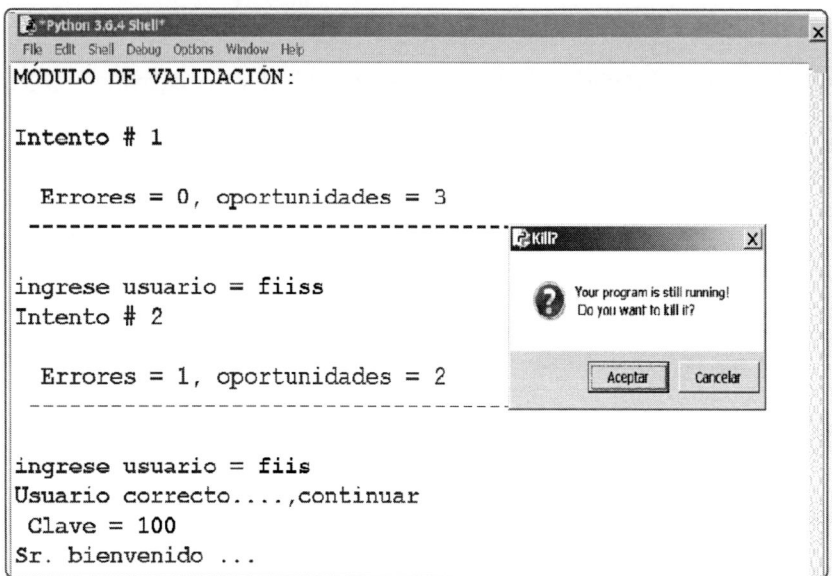

```python
print('MÓDULO DE VALIDACIÓN')
print("")
def validarUsuario(usuario):
  if usuario=='FIIS' or usuario=='fiis'   :
    print("Usuario correcto....,continuar")
    clave=str(input(" Clave = "))
    if clave=='100':
      print("Sr. bienvenido ...")
      exit()
  if usuario=='UNI' or usuario=='uni':
    print("usuario correcto.....,continuar")
    clave=str(input(" Clave = "))
    if clave=='200':
      print("Sr. bienvenido...")
      exit()
  if usuario=='DOCEN'or usuario=='docen':
    print(" Usuario correcto.....,continuar")
    clave=str(input(" Clave = "))
    if clave=='300':
      print(" Sr. bienvenido ... ")
      exit()
  return
```

```
*func_Validar.py - G:/cap_III_Funciones/func_Validar.py (3.6.4)*
File  Edit  Format  Run  Options  Window  Help
def validarClave(clave):
    veces = 3
errores = 0
for i in range(veces):
  print('Intento # ' + str(i+1))
  print("")
  print('Errores ='+str(errores)+',oportunidades='+ str(veces-i))
  print(" -------------------------------------")
  usuario=str(input("ingrese usuario = "))
  clave=str()
  clave=input
  if validarUsuario(usuario):
    print(' Usuario Correcto continuar')
    validarUsuario(usuario)
    if validarClave(clave):
      print(' Clave = ')
      (' Bienvenidos....')
    break
  else:
    errores = errores + 1
else:
  errores = errores + 1
if __name__=='__main__':
    validarClave(clave)
                                                    Ln: 33 Col: 13
```

Ejemplo:

Diseñar un programa que permita leer dos números enteros. Luego, mediante una función, encontrar el mayor.
Si son iguales, enviar el mensaje respectivo.

Solución:

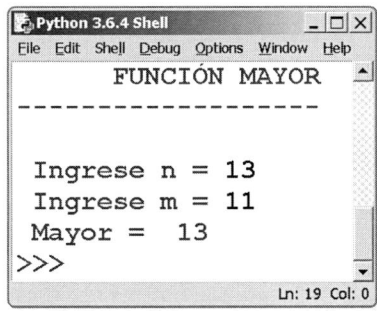

```
Python 3.6.4 Shell
File  Edit  Shell  Debug  Options  Window  Help
            FUNCIÓN MAYOR
--------------------

 Ingrese n = 13
 Ingrese m = 11
 Mayor =   13
>>>
                                    Ln: 19 Col: 0
```

```
func_May.py - G:/cap_III_Funciones/func_May.py (3.6...
File  Edit  Format  Run  Options  Window  Help
print("        FUNCION MAYOR")
print("--------------------\n")

def mayorNum(a,b):
    if a<b:
        print("")
        print (" Mayor = ", b)
    elif b < a:
        print (" Mayor = ",a)
    else:
        print("")
        print ("Son iguales")
n=int(input(" Ingrese n = "))
m=int(input(" Ingrese m = "))
mayorNum(n,m)
                                    Ln: 15 Col: 25
```

Ejemplo:

Diseñar un programa que permita validar la división de dos números, en especial, el denominador. Si el
denominador es diferente de cero, se calcula la división y la función devuelve el resultado. En otro caso, enviar el
mensaje "Sr. No existe división entre cero".

El programa debe ser interactivo, es decir, se debe enviar el mensaje "Sr. Desea continuar...? (S/N)".

Solución:

```
*Python 3.6.4 Shell*                        _ □ X
File  Edit  Shell  Debug  Options  Window  Help

Módulo try- except


Ingrese n = 12
Ingrese m = 3

división =    4.0

ejecutando la cláusula finally

Sr. desea continuar..? (S/N) ==>S
Ingrese n = 11
Ingrese m = 0

Sr. No existe división entre cero..

ejecutando la cláusula finally

Sr. desea continuar..? (S/N) ==>
                                  Ln: 20  Col: 0
```

```
*fun_finally.py - F:/cap_III_Funciones/fun_finally.py (3.6...  _ □ X
File  Edit  Format  Run  Options  Window  Help

print(" Módulo try- except")
def dividir(n, m):
    try:
        divi = n /m
    except ZeroDivisionError:
        print(" Sr. No existe división entre  cero..")
    else:
        print(" división =   ", divi)
        print("")
    finally:
        print("ejecutando la cláusula finally")
print("")
resp='S'
while(resp=='S') or (resp=='s'):
    n=int(input(" Ingrese n = "))
    m=int(input(" Ingrese m = "))
    print("")
    dividir(n,m)
    print("")
    resp=input(" Sr. desea continuar..? (S/N) =>")
    if resp=='N' or resp =='n':
        print(" Gracias por verificar datos..")
        exit()
                                  Ln: 10  Col: 16
```

Ejemplo:

Diseñar un programa que permita leer un número n > 9 y luego, usando una función, mostrarlo en forma invertida. El programa debe ser interactivo con el usuario, es decir, después de invertir el número, el sistema envía el mensaje **"Sr. Desea continuar...?(S/N)"**.

Solución:

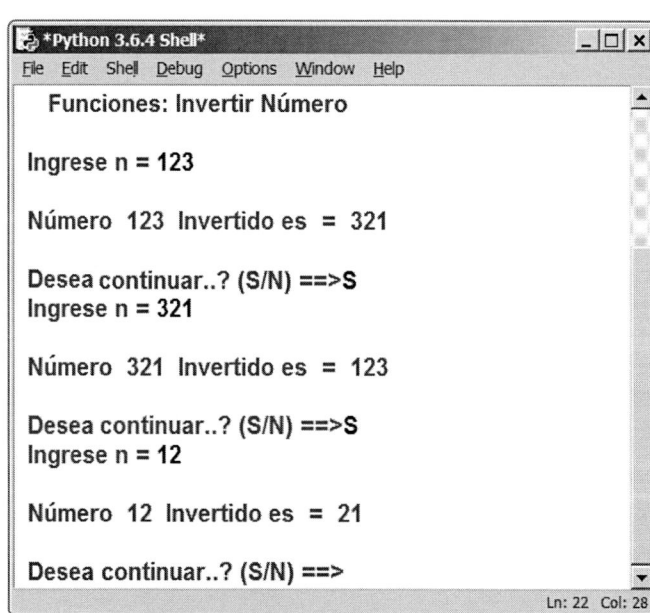

```
*Python 3.6.4 Shell*                        _ □ X
File  Edit  Shell  Debug  Options  Window  Help

   Funciones: Invertir Número

Ingrese n = 123

Número  123  Invertido es  = 321

Desea continuar..? (S/N) ==>S
Ingrese n = 321

Número  321  Invertido es  = 123

Desea continuar..? (S/N) ==>S
Ingrese n = 12

Número  12  Invertido es  = 21

Desea continuar..? (S/N) ==>
                                  Ln: 22  Col: 28
```

```
func_invertir.py – C:\Users\Administrador\Desktop\Libtro-Copia\cap_XV_web\func_in...
File  Edit  Format  Run  Options  Window  Help
print("")
print("    Funciones: Invertir Número ")
print("")
def leerN():
  global n
  n=int(input(" Ingrese n = "))
  return
def invertir(n):
  global inv
  inv=0
  while(n>0):
    d=n%10
    inv=inv*10+d
    n=int(n/10)
  return inv
def reporte():
  print("")
  print(" Número ",n," Invertido es  = ",invertir(n))
  return
resp='S'
while(resp=='S' or resp=='s'):
  leerN()
  invertir(n)
  reporte()
                                                    Ln: 14  Col: 17
```

3.4. Funciones recursivas

Una función es recursiva cuando una función puede llamarse a sí misma por su nombre. El uso de la recursión es una técnica útil en programación para resolver algunos problemas en la sustitución de los métodos iterativos con for o while. Se debe identificar:

3.4.1. Caso base

Permitirá terminar los procesos de la función en algún momento.

3.4.2. Caso recursivo

En este caso, permite hacer nuevas llamadas a la función por su nombre.

3.4.3. Procedimientos

a. Nomb(m): nombre de la función llamada desde el programa principal.

b. Nomb(n): definida como función. Observar que una instrucción es el nombre de la función, pero con argumento en –1. Este es el caso de recursividad.

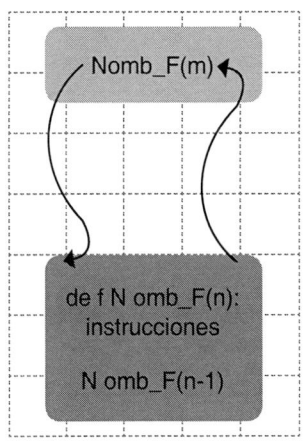

Ejemplo:

Diseñar un programa que contenga una función recursiva para calcular la potencia de un número n entero positivo.

Solución:

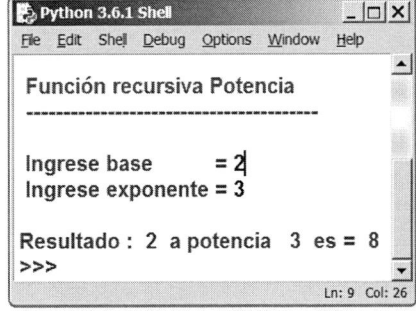

```
Python 3.6.1 Shell
File  Edit  Shell  Debug  Options  Window  Help

Función recursiva Potencia
------------------------------------------

Ingrese base      = 2
Ingrese exponente = 3

Resultado : 2 a potencia  3  es = 8
>>>
                                          Ln: 9  Col: 26
```

```
def potencia(a,b):
    if(b==0):
        return 1
    else:
        return(a*potencia(a,b-1))

print("")
print(" Función recursiva Potencia")
print(" ----------------------------------------\n")

n=int(input(" Ingrese base      = "))
m=int(input(" Ingrese exponente = "))
print("")
print("Resultado:",n,"a potencia ",m,"es = " ,potencia(n,m))
```

Ejemplo:

Diseñar un programa que contenga una función recursiva para calcular el factorial de un número n entero positivo.

Solución:

```
Función Recursiva Factorial
----------------------------------------

Ingrese n  = 5

Factorial de  5  =  120
>>>
```

```
def factorial(a):
    if(a==0):
        return 1
    else:
        return(a*factorial(a-1))

print("")
print(" Función Recursiva Factorial ")
print(" ----------------------------------------\n")
n=int(input(" Ingrese n  = "))
print("")
print(" Factorial de ",n," = ",factorial(n))
```

Ejemplo:

Diseñar un programa que contenga una función recursiva para realizar las operaciones aritméticas de suma y resta.

Solución:

```
def operaciones(n, m):
    if(m == 0):
        return n
    elif (m < 0):
        return operaciones(n-1, m+1)
    else:
        return operaciones(n+1, m-1)

print("")
print(" Función Recursiva Suma_Resta ")
print(" ----------------------------------------------")
print("")
if __name__ == "__main__":
    print("   Suma :  20 + 10 = ", operaciones(20, 10))
    print("")
    print("   Resta :  25 - 20 = ", operaciones(25, -20))
```

```
Función Recursiva Suma_Resta
----------------------------------------------
----

   Suma :  20 + 10 =  30

   Resta :  25 - 20 =  5
>>>
```

Ejemplo:

Diseñar un programa que, mediante una función recursiva, acumule valores de 5 hasta 20.

Solución:

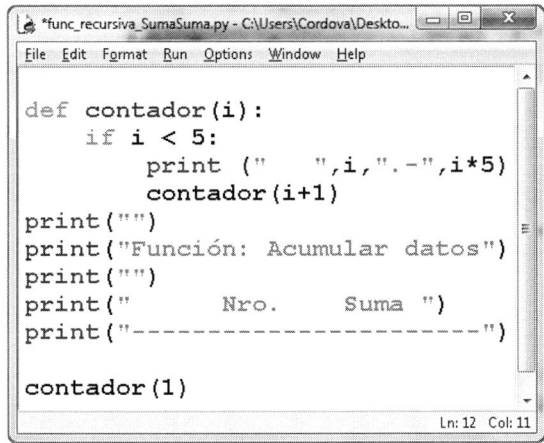

```
def contador(i):
    if i < 5:
        print ("   ",i,".-",i*5)
        contador(i+1)
print("")
print("Función: Acumular datos")
print("")
print("     Nro.     Suma ")
print("----------------------")

contador(1)
```

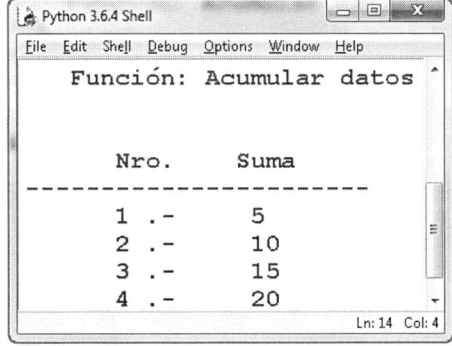

```
Función: Acumular datos

    Nro.      Suma
----------------------
    1 .-         5
    2 .-         10
    3 .-         15
    4 .-         20
```

3.5. Funciones externas

Se usa el concepto de Programación Modular Independiente (PMI). Se debe diseñar, por lo menos, dos funciones en forma independiente y luego una puede llamar o importar a la sección de archivos de cabecera. Este proceso se puede aplicar a las funciones según su diseño lógico.

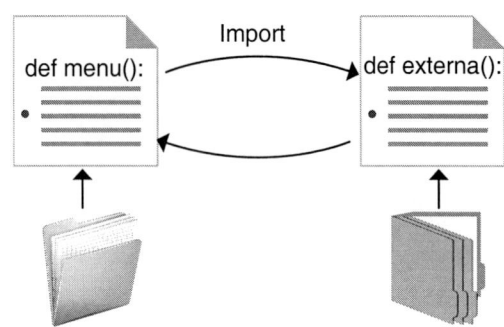

Ejemplo:

Diseñar un programa que contenga dos funciones:

a. Func_generadora_cubo.- Genera el cubo de los cinco primeros números enteros.

b. Fun_Jala_func.- Importa (jala) la función según la parte a y, mediante un bucle, lista el cubo de los números enteros en el rango definido por el usuario.

Solución:

Func_generadora_cubo

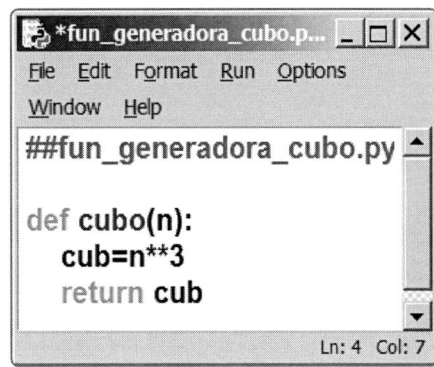

fun_Jala_func.py

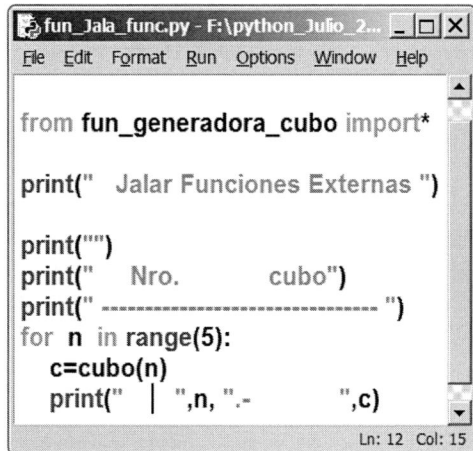

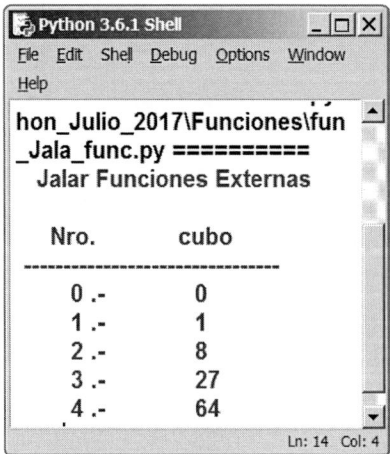

Ejemplo:

Diseñar un programa que contenga dos funciones:

a. Func_valida.- Valida datos por usuario = 100 y clave = 123.

b. Fun_Jala_valida.- Importa (jala) la función según 1 y, mediante una condicional, valida los datos. Si son correctos, el sistema solicita que ingrese el total de números. Luego, muestra el promedio.

Solución:

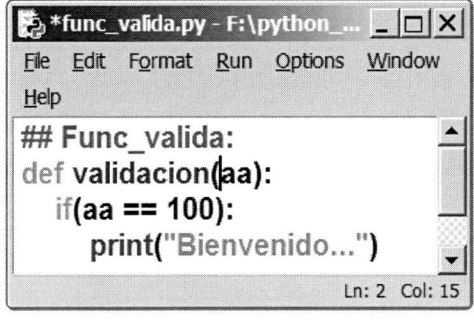

```
## Func_valida:
def validacion(aa):
    if(aa == 100):
        print("Bienvenido...")
```

```
from func_valida import*
print("Función jala funciones")
a=int(input(" Usuario = "))
validacion(a)
s=0
print(" Promedio de n números")
n=int(input(" In
        grese n= "))
for n in range(1,n):
    s=s+n
prom=(s/n)
print("")
print(" Promedio = ",prom)
```

```
Usuario = 100
Bienvenido...
 Promedio de n números
 Ingrese n= 5

 Promedio =  2.5
```

Observación:

Se deja implementar al usuario cuando existe error en el proceso de validación.

Ejemplo:

Diseñar un programa que contenga una función y ejecutarla desde el programa principal.

a. Promedio().- Permite calcular el promedio de tres notas.

b. Programa principal(func22.py).- Importa (jala) la función promedio(): func11.py.

Solución:

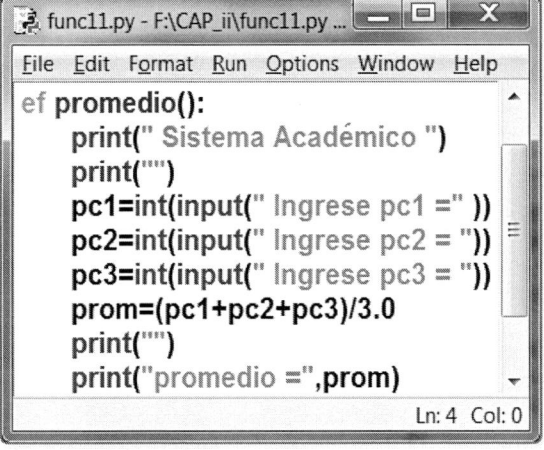

```
ef promedio():
    print(" Sistema Académico ")
    print("")
    pc1=int(input(" Ingrese pc1 =" ))
    pc2=int(input(" Ingrese pc2 = "))
    pc3=int(input(" Ingrese pc3 = "))
    prom=(pc1+pc2+pc3)/3.0
    print("")
    print("promedio =",prom)
```

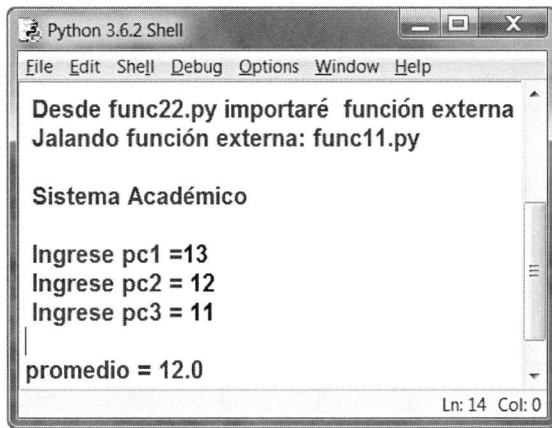

```
Desde func22.py importaré  función externa
Jalando función externa: func11.py

Sistema Académico

Ingrese pc1 =13
Ingrese pc2 = 12
Ingrese pc3 = 11

promedio = 12.0
```

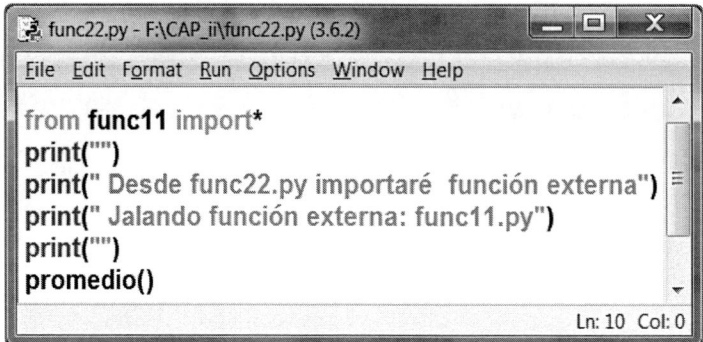

Ejemplo:

Diseñar un programa que permita crear dos carpetas y, en cada una, almacenar el archivo correspondiente donde tenga las funciones de sumar y restar. Desde el programa principal, importar tales funciones para su funcionalidad.

Solución:

Conceptualización:

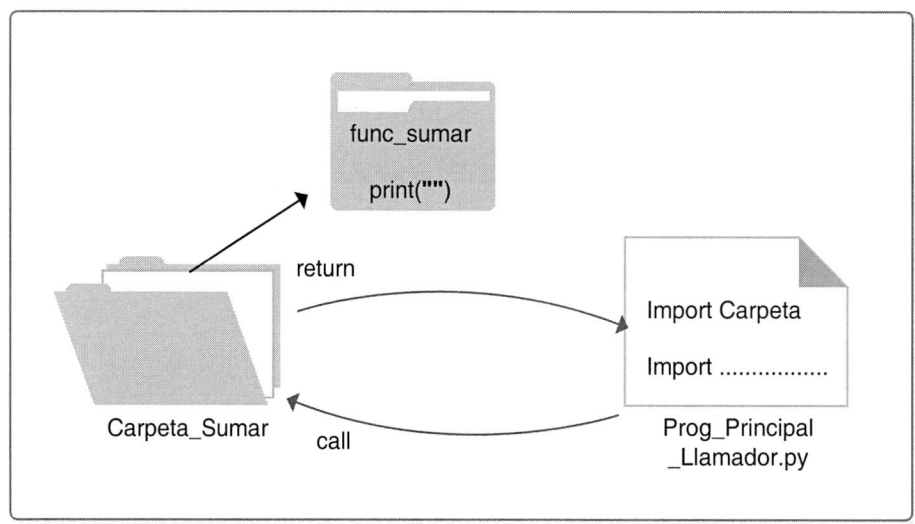

Vista física:

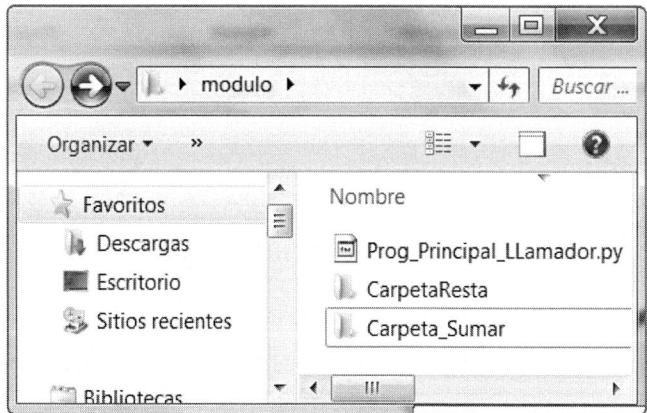

A continuación, se presenta el diseño de las funciones. Estas se encuentran almacenadas en las carpetas.

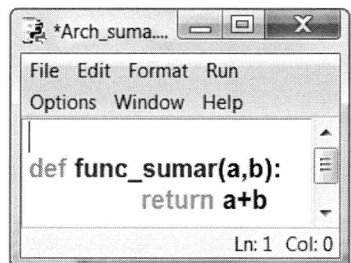

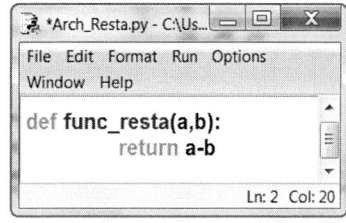

```
print("")
print(" Importando Archivos desde carpetas ")
print("")
import Carpeta_Sumar.Arch_suma, CarpetaResta.Arch_Resta
Carpeta_Sumar.Arch_suma.func_sumar
print("Carpeta_Sumar, suma 20+90 = ", Carpeta_Sumar.Arch_suma.func_sumar(20,90))

##import CarpetaResta.Arch_Resta

CarpetaResta.Arch_Resta.func_resta
print("")
print(" Carpeta_Resta, restando 45 - 10 = ", CarpetaResta.Arch_Resta.func_resta(45,10))
```

Ejemplo:

Diseñar un programa que permita leer un número n y, según Fibonacci, mostrar el resultado. Usar recursividad.

Solución:

```
print("     Fibonacci")
print(" --------------------------------")
def  fibonacci(n):
    if n==1 or n==2:
        return 1
    elif n>2:
        return fibonacci(n-1)+fibonacci(n-2)
n=int(input("\n Ingrese  n = "))
print ("\nFibonacci en ",n," = ", fibonacci(n))
```

Ejemplo:

Diseñar un programa que permita evaluar la función y = 2*x + 3 en un valor de x, ingresado por el usuario.

Solución:

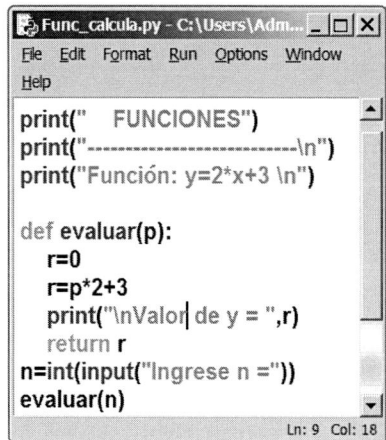
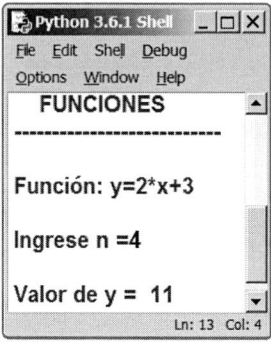

```python
print("   FUNCIONES")
print("--------------------------\n")
print("Función: y=2*x+3 \n")

def evaluar(p):
    r=0
    r=p*2+3
    print("\nValor de y = ",r)
    return r
n=int(input("Ingrese n ="))
evaluar(n)
```

```
    FUNCIONES
--------------------------

Función: y=2*x+3

Ingrese n =4

Valor de y =  11
```

Ejemplo:

Diseñar un programa que permita leer un número m; luego, incrementar en n=5, definido como valor constante.

Solución:

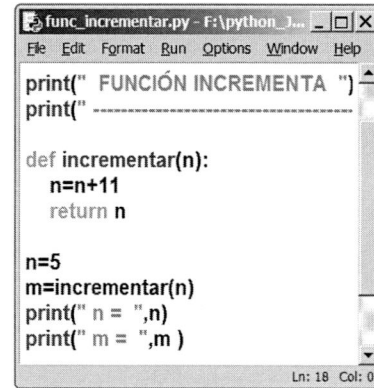

```python
print("  FUNCIÓN INCREMENTA  ")
print("  -------------------------

def incrementar(n):
    n=n+11
    return n

n=5
m=incrementar(n)
print(" n = ",n)
print(" m = ",m )
```

```
 FUNCIÓN INCREMENTA
-------------------------
----
n =  5
m =  16
>>>
```

Ejemplo:

Diseñar un programa que permita, dada una lista con elementos negativos, pasar todos sus elementos a positivos.

Solución:

```python
print(" FUNCIÓN ABSOLUTO")
print(" -------------------------------")
def lista_abs(lista):
    for i in range(len(lista)) :
        lista[i]=abs(lista[i])

lista_orig=[1,-1,2,-3,-2]
lista_abs(lista_orig)
print("")
print(" Lista Original =  [1,-1,2,-3,-2]")
print("")
print(" Lista Nueva   = ",lista_orig)
```

```
 FUNCIÓN ABSOLUTO
-------------------------------

Lista Original =  [1,-1,2,-3,-2]

Lista Nueva   =  [1, 1, 2, 3, 2]
>>>
```

Ejemplo:

Diseñar un programa que permita ordenar los elementos de una lista de forma ascendente.

Solución:

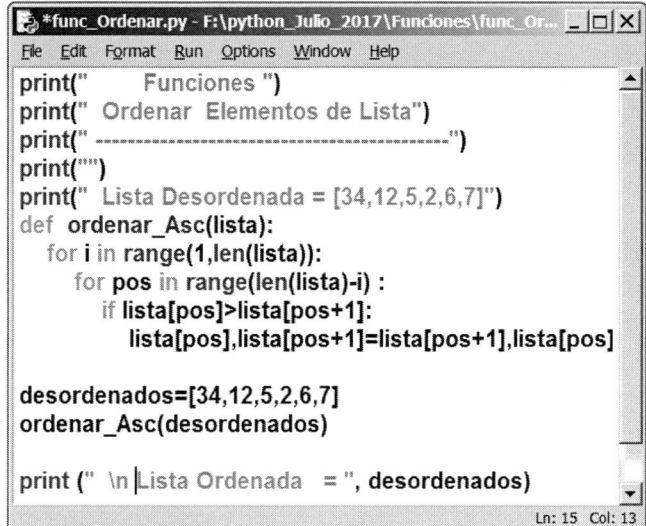

```python
print("      Funciones ")
print(" Ordenar  Elementos de Lista")
print(" -----------------------------------------")
print("")
print("  Lista Desordenada = [34,12,5,2,6,7]")
def  ordenar_Asc(lista):
    for i in range(1,len(lista)):
        for pos in range(len(lista)-i) :
            if lista[pos]>lista[pos+1]:
                lista[pos],lista[pos+1]=lista[pos+1],lista[pos]

desordenados=[34,12,5,2,6,7]
ordenar_Asc(desordenados)

print (" \nLista Ordenada  = ", desordenados)
```

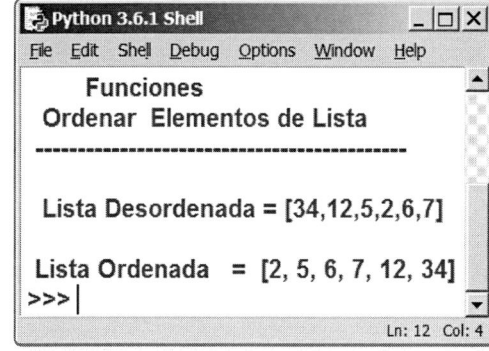

```
      Funciones
 Ordenar  Elementos de Lista
-----------------------------------------

  Lista Desordenada = [34,12,5,2,6,7]

  Lista Ordenada  = [2, 5, 6, 7, 12, 34]
>>>
```

Ejemplo:

Diseñar un programa que permita listar de forma parcial y total los elementos del 1 al 7.

Solución:

```python
def Lista_digitos(total = 7):
    for i in range(total):
        print ("  ",i)
print("")
print(" Números: 1,2,3,4,5,6")
print("")
print("   Listado parcial ")
print(" ----------------------------")
print (" Del 0 al 3: ")
Lista_digitos(4)
print("")

print("    Listado total ")
print(" -----------------------")

print ("\nDel 0 al 6 (por defecto): ")
Lista_digitos()
```

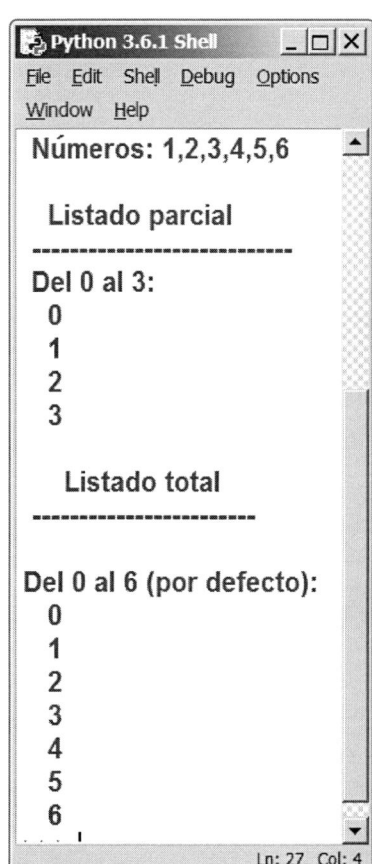

```
Números: 1,2,3,4,5,6

  Listado parcial
----------------------------
Del 0 al 3:
   0
   1
   2
   3

    Listado total
-----------------------

Del 0 al 6 (por defecto):
   0
   1
   2
   3
   4
   5
   6
```

Ejemplo:

Diseñar un programa principal que llame a una función suma(), donde se realiza la suma de dos números, a y b, ingresados desde el programa principal.

Solución:

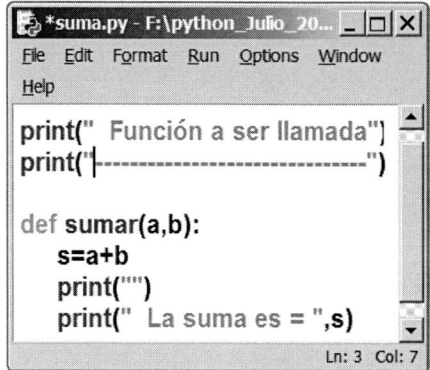

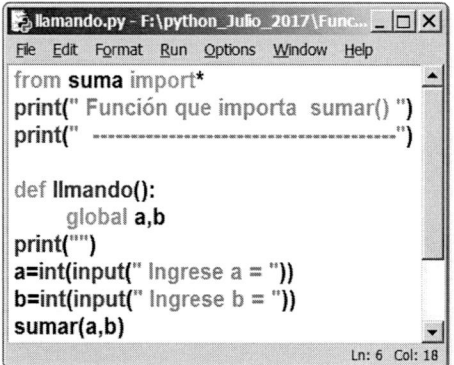
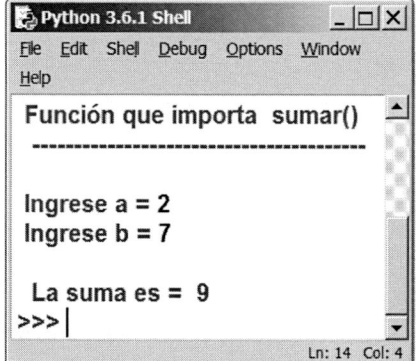

Ejemplo:

Diseñar un programa principal que llame a una función cubo2( ) e imprima el cubo de un número ingresado. La función que procesa el cubo está dentro del programa principal.

Solución:

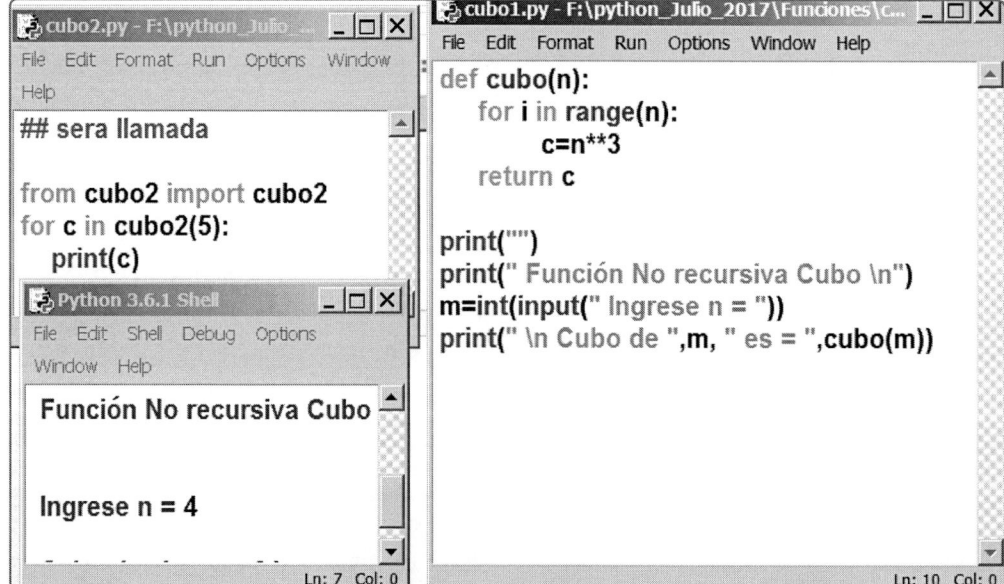

Ejemplo:

Diseñar un programa que, usando una función, permita devolver el mayor de dos números ingresados por un usuario.

Solución:

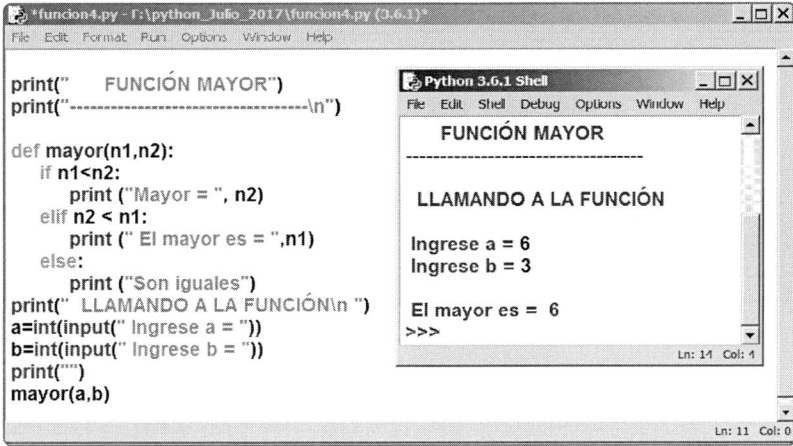

Ejemplo:

Diseñar un programa que, usando una función, imprima los números primos en un rango definido por el usuario.

Solución:

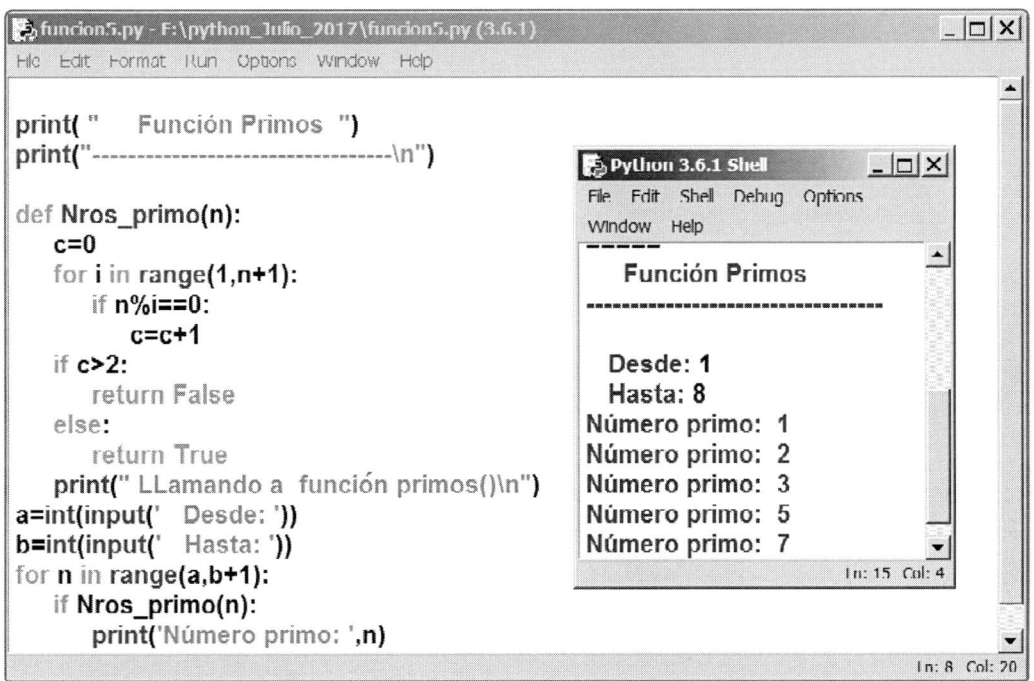

Ejemplo:

Diseñar un programa para mostrar la fecha y hora del sistema. Usar funciones.

Solución:

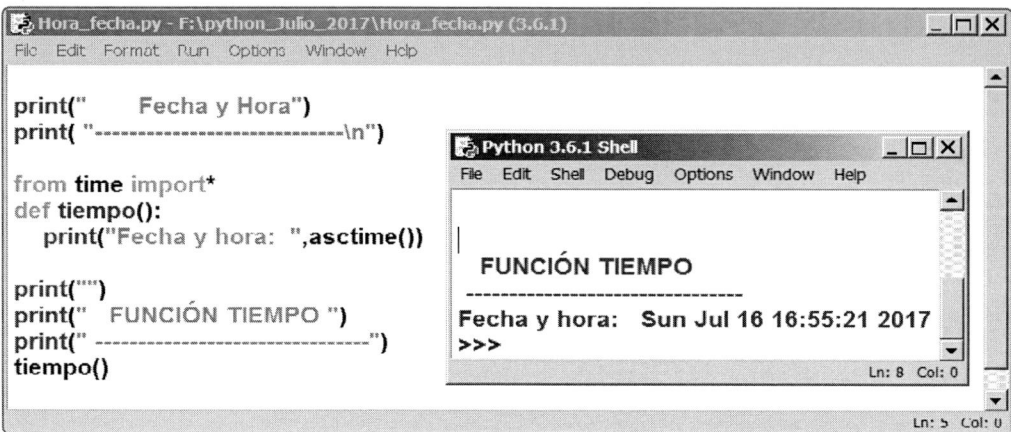

Ejemplo:

Diseñar un programa que calcule el promedio de notas mediante la función func111.py. Usando una función func222.py, leer las notas y, luego, llamar a la función f111.py.

Solución:

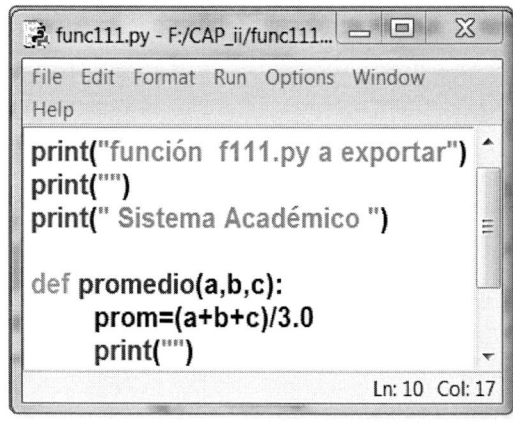

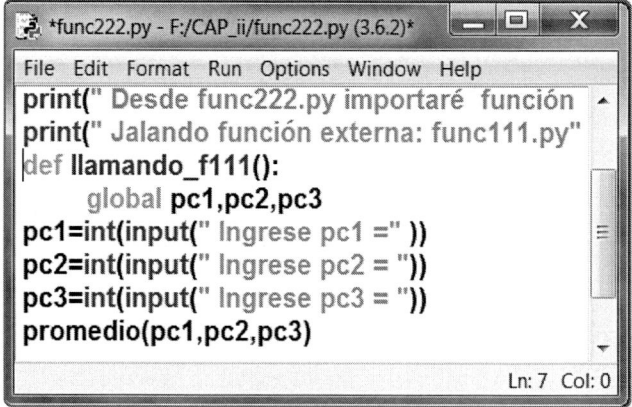

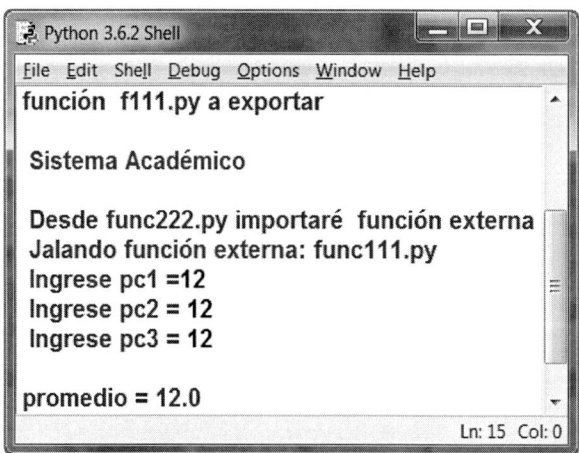

Ejemplo:

Considerar la siguiente serie:

$$\text{Serie} = x - \frac{x^3}{3!} + \frac{x^5}{5!} - \cdots + \frac{(-1)^{n+1}(x)^{2n-1}}{(2n-1)!}.$$

Diseñar un programa que permita al usuario leer el número de elementos a sumar y su evaluación, en un punto x = k, donde k es leído por el usuario.

Solución:

```
*APLAZADOS_2017.py - C:/Users/Cordova/Desktop/APLAZADOS/APLAZAD...
File  Edit  Format  Run  Options  Window  Help
def factorial(i):
    if(i==1):
        return 1
    return factorial(i-1)*i

def calcular(n,k):
    Resultado = 0
    for i in range(n):
        Resultado = Resultado + (((-1)**(i+2))*((k)**(2*(i+1)-1)))/factorial(2*(i+1)-1)
    print("")
    print("Suma = ",Resultado)
print("")
resp='S'
while(resp=='S' or resp=='s'):

    n=int(input("Ingrese total  elementos = "))
    k=int(input("Ingrese dato a evaluar   = "))
    print("")
    calcular(n,k)
    resp=input(" Continuar..? (S/N)==> ")
    if resp=='N 'or resp=='n':
            print(" Gracias........")
            exit(0)
                                                     Ln: 21  Col: 30
```

Ejemplo:

Diseñar un programa que permita validar los datos de usuario. Usar dos funciones, tal y como se ilustra en el programa fuente.

Solución:

```
Módulo de Validación:

Intento # 1
Errores = 0, Oportunidades = 3
 Usuario = 123333
 Clave   = 122
122
Intento # 2
Errores = 1, Oportunidades = 2
 Usuario = 200
 Clave   = 123
123
usuario correcto,continuar
```

```
*func_Validar22.py - F:/cap_III_Funciones/func_Validar22.py (3.6.4)*        _□×
File  Edit  Format  Run  Options  Window  Help

print("Módulo de Validación:\n")
def validarUsuario(usuario):
  if usuario==200:
    print("usuario correcto,continuar")
    print("")
    exit()
  elif usuario==100:
    print("usuario correcto,continuar")
    clave=str(input( " Clave = "))
    if clave==123:
      print("Bienvenidos....")
      print("")
  elif usuario==300:
    print("usuario correcto,continuar")
    clave=str(input("ingrese clave = "))
    if clave==123:
      print(" Bienvenidos....")
      print("")
  return
def validarClave(clave):
  print("")
veces = 3
errores = 0
for i in range(veces):
  print('Intento # ' + str(i+1))
  print('Errores = ' + str(errores) + ', Oportunidades = ' + str(ve
  usuario=int(input(" Usuario = "))
  clave=input(input(" Clave   = "))
  if validarUsuario(usuario):
    print('Usuario Correcto continuar')
    validarUsuario(usuario)
    if validarClave(clave):
      print('Ingrese la clave')
      ('Bienvenidos....')
    break
  else:
    errores = errores + 1
else:
  errores = errores + 1
validarClave(clave)

                                                      Ln: 37  Col: 0
```

Ejemplo:

Datos generados aleatoriamente

1. Diseñar un programa que permita crear un módulo de validación, donde usuario y clave estén compuestos por tres dígitos, y que en su sintaxis combine:

    a. Usuario y clave generados de forma aleatoria.

    b. Lectura de variables con datos personales, de tal manera, que se pueda validar sus datos de ingreso al sistema informático (ver figura).

Si existe error, debe ir mostrando la cantidad de errores cometidos y el número de oportunidades que le quedan. Solo se permite tres errores; en otro caso, abandonar el sistema.

Leer nuevas variables y validar

2. Si los datos son correctos según la primera parte, el sistema mostrará la interfaz con cuatro opciones, donde cada opción realiza:

    a. **<M>**.- El usuario lee dos o tres notas, luego el sistema devuelve la menor nota, sin usar estructuras condicionales.

    b. **<T>**.- Se tiene un terreno rectangular (las medidas se muestran en la gráfica). En el punto A, inicialmente, se encuentra Ana. Pedro está en el punto Q, a una distancia de 5 m de Ana respectivamente. El objetivo de ambos es recorrer todos los bordes del terreno. Entonces, si Ana avanza 2 m cada paso y Pedro 1 m cada paso, ¿a qué distancia o en qué punto Ana alcanza a Pedro?

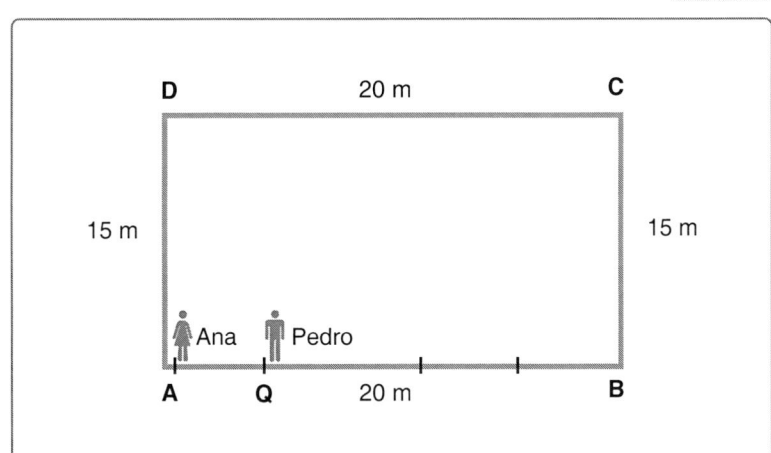

    c. **<H> Hielo**.- Carlos es un vendedor de hielo e inicialmente dispone de un bloque de 20 TM. Tiene un compromiso con otro vendedor, Luis, que se encuentra a 100 km y espera que Carlos le envíe hielo en pequeños bloques. Entonces, Carlos realiza los cortes de la siguiente manera:

    – Corta 5 bloques de 3 TM, precio S/50.00

    – Corta 4 bloques de 4 TM, precio S/40.00

    – Corta 5 bloques de 5 TM, precio S/30.00

    – Corta 4 bloques de 4 TM, precio S/20.00

    – Corta 2 bloques de 2 TM, precio S/15.00

20 TM

¿Cuál sería el orden de los bloques (lo óptimo) que serán enviados a Luis? Justificar su algoritmo codificado en algún lenguaje de programación. Identificar lo siguiente:

a. Mostrar de qué manera se cargarán los bloques para ser distribuidos a Luis, también el total de bloques y su peso total.

b. Monto a pagar por parte de Luis.

c. Número de bloques que le quedan a Carlos, peso y monto.

Solución:

Arquitectura de la aplicación:

Despliegue de la aplicación

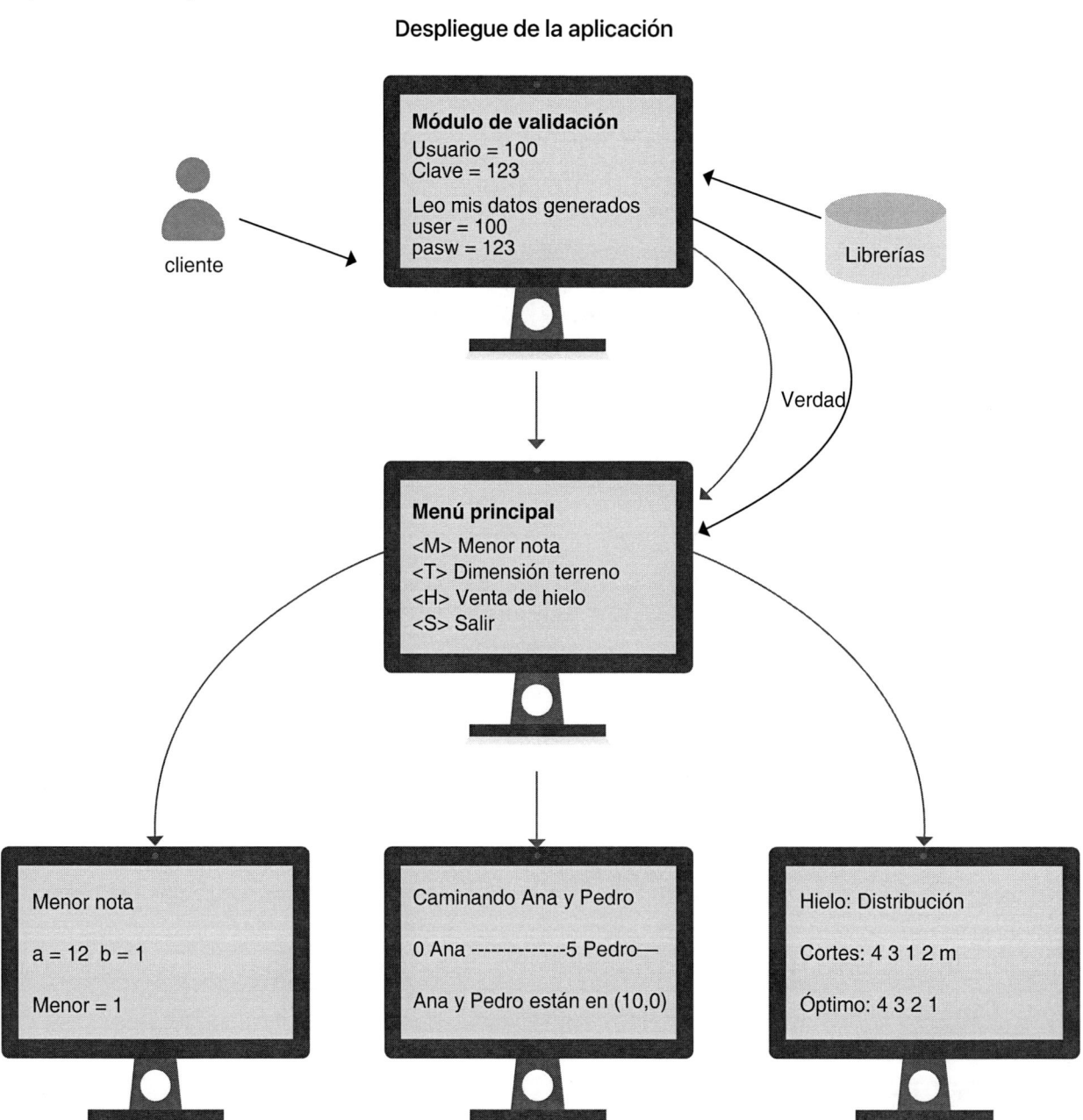

La clave de usuario es generada de forma aleatoria.

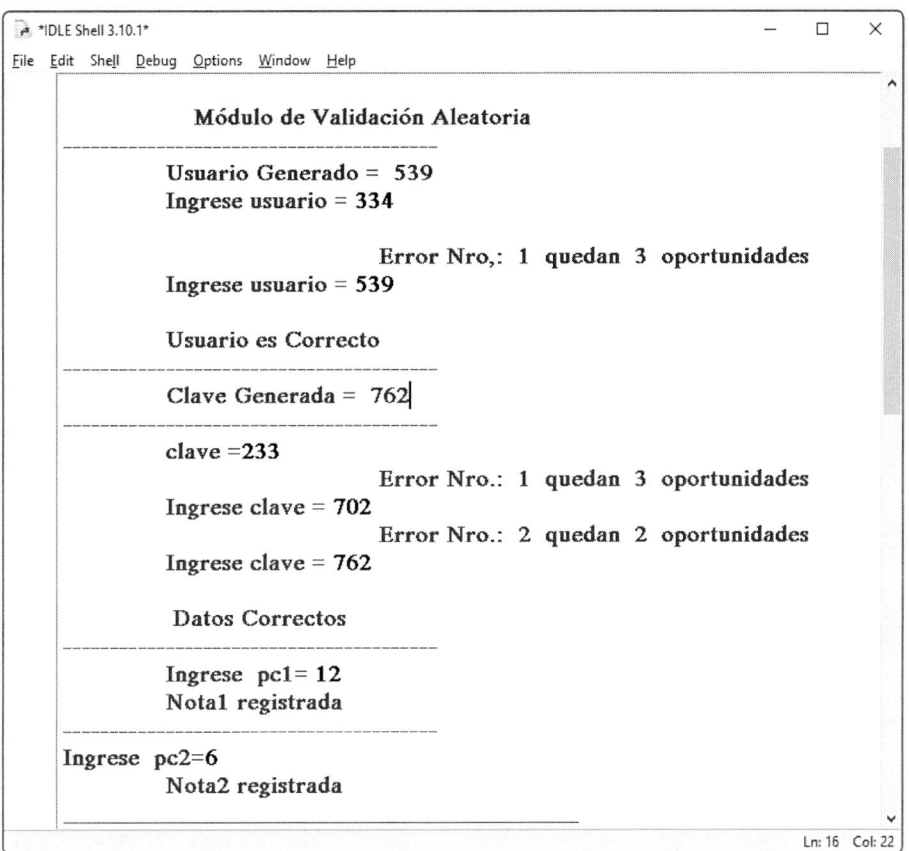

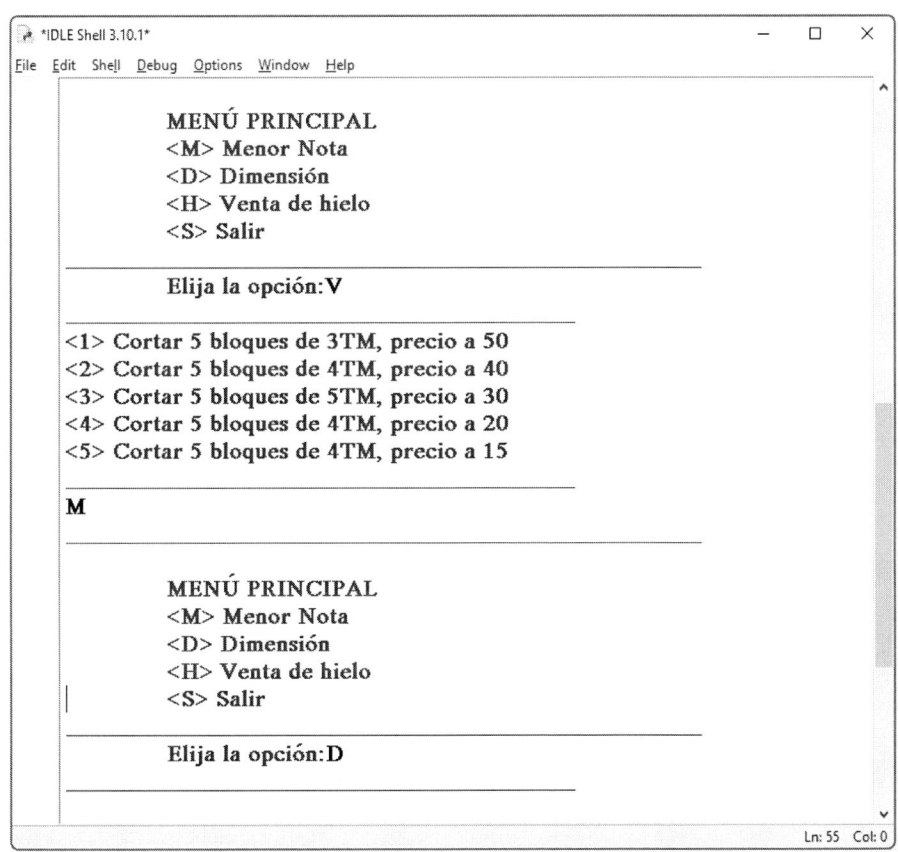

```
*IDLE Shell 3.10.1*                                        —    □    ×
File  Edit  Shell  Debug  Options  Window  Help
                    Elija la opción:D


_____




             Ana alcanza a Pedro a una distancia de 10 metros


_____


                                                    Ln: 61  Col: 0
```

```python
func_hielo-2022-2.py - H:/LP_2022_OCT/func_hielo-2022-2.py (3.10.1)    —    □    ×
File  Edit  Format  Run  Options  Window  Help

from random import*
def datos():
    print("\n\t Módulo de Validación Aleatoria")
    print("-"*40)
    usuario=randint(99,999)
    print("\tUsuario Generado = ",usuario)
    user=int(input("\tIngrese usuario = "))
    ne=1
    while user!=usuario:
        print("\n\t\t\t Error Nro,: ",ne, " quedan ",4-ne ," oportunidades")
        usr=int(input("\tIngrese usuario = "))
        ne=ne+1
        while ne==4:
            exit()
    print(" \n\tUsuario es Correcto")
    print("-"*40)
    pasw=randint(99,999)
    print("\tClave Generada = ",pasw)
    print("-"*40)
    clave=int(input("\tclave ="))
    ne=1
    while clave!=pasw:
        print("\t\t\t Error Nro.: ",ne, " quedan ",4-ne ," oportunidades")
        clave=int(input("\tIngrese clave = "))
        ne=ne+1
        while ne==4:
            exit()
            ne=ne+1
            print("\n\t\t Error Nro: ",ne)
                                                    Ln: 18  Col: 0
```

```
func_hielo-2022-2.py - H:/LP_2022_OCT/func_hielo-2022-2.py (3.10.1)            —   □   ×
File  Edit  Format  Run  Options  Window  Help
            while ne==3:
                exit()
        print("\n\t Datos Correctos ")
        print("-"*40)
        return
def lectura():
    global pc1,pc2
    i=0
    while True:
        pc1=int(input("\tIngrese  pc1= "))
        if pc1<=20 and pc1>=0:
            print("\tNota1 registrada")
            break
        else:
            i=i+1
            print("Error Nro.-",i," Le quedan ",3-i," oportunidades")
            print("-"*40)
            if 3-i<=0:
                exit()
    while True:
        print("-"*40)
        pc2=int(input("Ingrese  pc2="))
        if pc2<=20 and pc2>=0:
            print("\tNota2 registrada")
            print("_"*40)
            break
        else:
            i=i+1
            print("\n\tError N.-",1+i," Le quedan ",3-i," oportunidades")
                                                              Ln: 54   Col: 0
```

Observación:

Se deja como tarea finalizar con la opción H de hielo, especialmente, definiendo sus variables locales o globales.

```
*func_hielo-2022-2.py - H:/LP_2022_OCT/func_hielo-2022-2.py (3.10.1)*         —   □   ×
File  Edit  Format  Run  Options  Window  Help
            print("\n\tError N.-",1+i," Le quedan ",3-i," oportunidades")
            print("-"*40)
            if 3-i<=0:
                exit()
datos()
lectura()
def menorn():
    print("-"*40)
    menor=min(pc1,pc2)
    print("\n\tmenor nota es=", menor)
    return
def dimension():
    print("_"*40)
    j=0;    k=0;    w=0;    x=0
```

```python
    while True:
        j=j+1;      k=1+k;    w=2*j;   x=k+5
        if w==x:
            print("_"*60)
            print("           Ana alcanza a Pedro a una distancia de", w,"me
            print("_"*60)
            break
        else:
            print()
def hielo():
    global clie,opc
    print("_"*40)
    print("<1> Cortar 5 bloques de 3TM, precio a 50")
    print("<2> Cortar 5 bloques de 4TM, precio a 40")
    print("<3> Cortar 5 bloques de 5TM, precio a 30")
    print("<3> Cortar 5 bloques de 5TM, precio a 30")
    print("<4> Cortar 5 bloques de 4TM, precio a 20")
    print("<5> Cortar 5 bloques de 4TM, precio a 15")
    print("_"*40)
    input()
    if opc=='H' or opc =='h':
        print("\n\t\t Sistema de Ventas de hielo :")
        print("_" *40)
        print(" \t\t\t Cliente Nro. 1:")
        costo=0
        comprador=int(input("\cuántos kilos desea sr. ="))
        quedan=20-comprador
        print(" después de venta ",quedan, " kilos")
```

Ln: 90 Col: 0

func_hielo-2022-2.py - H:/LP_2022_OCT/func_hielo-2022-2.py (3.10.1)   — □ ×

File Edit Format Run Options Window Help

```python
        clie=1 ;k=0;  v=[0]*30
        while quedan<=20:
            clie=clie+1
            print(" \t\t\t Cliente Nro. :",clie)
            comprad =int(input(" \nSr.cuántos kilos desea = "))
            v[k]=comprad
            k=k+1
            quedan=quedan-comprad
            print(" \n todavía me quedan:",quedan)
            if quedan<=0:
                print("\n No tengo, se agotó hasta luego, ")
                for i in range(1,k):
                    print("Ventas[",i,"]= ",v[i])
            else:
                print(" Pase a comprar ")
                print(".....")
                print(" \n\t Total de clientes. :",clie)
                print("_"*40)
        return
    def menup():
        global opc,clie
        print("_"*50)
        print("\n\tMENÚ PRINCIPAL")
        print("\t<M> Menor Nota")
        print("\t<D> Dimensión")
```

Ln: 115 Col: 0

```
*func_hielo-2022-2.py - H:/LP_2022_OCT/func_hielo-2022-2.py (3.10.1)*          —    □    ×
File  Edit  Format  Run  Options  Window  Help

def menup():
    global opc,clie
    print("_"*50)
    print("\n\tMENÚ PRINCIPAL")
    print("\t<M> Menor Nota")
    print("\t<D> Dimensión")
    print("\t<H> Venta de hielo")
    print("\t<S> Salir")
    print("_"*50)

    opc=input("\tElija la opción:")
    if opc=='M':
        menorn()
        menup()
    if opc=='D':
        dimension()
        menup()
    if opc=='V':
        hielo()
        menup()
    if opc=='S':
        print("Adiós, ha concluido el programa")
        exit()
def menup():
    global opc,clie
    print("_"*50)
    print("\n\tMENÚ PRINCIPAL")
    print("\t<M> Menor Nota")
    print("\t<D> Dimensión")
    print("\t<H> Venta de hielo")
    print("\t<S> Salir")
    print("_"*50)
    opc=input("\tElija la opción:")
    if opc=='M':
        menorn();      menup()
    if opc=='D':
        dimension();   menup()
    if opc=='V':
        hielo();       menup()
    if opc=='S':
        print("Adiós, ha concluido el programa");      exit()
menup()
                                                              Ln: 131   Col: 30
```

Ejemplo:

Diseñar un programa usando la técnica PMD. Este debe estar compuesto por los siguientes subprogramas:

a. Leer().- Función que permite leer un número n>0. Si n es incorrecto, se almacenan sus datos y se muestran como una secuencia.

b. Factorial(n).- Función que calcula el factorial de n. Mostrar también el factorial de cada dígito.

c. Informe().- Realiza un informe del factorial de n.

d. Menu().- Función que administra otras funciones.

Solución:

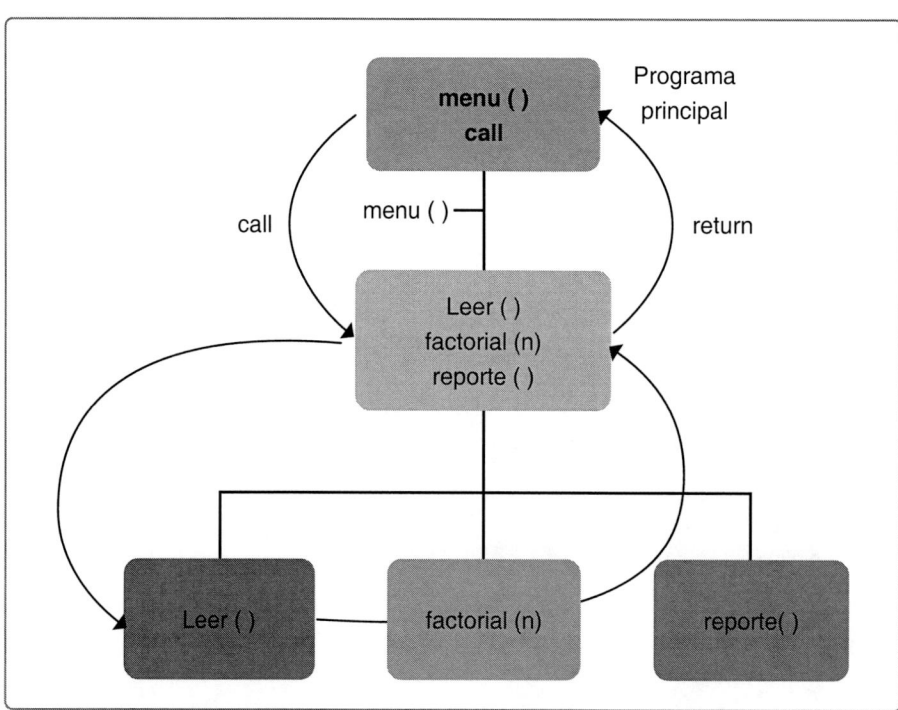

Esta figura nos indica que existe un programa principal, cuya función exclusivamente es llamar a la función menu() que administra los subprogramas leer(), factorial(n) e informe().

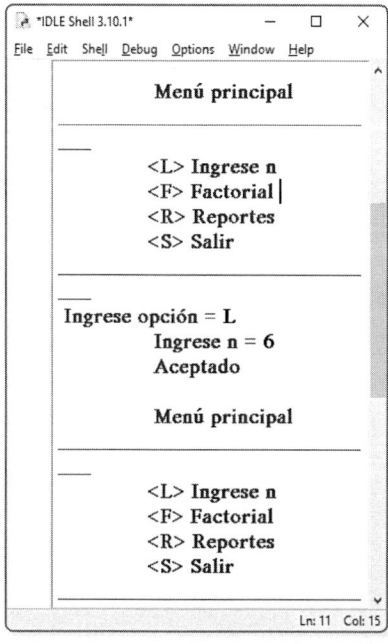

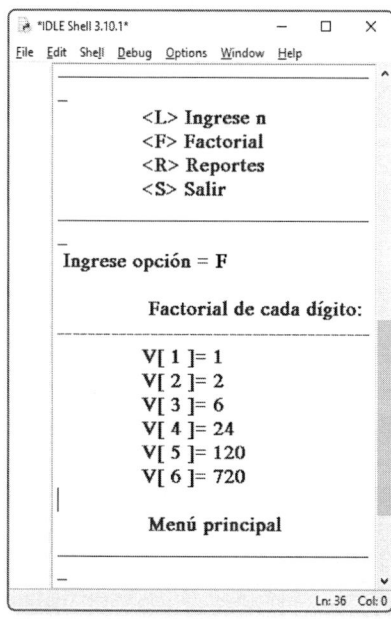

```
func_menu.py - C:\Users\User\Desktop\Taller_2022_1\Taller 2022-1\func_menu.py (3.10.1)      —    □    ✕
File  Edit  Format  Run  Options  Window  Help

def leer():
    global n
    ee=0
    while True:
        print("\t Ingrese n = ",end="")
        n=int(input(""))
        if n>=0:
            print("\t Aceptado")
            break
        else:
            print("formaré secuencia , si n es negativo")
            if n<0:
                ee=(ee)*10+(-1)*n
            else:
                print(" OK, es positivo..")
            print("\t\tDatos con error:",ee," volver a leer")
    return n
def factorial(n):
    global fact
    fact=1
    v=[0]*10
    k=0
    print("\n\t Factorial de cada dígito: ")
    for i in range(1,n+1):
        fact=fact*i
        v[k]=fact
        k=k+1
    print("-"*40)
    for i in range(k):
                                                                      Ln: 23   Col: 0
```

```
func_menu.py - C:\Users\User\Desktop\Taller_2022_1\Taller 2022-1\func_menu.py (3.10.1)      —    □    ✕
File  Edit  Format  Run  Options  Window  Help

    for i in range(k):
        print("\tV[",i+1,"]=",v[i])
    return fact
def reportes():
    print("\tFactorial es = ",factorial(n))
def menup():
    print("\n\t Menú principal ")
    print("_" *30)
    print("\t<L> Ingrese n")
    print("\t<F> Factorial ")
    print("\t<R> Reportes")
    print("\t<S> Salir")
    print("_" *30)
    opc=input(" Ingrese opción = ")
    opcc=opc.upper()
    if opcc=='L':
        leer()
        menup()
    elif opcc=='F':
        factorial(n)
```

```
        menup()
    elif opcc=='R':
        reportes()
        menup()
    elif opcc=='S':
        print(" saldrá del sistema..")
        exit()
    else:
        print(" Fuera de rango")

print("-"*50)
if __name__ == '__main__':
    menup()
```
Ln: 49   Col: 15

Ejemplo:

Diseñar un programa para ejecutar las opciones mostradas en las figuras adjuntas.

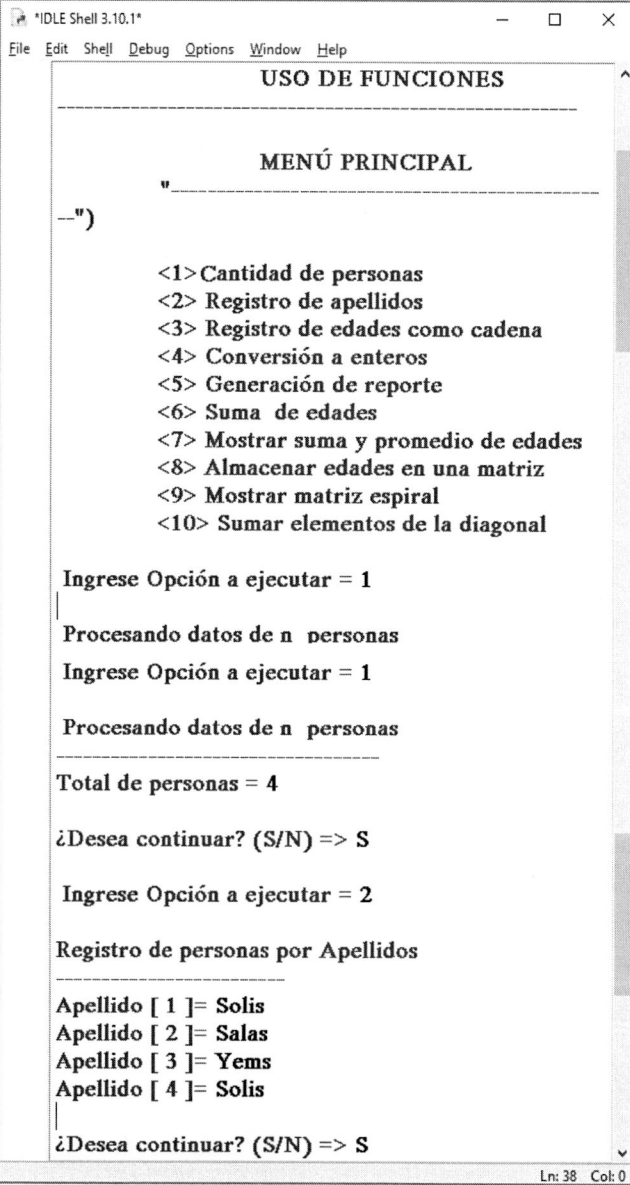

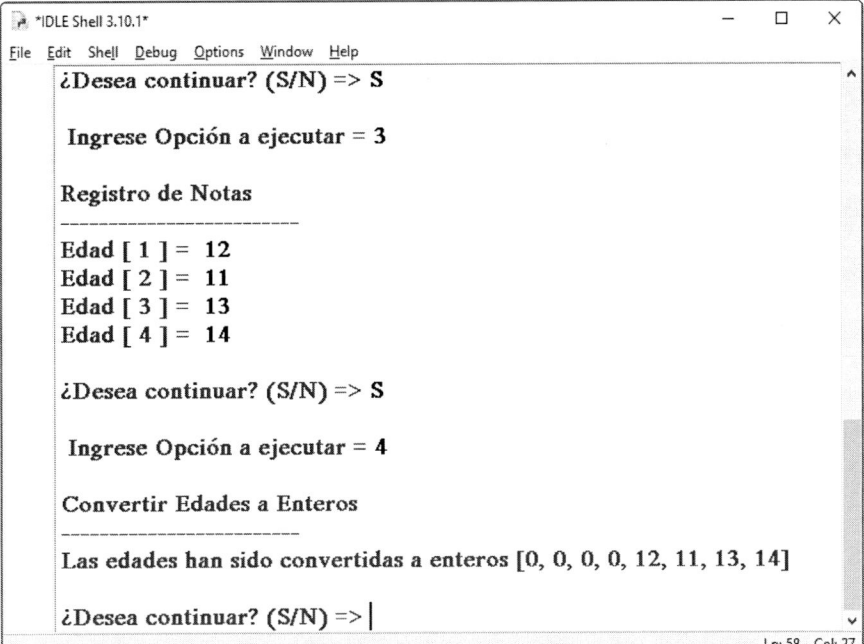

Por extenso que es el programa, se puede continuar ejecutando las demás opciones. A continuación, se encuentra el código con sus sugerencias para que se finalice con su implementación.

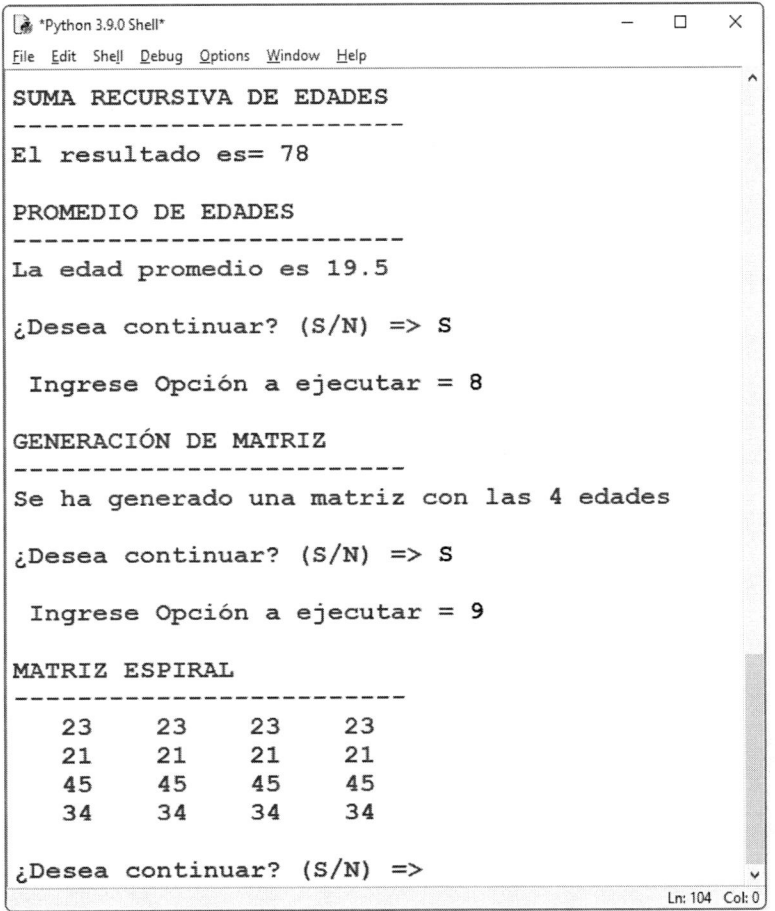

Solución:

```
*func_matriz.py - C:\Users\User\Desktop\ciclo_2021_2\Clases_2...    —    □    ×
File  Edit  Format  Run  Options  Window  Help

def total():
    global n,aux
    print("\n Procesando datos de n  personas ")
    print("-"*35)
    while True:
        n=input("Total de personas = ")
        if n.isdigit():
            n=int(n)
            aux=n
            if n>0:
                break
            else:
                print("\tError, intente otra vez")
        else:
            print("\tError, intente otra vez")
    return
def apellidos(n):
    global Ap
    Ap=[]
    print("\nRegistro de personas por Apellidos ")
    print("-"*25)
    Ap=[]
    print("\nRegistro de personas por Apellidos ")
    print("-"*25)
    for i in range(n):
        while True:
            print("Apellido [",i+1,"]=",end=" ")
            a=input()
            if a.isalpha():
                Ap.append(a)
                break
            else:
                print("\tError, intente otra vez")
    return
def edades(n):

    global Edades
    Edades=[]
    print("\nRegistro de Notas")
    print("-"*25)
    for i in range(n):

        while True:

            print("Edad [",i+1,"] = ",end=" ")
            e=input()
            if e.isdigit():

                if int(e)>0 and int(e)<100:
                    Edades.append(e)
                    break
                else:
                    print("\tError, intente otra vez")
            else:
                print("\tError, intente otra vez")
    return
                                            Ln: 48   Col: 0
```

```
*func_matriz.py - C:\Users\User\Desktop\ciclo_2021_2\Clases_2021_II\AI...     —   □   ✕
File  Edit  Format  Run  Options  Window  Help
def sumaR(n,v):
    global sumar
    global s
    s=0
    sumar=v[0]*4
    for i in range(sumar):
        s =s+suma[i]
    print(" Suma=..",s)
    return s

def mostrar():
    print("\nSUMA RECURSIVA DE EDADES")
    print("-"*25)
    print("El resultado es=",s)
    print("\nPROMEDIO DE EDADES")
    print("-"*25)
    print("La edad promedio es =",suma)
    return
                                                          Ln: 83  Col: 0
```

De este modo, se puede continuar diseñando las demás funciones. Queda como ejercicio para que el lector practique.

```
*func_matriz.py - C:\Users\User\Desktop\ciclo_2021_2\Clases_2021_II\AI...     —   □   ✕
File  Edit  Format  Run  Options  Window  Help
def convertir_a_enteros(v):
    global Edad
    Edad=[0]*4
    print("\nConvertir Edades a Enteros")
    print("-"*25)
    for j in v:
        j=int(j)
        Edad.append(j)
    print("Edades han sido convertidas a enteros",Edad)
    return

def reportes(n):
    Edad=[0]*4
    print("\nREPORTE")
    print("-"*25)
    print(" Nro    Apellido    Edad")
    print("-"*25)
    for i in range(n):
        print("  ",(i+1)," ",Ap[i],"    ",Edad[i])
    return
                                                          Ln: 67  Col: 0
```

Ejemplo:

Diseñar un programa para leer el total de edades y luego mostrar la suma y el promedio de las edades ordenadas de forma ascendente y descendente. Las edades son almacenadas en un vector y este es el argumento de las funciones.

Solución:

```
*func_matriz.py - C:\Users\User\Desktop\ciclo_2021_2\Clases_2021_II\Alg_2021_II\funcioes_2021l\func_matriz.p...   —   □   ×
File  Edit  Format  Run  Options  Window  Help

def menu():
        global resp,op
        print("""\n\t\tMENÚ PRINCIPAL
        "_____")
        \n\t<1>Cantidad de personas
        <2> Registro de apellidos
        <3> Registro de edades como cadena
        <4> Conversión a enteros
        <5> Generación de reporte
        <6> Suma  de edades
        <7> Mostrar suma y promedio de edades
        <8> Almacenar edades en una matriz
        <9> Mostrar matriz espiral
        <10> Sumar elementos de la diagonal""")
        resp="S"
        while resp=="S":
                op=input("\n Ingrese Opción a ejecutar = ")
                while True:
                        if op.isdigit():
                                op=int(op)
                                if op>0 and op<11:
                                        break
                                else:
                                        print("\tError, intente otra vez")
                        else:
                                print("\tError, intente otra vez")
                if op==1:
                        total()
                if op==2:
                        apellidos(n)
                if op==3:
                        edades(n)
                if op==4:
                        convertir_a_enteros(Edades)
                if op==5:
                        reportes(n)
                if op==6:
                        print("\nSUMA DE EDADES")
                        print("-"*25);sumaR(n,Edad)
                        print("Se ha calculado recursivamente")
```

```
            if op==7:
                    mostrar()
            if op==8:
                    mat(n)
            if op==9:
                    mostrarM()
            if op==10:
                    promedM()
        while True:
                resp=input("\n¿Desea continuar? (S/N) => ")
                if resp.isalpha():
                        resp=resp.upper()
                        break
                else:
                        print("\tError, intente otra vez")
```
Ln: 161   Col: 0

IDLE Shell 3.10.1   —   □   ×

File Edit Shell Debug Options Window Help

```
              Ingrese cantidad de personas n = 4
------------------------------------------------
Ingrese edad [ 1 ]: 22
Ingrese edad [ 2 ]: 20
Ingrese edad [ 3 ]: 34
Ingrese edad [ 4 ]: 25

Vector con edades=  [22, 20, 34, 25]


------------------------------------------

            La Suma de edades =  101
            Promedio de edades =  25.25
------------------------------------------
            Vector ordenado Ascendente =  [20, 22, 25, 34]
------------------------------------------

            menor edad =  20
            ......-->.  menor = 20
            ......-->.  menor = 20
            ......-->.  menor = 20

                    La menor edad es   =  20
                    Se encuentra en la posición =  2

            Vector Ascendente es =  [20, 22, 25, 34]
            Vector Descendente es   =  [34, 25, 22, 20]

------------------------------------------------

            ¿Sr. desea continuar..? (sí/no)==>
```

```
func2_vect_arg.py - H:/func2_vect_arg.py (3.10.1)*                      —    □    ×
File  Edit  Format  Run  Options  Window  Help

vector=[]
def promedio(vector):
    sec=0
    n=len(vector)
    for i in vector:
        sec=sec+i
    print("-"*40)
    print("\n\t La Suma  Edades es = ",sec)
    prom=sec/n
    print("\t Promedio de edades = ",format(prom,"5.2f"))
    return prom
def menornota(vector):
    lista1=sorted(vector)
    print("-"*40)
    print(" \t Vector ordenado Ascendente = ",lista1)
    print("-"*40)
    me=lista1[0]
    print("\n\t menor edad = ",me)
    c=1
    for i in vector:
        if i!=me:
            print(" \t ......-->.",  " menor =",me)
            c=c+1
        else:
            d=c
    print("\n\t\t La menor edad es   = ",me)
    print("\t\t Se encuentra en la posición = ",d)
    return d
def descen(vector):
```

Ln: 8   Col: 0
```
```

Ejemplo:

Diseñar un programa que permita validar, usando datos de forma aleatoria, y luego leer n persona y sus apellidos, por persona p notas y mostrar su promedio xy. También, mostrar todos sus datos en una lista.

Solución:

```
*IDLE Shell 3.10.1*                                          —  □  ×
File  Edit  Shell  Debug  Options  Window  Help

                1.- Datos autogenerados por el sistema
        _____

                Usuario =  8  aleatorio
                Clave   =  48 aleatorio
        _____


                2.- Datos ingresados por el Usuario
                    Ingrese usuario   = 8
                    Ingrese contraseña = 48
        OK, Bienvenidos

                    Registro de Alumnos
        ------------------------------

        Ingrese total = 3
        Código = 848139

                    Código Autogenerado =  848139D
                Apellido = Cortes
                Nombre   = Luis
            PC1 = 12
            PC2 = 11
            PC3 = 13

                    Código Apellido Nombre  Pc1 Pc2 PC3 promedio
        _____

        _
        Lista    = ['848139D', 'CORTES', 'LUIS', 12, 11, 13, 12.0]
        _____

        Código = 787878                                        v
                                                        Ln: 48  Col: 0
```

```
*func_cdigod.py - C:\Users\User\Desktop\ciclo_2021_2\Clases_2021_II\Alg_2021_II\funcioes_2021I\fu...  —  □  ×
File  Edit  Format  Run  Options  Window  Help

from random import*
def validacion():
    print(" \n\t Módulo de Validación forma aleatoria")
    print("_" *45)
    user=randint(1,10)
    pws=randint(20,50)
    print("\n\t1.- Datos autogenerados por el sistema")
    print("_" *45)
    print(" \t Usuario = ",user," aleatorio")
    print(" \tClave   = ",pws, "aleatorio")
    print("_" *45)
    print("\n\t2.- Datos ingresados por el Usuario ")
```

```python
    while True:
        uss=int(input("\t   Ingrese usuario    = "))
        cla=int(input("\t   Ingrese contraseña = "))
        if user==uss and pws==cla:
            print(" OK, Bienvenidos")
            break
        else:
            print(" Error, volver a leer")
    return
def alumnos():
    print ("\n\tRegistro de Alumnos")
    print("-"*30)
    i=1
    n=int(input(" Ingrese total = "))
    while i<=n:
        letras=["A","B","C","D","E","F","G","H","I","J","K","L","M"]
        codigo=input("Código = ")
```

Ln: 27   Col: 0

```
*func_cdigod.py - C:\Users\User\Desktop\ciclo_2021_2\Clases_2021_II\Alg_2021_II\funcioes...    —    □    ×
File  Edit  Format  Run  Options  Window  Help
```

```python
        cod=codigo;
        suman=0;    t=0;
        alumno=[];
        lista=[]
        while cod>0:
            suman=suman+(8-t)*(cod%10)
            cod=cod//10

            t=t+1
        mod=suman%11
        print("\n\tCódigo Autogenerado = ",str(codigo)+letras[mod])
        codi=str(codigo)+letras[mod]
        alumno.append(codi)
        apellido = input("    Apellido = ").upper()
        alumno.append(apellido)
        nombre =input("    Nombre    = ").upper()
        alumno.append(nombre)
        pc1 =input(" PC1 = ")
        pc1=int(pc1)
        if pc1>=0 and pc1<=20:
            alumno.append(pc1)
            pc2 =input(" PC2 = ")
            pc2=int(pc2)
            if pc2>=0 and pc2<21:
                alumno.append(pc2)
                pc3 =input(" PC3 = ")
                pc3=int(pc3)
                if pc3>=0 and  pc3<21:
                    alumno.append(pc3)
```

Ln: 56   Col: 0

```
*func_cdigod.py - C:\Users\User\Desktop\ciclo_2021_2\Clases_2021_II\Alg_2021_II\funcioes...   —   □   ×
File  Edit  Format  Run  Options  Window  Help

            if pc3>=0 and  pc3<21:
                alumno.append(pc3)
                lista.append(alumno)
                prom=(pc1+pc2+pc3)/3
                alumno.append(prom)
                lista.append(prom)
                print(" \n\t    Código Apellido Nombre  Pc1 Pc2 PC3 pr
                print("_" *60)
                print(" Lista    = ",alumno)
                print("_" *50)
            else:
                print("Error en pc3")
        else:
            print(" Error en pc2")
    else:
        print(" Error en pc1")
    i=i+1
    return
validacion()
alumnos()
                                                             Ln: 79   Col: 9
```

Ejemplo:

Análogo al problema anterior, hacer un informe de una lista y una sublista con datos de alumnos.

Solución:

fun_lstado.py

```
*IDLE Shell 3.10.1*                                          —   □   ×
File  Edit  Shell  Debug  Options  Window  Help

            Usuario =  7  aleatorio
            Clave   =  40  aleatorio
_____
 Ingrese usuario   = 7
 Ingrese contraseña = 40

            Bienvenidos
 Registro de Alumnos
---------------------------------
 Ingrese total = 3
 Código = 909888

            Código Autogenerado =  909888J

            Apellido = Salas

            Nombre   = Ana
 PC1 = 12
     PC2 = 12
     PC3 = 2

            Código Apellido Nombre  Pc1 Pc2 PC3 promedio
_____
 Lista    = ['909888J', 'SALAS', 'ANA', 12, 12, 2, 8.666666666666666]
 Sublista = [['909888J', 'SALAS', 'ANA', 12, 12, 2, 8.666666666666666],
 8.666666666666666]
_____
 Código = 877878
                                                             Ln: 23   Col: 0
```

Ejemplo:

Diseñar un programa para implementar los subprogramas mostrados en la siguiente interfaz.

Solución:

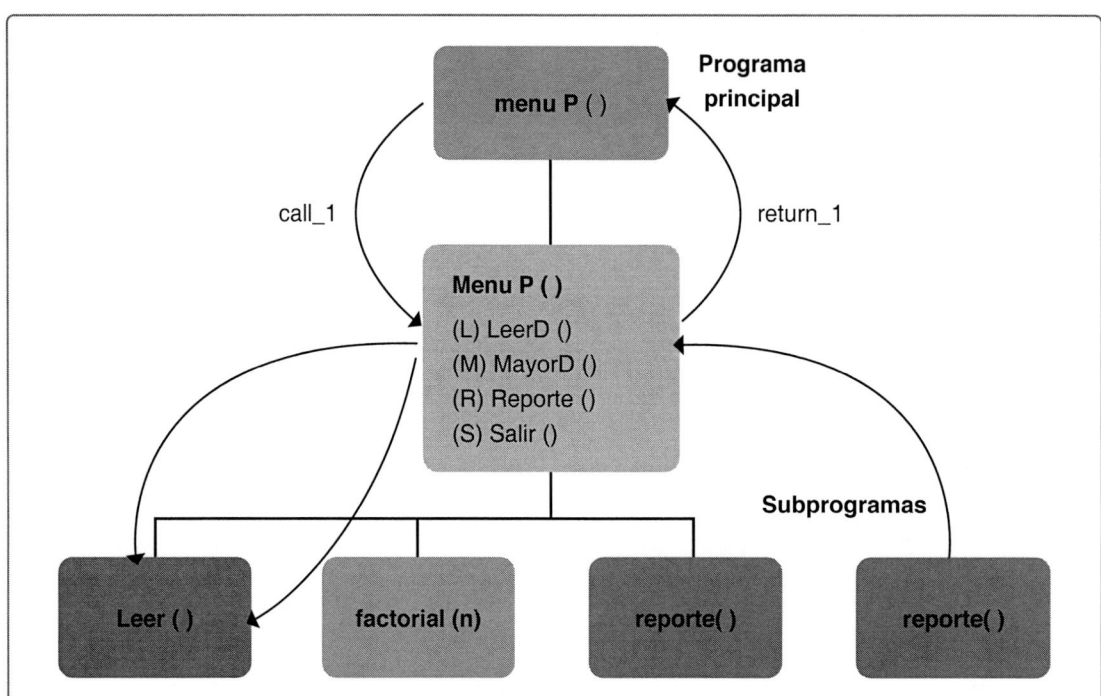

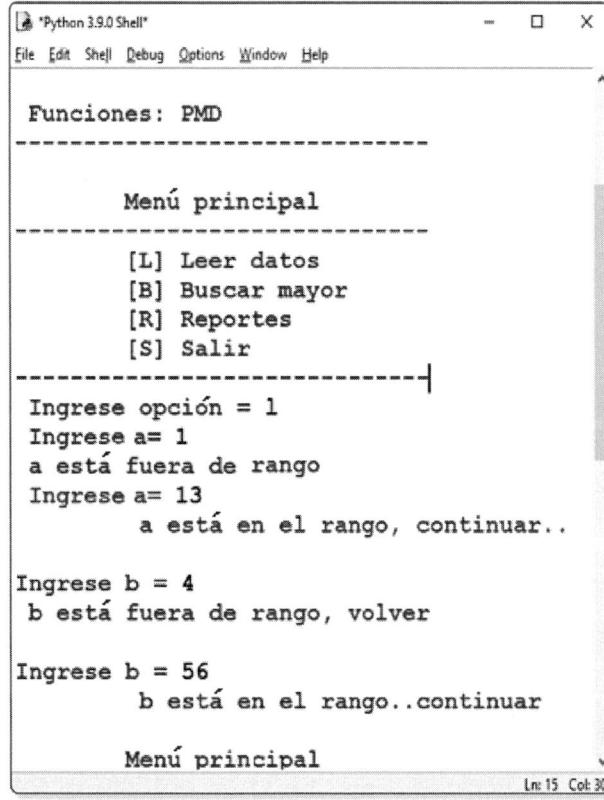

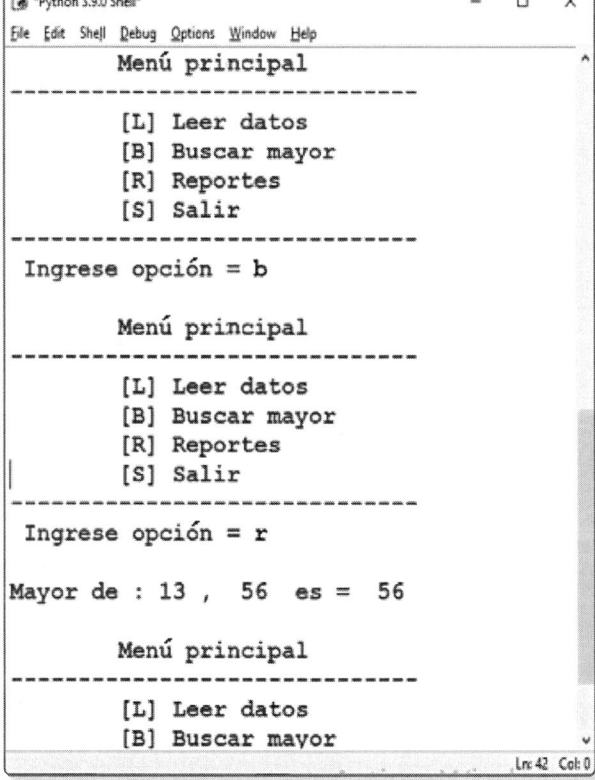

Func_Caso_1_Menu.py - C:/Users/User/Desktop/Func_Caso_1_Menu.py (3.9.4)   — □ ✕

File Edit Format Run Options Window Help

```python
print("\n Funciones: PMD")
print("-" *30)
def leerd():
    global pc1,pc2
    while True:
        pc1=int(input(" Ingrese pc1 = "))
        if pc1>-1 and pc1<21:
            print(" \t pc1 está en el rango, continuar..")
            break
        else:
            print(" pc1 está fuera de rango")
    while True:
        pc2=int(input(" \nIngrese pc2 = "))
        if pc1>-1 and pc1<21:
            print(" \t pc2 está en el rango..continuar  ")
            break
        else:
            print(" pc2 está fuera de rango, volver")
    return
def mayorD():
    if pc1>pc2:
        mayor=pc1
    else:
        mayor=pc2
    return mayor

def reporte():
    print(" \nMayor de :",pc1,",",pc2," es = ", mayorD())
    return
def salir():
    print(" Saldré del sistema")
    exit()
def menup():
    print("\n\tMenú principal")
    print("-" *30)
    print("\t[L] Leer datos")
    print("\t[B] Buscar mayor ")
    print("\t[R] Reportes")
    print("\t[S] Salir")
    print("-" *30)
    opc=input(" Ingrese opción = ")
    if opc=='L' or opc=='l':
        leerd()
        menup()
    elif opc=='B' or opc=='b':
        mayorD()
        menup()
    elif opc =='R' or opc=='r':
        reporte()
    elif opc=='S' or opc=='s':
        salir()
    else:
        print(" opción no disponible, adiós..")
        exit()
    return
if __name__=="__main__" :
        menup()
```

Ln: 45 Col: 0

Ejemplo:

Diseñar un programa para implementar la ilustración de los diversos módulos. Leer notas sin variables simples, luego, para un vector. A continuación, pasarlo a una matriz. Finalmente, invertir los elementos de la matriz.

Solución:

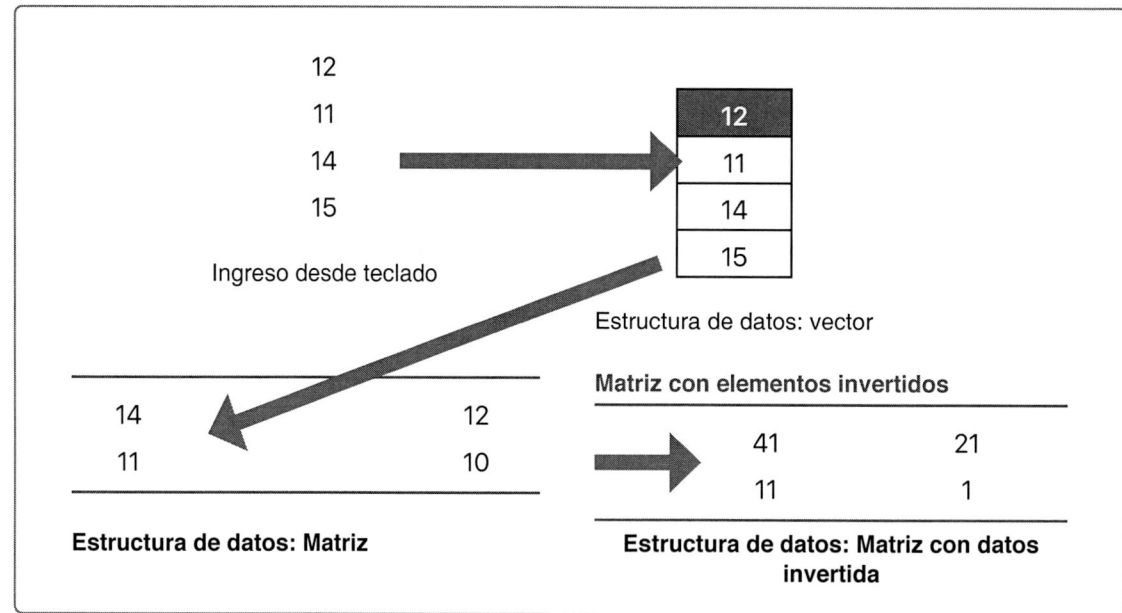

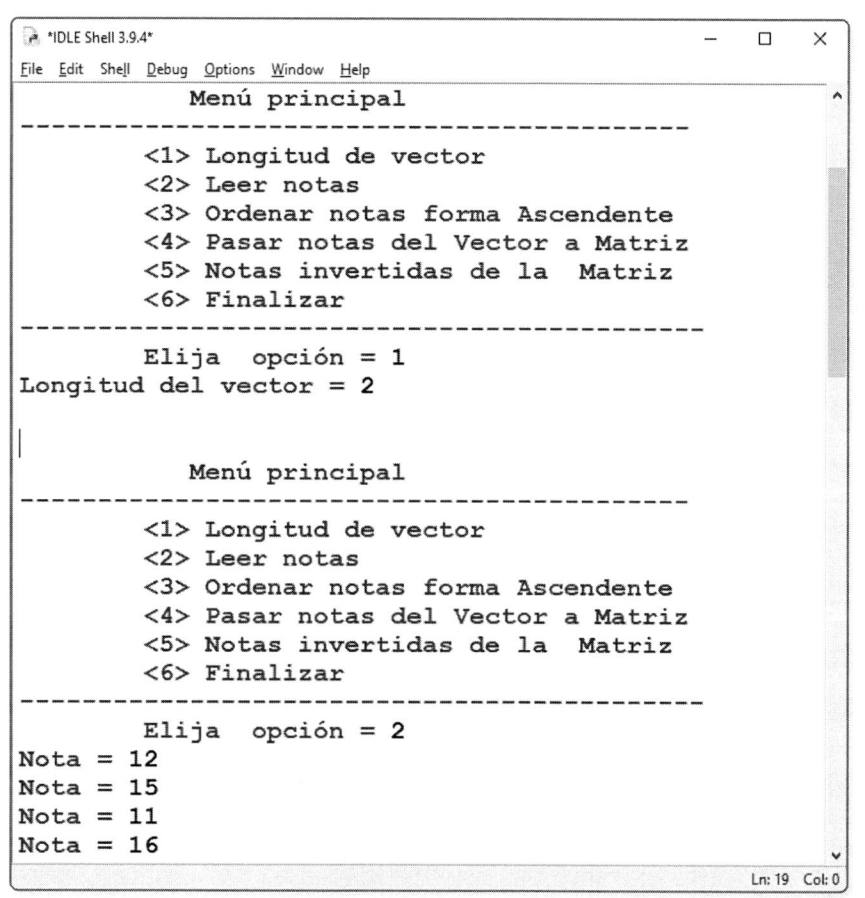

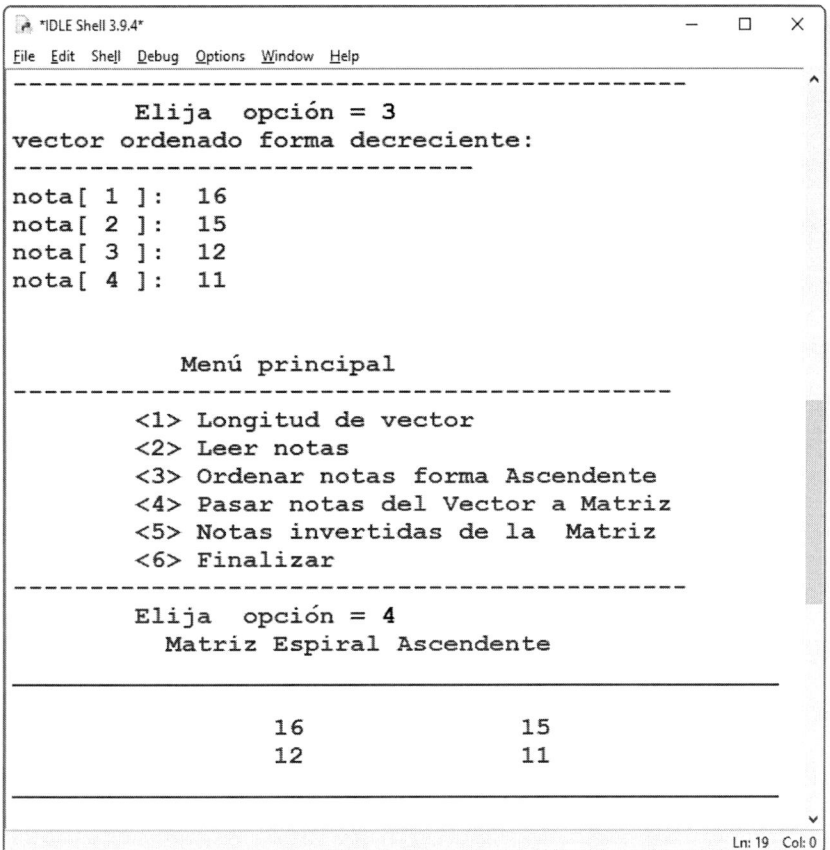

```
*IDLE Shell 3.9.4*                                      —    □    ✕
File  Edit  Shell  Debug  Options  Window  Help
------------------------------------------------
        Elija   opción = 3
vector ordenado forma decreciente:
------------------------------------------------
nota[ 1 ]:   16
nota[ 2 ]:   15
nota[ 3 ]:   12
nota[ 4 ]:   11


        Menú principal
------------------------------------------------
        <1> Longitud de vector
        <2> Leer notas
        <3> Ordenar notas forma Ascendente
        <4> Pasar notas del Vector a Matriz
        <5> Notas invertidas de la  Matriz
        <6> Finalizar
------------------------------------------------
        Elija   opción = 4
          Matriz Espiral Ascendente
    _____

                16              15
                12              11
    _____
                                                   Ln: 19  Col: 0
```

```
*IDLE Shell 3.9.4*                                      —    □    ✕
File  Edit  Shell  Debug  Options  Window  Help
        Elija   opción = 5

        Matriz con Elementos Invertidos
    _____

                61              51
                21              11
    _____


        Menú principal
------------------------------------------------
        <1> Longitud de vector
        <2> Leer notas
        <3> Ordenar notas forma Ascendente
        <4> Pasar notas del Vector a Matriz
        <5> Notas invertidas de la  Matriz
        <6> Finalizar
------------------------------------------------
        Elija   opción =
                                                   Ln: 19  Col: 0
```

```
*matriz_2021_1.py - C:/Users/User/Desktop/ciclo_2022/LP/matriz_2021_1.py (3.9.4)*          —    □    ×
File  Edit  Format  Run  Options  Window  Help
def longitud():
    global n;    global m;    global  matriz
    n=int(input("Longitud del vector = "))
    while(n<=0):
        n=int(input(" Error, volver a escribir"))
    return
def leer_datos():
    global notas
    m=n*n
    notas=[0]*m
    for k in range(m):
        notas[k]=int(input("Nota = "))
        while(notas[k]<0 or notas[k]>20):
            notas[k]=int(input("Error, volver a leer "))
    return
def ordenar_notas():
    for i in range(len(notas)):
        for j in range(len(notas)):
            if notas[i]>notas[j]:
                aux=notas[i]
                notas[i]=notas[j]
                notas[j]=aux
    print("vector ordenado forma decreciente: ")
    print("-"*30)
    for i in range(len(notas)):
        print("nota[",i+1,"]: ",notas[i])
    return
                                                              Ln: 17  Col: 0
```

```
*matriz_2021_1.py - C:/Users/User/Desktop/ciclo_2022/LP/matriz_2021_1.py (3.9.4)*          —    □    ×
File  Edit  Format  Run  Options  Window  Help
def leer_matriz():
    global matriz
    matriz=[[0 for i in range(n)]for j in range(n)]
    k=0
    for i in range(n):
        for j in range(n):
            matriz[i][j]=notas[k]
            k=k+1
    print
    print(" \t  Matriz Espiral Ascendente ")
    print("_"*50)
     for i in range(n):
        print()
        for j in range(n):
            print("\t \t" ,matriz[i][j],end=" ")
    print();    print("_"*50);    return
def notas_invertidas():
    for i in range(n):
        for j in range(n):
            num=matriz[i][j]
            numinv=0
            while(num>0):
                rest=num%10
                num=num//10
                numinv=numinv*10+rest
            matriz[i][j]=numinv
    print()
    print("\t Matriz con Elementos Invertidos  ")
                                                              Ln: 38  Col: 17
```

```
*matriz_2021_1.py - C:/Users/User/Desktop/ciclo_2022/LP/matriz_2021_1.py (3.9.4)*        —  □  ×
File  Edit  Format  Run  Options  Window  Help
    print("\t Matriz con Elementos Invertidos   ")
    print("_"*50)
    for i in range(n):
        print()
        for j in range(n):
            print("\t \t" ,matriz[i][j],end=" ")
    print()
    print("_"*50)
    return
def menu():
        print()
        seguir =1
        while(seguir==1):
                print("\n\t   Menú principal ")
                print("----------------------------------------")
                print("\t<1> Longitud de vector")
                print("\t<2> Leer notas")
                print("\t<3> Ordenar notas forma Ascendente")
                print("\t<4> Pasar notas del Vector a Matriz")
                print("\t<5> Notas invertidas de la  Matriz")
                print("\t<6> Finalizar ")
                print("----------------------------------------")
                opc=int(input("\tElija  opción = "))
                if(opc==1):
                    longitud()
                    print()
                elif(opc==2):
                    leer_datos()
                    print()
                                                    Ln: 68  Col: 0
```

```
*matriz_2021_1.py - C:/Users/User/Desktop/ciclo_2022/LP/matriz_2021_1.py (3.9.4)*        —  □  ×
File  Edit  Format  Run  Options  Window  Help
                    print()
                elif(opc==2):
                    leer_datos()
                    print()
                elif(opc==3):
                    ordenar_notas()
                    print()
                elif(opc==4):
                    leer_matriz()
                    print()
                elif(opc==5):
                    notas_invertidas()
                    print()
                elif(opc==6):
                    print("\tCerrando programa..")
                    input()
                    exit(0)
                else:
                    print("\tNo existe, volver a leer")
                    print()
                    menu()
                                                    Ln: 93  Col: 0
```

Ejemplo:

Diseñar un programa que use las siguientes funciones:

a. Leer().- Permite leer filas y columnas.

b. Puntsxy().- Permite mostrar coordenadas (x,y).

c. Cero_unos().- Permite llenar de unos la diagonal principal, el resto son ceros.

d. Menup().- Llamar a funciones.

Se puede hacer un programa interactivo con el usuario y dar informes de las repeticiones que se desea hacer.

Solución:

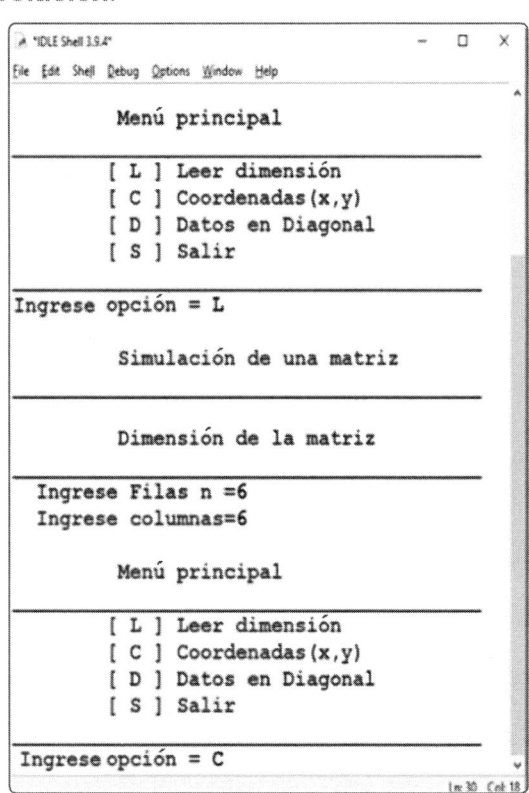

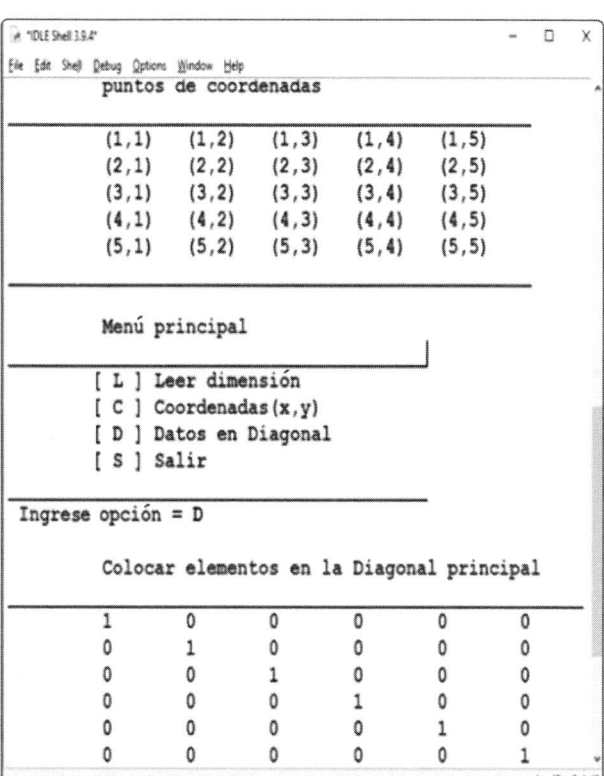

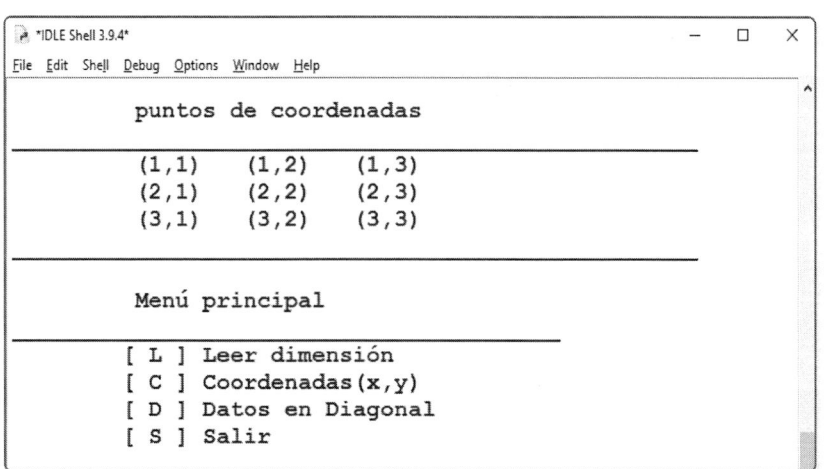

```
Ingrese opción = D

        Colocar elementos en la Diagonal principal


        Fiis    UNI     UNI     UNI
        UNI     Fiis    UNI     UNI
        UNI     UNI     Fiis    UNI
        UNI     UNI     UNI     Fiis


        Menú principal
```
Ln: 36 Col: 0

func_mat.py - C:/Users/User/Desktop/ciclo_2022/func_mat.py (3.9.4)   —   □   ×

File Edit Format Run Options Window Help

```python
    return
def salir():
    print(" Ud. saldrá del sistema")
    input(" Presione tecla.....")
    exit()
    return
def menup():
    print("\n\t Menú principal")
    print("_" *40)
    print("\t[ L ] Leer dimensión ")
    print("\t[ C ] Coordenadas(x,y)   ")
    print("\t[ D ] Datos en Diagonal ")
    print("\t[ S ] Salir ")
    print("_" *40)
    opc=input(" Ingrese opción = ")
    if opc=='L':
        leer()
        menup()
    elif opc=='C':
        puntosxy()
        menup()
    elif opc=='D':
        ceros_unos()
        menup()
    elif opc=='S':
        salir()
    else:
        print(" opción fuera de rango")
if    name    == "  main  " :
```
Ln: 50 Col: 0

```
*func2_vect_arg.py - H:/func2_vect_arg.py (3.10.1)*                    —    □    ×

File  Edit  Format  Run  Options  Window  Help

def descen(vector):
    vector_ord=sorted(vector)
    vector.sort(reverse=True)
    print("\n\t Vector Ascendente es = ",vector_ord)
    print("\tVector Descendente es   = ",vector)
    print("-"*50)
    return vector_ord
print("\n\t Funciones con parámetros Arreglos ")
print("_" *40)
resp="si"
while resp=="""si":
    n=input("\n\tIngrese cantidad de personas n = " )
    if n.isdigit():
        n=int(n)
        print("-"*50)
        for j in range(n):
            while True:
                print("Ingrese edad [",(j+1),"]: ",end="")
                elem=input()
                if elem.isdigit():
                    elem=int(elem)
                    if elem<=100:
                        vector= vector+[elem]
                        break
                    else:
                        print("Ingrese una edad correcta")
                else:
                    print("Ingrese un número válido")
        print("\nVector con edades= ".vector)
        print()
        promedio(vector)
        menornota(vector)
        descen(vector)
    else:
        print("Ingrese un dato válido")
    while True:
        resp=input("\n\t¿Sr. desea continuar..? (sí/no)==>")
        if resp.isalpha():
            resp=resp.lower()
            if resp=="no":
                print(" Hasta luego..")
            break
        else:
            print(" Ingrese una opción válida")

                                                        Ln: 70   Col: 21
```

```
*func_cdigod.py - C:\Users\User\Desktop\ciclo_2021_2\Clases_2021_II\Alg_2021_II...   —   □   ×
File  Edit  Format  Run  Options  Window  Help
from random import*
def validacion():
    print(" \n\t Módulo de Validación forma aleatoria")
    print("_" *45)
    user=randint(1,10)
    pws=randint(20,50)
    print("\n\t1.- Datos autogenerados por el sistema")
    print("_" *45)
    print(" \t Usuario = ",user," aleatorio")
    print(" \tClave   = ",pws, "aleatorio")
    print("_" *45)
    print("\n\t2.- Datos ingresados por el Usuario ")
    while True:
        uss=int(input("\t   Ingrese usuario   = "))
        cla=int(input("\t   Ingrese contraseña = "))
        if user==uss and pws==cla:
            print(" OK, Bienvenidos")
            break
        else:
            print(" Error, volver a leer")
    return
                                                            Ln: 17   Col: 52
```

Ejemplo:

Diseñar un programa usando la técnica PMD, que contenga dos funciones:

a. validar().- Función n que permite generar de forma aleatoria usuarios y claves; luego, desde el teclado, leer usuario y clave. Si es correcto, se ejecutará la función alumnos().

b. alumnos().- Permite leer datos de alumnos por código, que es autogenerado con el algoritmo de módulo 11, apellidos, nombres, tres prácticas y su promedio. Luego, mostrar los datos y el promedio en una lista y sublista.

Solución:

```
func_cdigod.py - C:\Users\User\Desktop\ciclo_2021_2\Clases_2021_II\Alg_2021_II\funcioe...   —   □   ×
File  Edit  Format  Run  Options  Window  Help
def alumnos():
    print ("\n\tRegistro de Alumnos")
    print("-"*30)
    i=1
    n=int(input(" Ingrese total = "))
    while i<=n:
        letras=["A","B","C","D","E","F","G","H","I","J","K","L","M"]
        codigo=input("Código = ")
        codigo=int(codigo)
        cod=codigo;   suman=0;    t=0; alumno=[];   lista=[]
```

```python
    while cod>0:
       suman=suman+(8-t)*(cod%10)
       cod=cod//10
       t=t+1
    mod=sumaf%11
    print("\n\tCódigo Autogenerado = ",str(codigo)+letras[mod])
    codi=str(codigo)+letras[mod]
    alumno.append(codi)
    apellido = input("    Apellido = ").upper()
    alumno.append(apellido)
    nombre =input("    Nombre   = ").upper()
    alumno.append(nombre)
    pc1 =input("  PC1 = ")
    pc1=int(pc1)
    if pc1>=0 and pc1<=20:
       alumno.append(pc1)
       pc2 =input("  PC2 = ")
       pc2=int(pc2)
       if pc2>=0 and pc2<21:
          alumno.append(pc2)
```

func_cdigod.py - C:\Users\User\Desktop\ciclo_2021_2\Clases_2021_II\Alg_2021_II\funcioe...   □   ×

File   Edit   Format   Run   Options   Window   Help

```python
       if pc2>=0 and pc2<21:
          alumno.append(pc2)
          pc3 =input("  PC3 = ")
          pc3=int(pc3)
          if pc3>=0 and  pc3<21:
             alumno.append(pc3)
             lista.append(alumno)
             prom=(pc1+pc2+pc3)/3
             alumno.append(prom)
             lista.append(prom)
             print(" \n\t   Código Apellido Nombre  Pc1 Pc2 PC3 pr
             print("_" *60)
             print(" Lista    = ",alumno)
             print("_" *50)
          else:
             print(" Error en pc3")
       else:
          print(" Error en pc2")
    else:
       print(" Error en pc1")
    i=i+1
  return
validacion()
alumnos()
```

Ln: 71   Col: 13

Ejercicios con funciones:

1. Diseñar una función conteo(n) que entregue la cantidad de divisores enteros positivos que tiene un número n. Escribir un programa de prueba que use la función escrita para encontraqué número, entre 1 y 100, tiene más divisores enteros.

2. Diseñar un programa de prueba que use la función primo y encuentre dos números enteros aleatorios menores que 100, tales, que su suma sea también un número primo.

3. Diseñar una función perfecto(n), que determine si un número entero dado n es un número perfecto. Un número perfecto debe ser igual a la suma de todos sus divisores enteros menores que el valor del número; por ejemplo, 28 = 1 + 2 + 4 + 7 + 14. Diseñar un programa de prueba que use la función escrita y encuentre los números perfectos entre 1 y 1000.

4. Diseñar una función suma(n) que entregue la suma de las cifras de un número dado n. Con esta función, escribir un programa que genere diez números aleatorios entre 1 y 100. Encontrar cuál de ellos tiene la mayor suma de sus cifras.

5. Diseñar una función cuad(n) que determine si el cuadrado de un número natural n dado es igual a la suma de los primeros n números impares. Por ejemplo: $6^2 = 1 + 3 + 5 + 7 + 9 + 11$. Diseñar un programa de prueba que ingrese un dato desde el teclado, use la función y muestre el resultado en la pantalla.

6. Diseñar una función secuencia1(n) que entregue el n-ésimo término de la siguiente secuencia, en la cual cada término, a partir del tercero, se obtiene sumando los dos anteriores: 1, 1, 2, 3, 5, 8, 13, 21... Escribir un programa de prueba que ingrese un dato desde el teclado, use la función y muestre el resultado en la pantalla.

7. Diseñar una función secuencia2(n) que entregue el n-ésimo término de la siguiente secuencia, en la cual cada término, a partir del cuarto, se obtiene sumando los tres anteriores: 1, 1, 1, 3, 5, 9, 17, 31, 57... Escribir un programa de prueba que ingrese un dato desde el teclado, use la función y muestre el resultado en la pantalla.

8. Diseñar una función sim(x) que reciba un entero y determine si es simétrico, es decir, si los dígitos opuestos alrededor del centro son iguales. Escribir un programa de prueba que genere números aleatorios entre 1 y 10 000, hasta obtener un número que sea simétrico.

9. Diseñar una función alfin(n) que entregue como resultado la cantidad de veces que debe lanzarse un dado hasta que salga un número n dado como parámetro. Escribir un programa de prueba que ingrese un dato desde el teclado, use la función y muestre el resultado en la pantalla.

10. Diseñar una función conteo(x) que determine la cantidad de términos que deben sumarse de la serie: 1 * 2 * 3 + 2 * 3 * 4 + 3 * 4 * 5 + 4 * 5 * 6... hasta que la suma exceda a un valor x dado. Escribir un programa de prueba que genere un número aleatorio para x entre 1 y 1000, use la función y muestre el resultado en la pantalla.

11. Diseñar una función fact(n), que reciba un número entero n y devuelva su factorial. Escribir un programa de prueba que genere un número aleatorio entero k entre 1 y 10. Usar la función y mostrar la suma de los factoriales de los primeros k números naturales.

12. Diseñar una función sumadiv(n) que reciba un número entero n y devuelva la suma de sus divisores. Escribir un programa de prueba que ingrese un dato desde el teclado, use la función y muestre el resultado en la pantalla.

13. Diseñar un programa recursivo que contenga los siguientes subprogramas donde cada uno realiza sus tareas específicas. Desde el programa principal, llamar a cada subprograma.

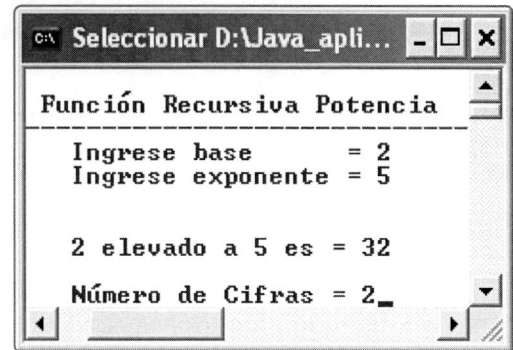

- **a. potencia(int base, int expon).-** Función que devuelve la potencia de un número entero.

- **b. contar(int numero).-** Función que devuelve el número de cifras de potencia.

- **c. binarios(int numero).-** Función que devuelve el resultado de la potencia expresado en forma binaria.

- **d. Programa principal.-** Permite hacer la lectura de los números, base y exponente, y, luego, "llama" a las funciones respectivas.

14. Diseñar un programa compuesto por los siguientes subprogramas, donde cada uno realiza las tareas específicas que se le asigne:

- **a. LeerCodigo().-** Subprograma que permite al usuario ingresar un código tipo entero, formado solo por 6 dígitos respectivamente. El código no debe repetirse (es único).

- **b. Cantidad_Digitos().-** Permite totalizar el número de dígitos que tiene el código ingresado. Por cada obtención de un dígito, se debe mostrar su parte entera y, a la vez, el número de veces del proceso respectivo.

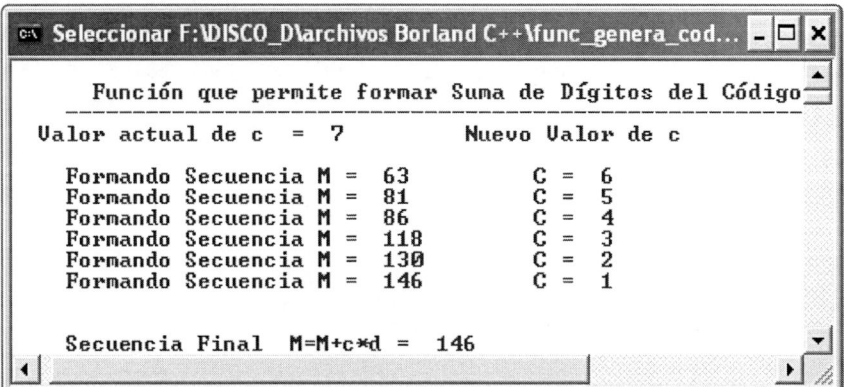

- **c. Forma_Suma().-** Subprograma que permite formar una secuencia de dígitos que representa la suma acumulada de estos, los mismos que permiten obtener el resto del módulo 11.

d. Resto_Modulo_11().- Función que calcula el resto de la suma acumulada de los dígitos del código. El valor se divide entre 11 para calcular el resto, valor que permite hacer una correspondencia de su letra respectiva. Por ejemplo: código = 848139.

Suma = 8 * 2 + 4 * 3 + 8 * 4 + 1 * 5 + 3 * 6 + 9 * 7 = 146, resto =146%11 = 3. Este resto corresponde a la letra D, si fuera 0 a la letra A, si fuera 1, corresponde a la letra B, y así sucesivamente.

Código generado = 848139D

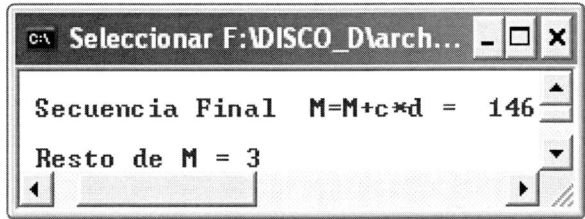

Las letras disponibles son ABCDEF.

e. imprimir().- Subprograma que imprime el código ingresado y su letra generada bajo el concepto de módulo 11.

Observación:

Después del diseño de los subprogramas, definir el programa principal que permita "llamar" a los subprogramas respectivos.

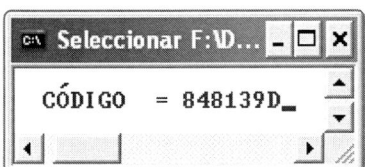

15. En un concurso de belleza, participan doce señoritas candidatas. El jurado ha establecido cuatro criterios de evaluación: belleza, inteligencia, cuerpo y desenvolvimiento, donde cada criterio tiene un puntaje de 1 a 10. Simular los resultados generando puntuación aleatoria para los criterios de evaluación y para todas las señoritas candidatas. Asimismo, mostrar en un formato de salida adecuado a los resultados obtenidos por cada participante. Determinar el número de la candidata ganadora (que obtuvo la mayor puntuación) y enviar el siguiente mensaje: "Ganó la concursante Nro ..". Si existen varias, dar un mensaje adecuado: "Hay más de una ganadora". En el caso de que hubiera más de una ganadora, este programa arrojel resultado y el análisis del mismo. Se deben usar los siguientes subprogramas:

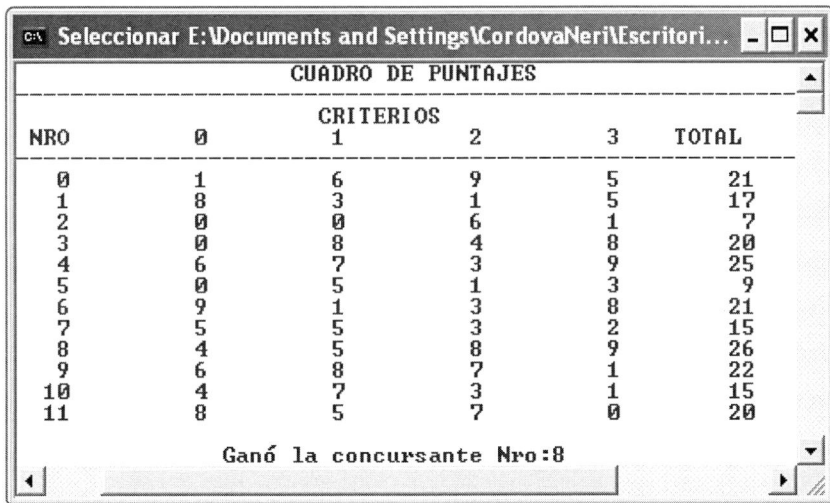

a. GeneraResultadosAleatorios().- Subprograma que almacena datos de tipo enteros (solo dígitos) y, de forma aleatoria, en una matriz de filas (número de participantes) y columnas (criterios de evaluación).

b. PuntuaciónParticipantes().- Determina puntos y, por cada participante, los guarda en un vector Total[].

c. Mayorpuntuación().- Busca el número de ganadoras e indica el lugar (ubicación) respect la mayor puntuación dentro del vector. Totaliza si existe más de una ganadora (con igual puntos).

d. Informes().- Imprime valores generados aleatoriamente en la matriz, así como datos del vector Total[] que representan acumulados de evaluación por participante. Asimismo, presenta el siguiente mensaje: "Hay más de una ganadora". Y si existe más de una: "Ganó la concursante Nro---:".

Observación:

El programa principal debe llamar a los subprogramas.

16. El director de un colegio debe procesar los datos de sus alumnos por asignaturas, donde cada una tiene secciones, alumnos y notas. Se debe leer el número de asignaturas y, por cada una, leer el nombre (cadena). Para cada asignatura, leer el número de secciones (máximo cinco, que son caracteres: A, B, C, D y E). Por cada sección, leer el número de alumnos (máximo cuarenta) y, por cada uno, leer su apellido y el número de prácticas (máximo cinco). Luego, emitir los siguientes informes:

a. Listado por nombre de asignatura, secciones, nombre de alumnos y sus notas.

b. Listado por nombre de asignatura, secciones, nombre de alumnos y su promedio de prácticas, eliminando la menor nota.

c. Listado por nombre de asignatura, secciones y su promedio por sección respectivamente.

d. Listado de alumnos del tercio superior en cada sección y nombres respectivamente.

e. Listado de alumnos por nombres y ordenados de forma ascendente por sección.

f. Promedio de todas las secciones.

g. Sección con mayor promedio y sección con menor promedio.

Solución:

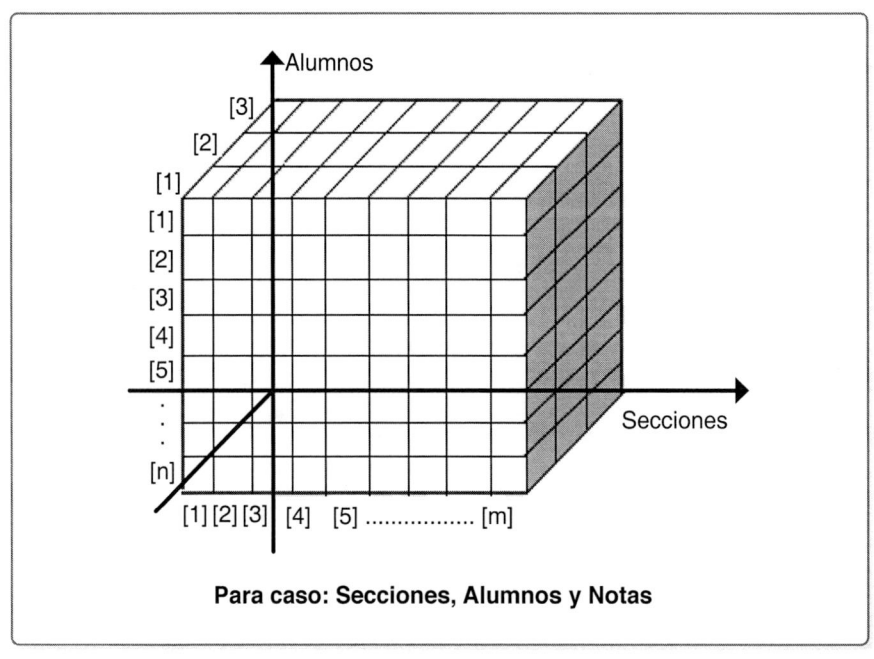

Para caso: Secciones, Alumnos y Notas

17. Diseñar un programa que permita realizar los siguientes procesos, para lo cual debe diseñar los siguientes subprogramas:

Validación ().- Permite validar datos del usuario alumnos por clave = 100. Si el dato es incorrecto, el sistema envía el mensaje "Sr. Usuario, Ud. ingresó sus datos incorrectamente, hasta luego". Si el dato de entrada es correcto, el programa procesa los siguientes subprogramas:

a. **LeerPracticas(p1,p2,p3,p4)**.- Permite leer cuatro prácticas calificadas, eliminando la de menor nota.

b. **LeerExamenes(ex_Parcial, ex_Final, ex_sust)**.- Permite leer tres exámenes: examen parcial y examen final. Para los casos b y c, las notas solo deben estar en el rango [0..20].

c. **CalculaPromedioPracticas(p1,p2,p3,p4)**.- Utiliza las prácticas ingresadas en caso b y permite calcular el promedio de prácticas, donde:

Promediopracticas=((p1+p2+p3+p4)/-menor)/3

d. **CalculaPromedioFinal(exp,exf)**.- Utiliza el promedio de prácticas y los exámenes, ingresados en la parte c, y permite calcular el promedio final, donde:

promedioFinal=(Promediopracticas +exp+exf)/3

Se debe usar el examen sustitutorio que reemplaza al parcial o final si el alumno está suspenso.

e. **ImprimirPromedios(promedioFinal)**.- Permite emitir un informe del promedio del curso. El programa debe ser interactivo y debe procesar notas por cada asignatura. El sistema emite el mensaje "Sr. Desea continuar...?.. (S/N) →". Cuando edite S, está en programa interactivo y, cuando edita N, el programa finaliza con la ejecución.

18. Diseñar un programa que permita ingresar un número entero positivo compuesto por solo dos dígitos; luego, calcular el factorial de tal número, usando los siguientes subprogramas:

a. **Lectura(int)**.- Permite leer solo el número entero positivo.

b. **CalcularFactorial(n)**.- Calcula el factorial del número n.

c. **Invertir(int)**.- Permite mostrar el resultado del factorial en forma invertida.

d. **CuentaDigitosParesImpares(int)**.- Los resultados de la parte c se usan para conocer el total de dígitos pares (incluye el cero), así como el total de impares.

e. **Informes()**.- Permite mostrar el factorial del número ingresado; asimismo, el factorial invertido.

19. Diseñar un programa que utilice los siguientes subprogramas:

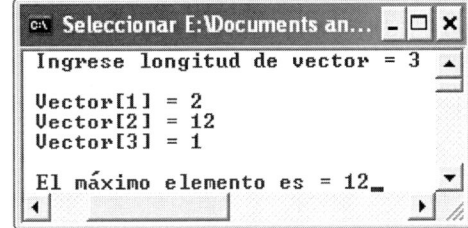

a. **longitud(p)**.- Permite leer el tamaño del vector.

b. **lectura(p,a[])**.- Permite leer elementos tipo enteros en el vector.

c. **max(p,a[])**.- En forma recursiva, permite devolver el máximo valor que se localice en el vector.

20. Diseñar un programa "no recursivo" que contenga los siguientes subprogramas, donde cada uno realiza sus tareas específicas. Desde el programa principal, "llamar" a cada subprograma.

a. **longitud(int)**.- Permite al usuario definir el tamaño o longitud del vector.

b. **lectura(int a[10], int pos[10], int l)**.- Permite almacenar en cada vector edades y su posición respectiva.

c. **ordenar(int edad[10],int pos[10], int l)**.- Permite ordenar de forma ascendente las edades, conservando su posición original.

d. informes(int a[10],int pos[10], int l).- Permite generar informes de edades y su posición original.

e. Programa principal.- Permite llamar a los subprogramas. Debe ser interactivo con el usuario.

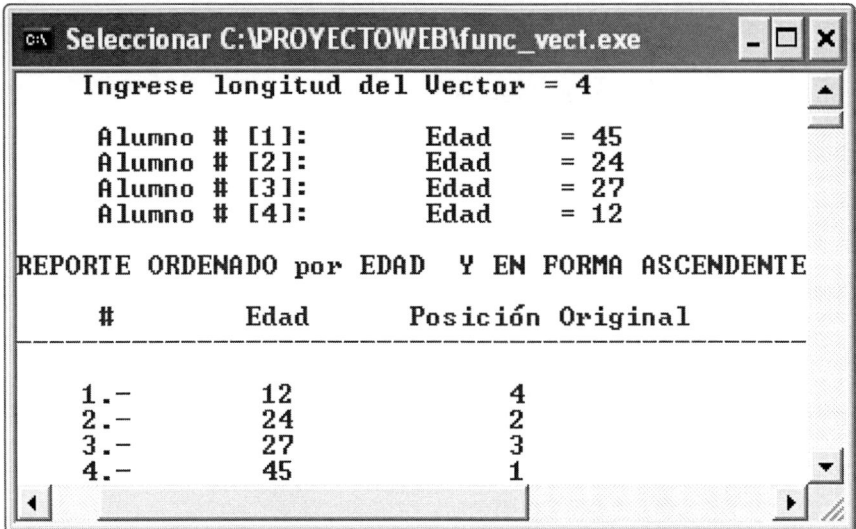

```
C:\  Seleccionar C:\PROYECTOWEB\func_vect.exe      _ □ ×

    Ingrese  longitud  del  Vector  =  4

    Alumno # [1]:       Edad     = 45
    Alumno # [2]:       Edad     = 24
    Alumno # [3]:       Edad     = 27
    Alumno # [4]:       Edad     = 12

REPORTE  ORDENADO  por  EDAD   Y  EN  FORMA  ASCENDENTE

    #           Edad         Posición  Original
_____

    1.-          12               4
    2.-          24               2
    3.-          27               3
    4.-          45               1
```

21. Diseñar un programa recursivo que contenga los siguientes subprogramas y donde cada uno realice sus tareas específicas. Desde el programa principal, llamar a cada subprograma.

a. leer(int n, int x[ ]).- Proceso que permite al usuario definir el tamaño o longitud del vector; asimismo, realiza la lectura de datos.

b. sumad(int n, int x[ ]).- Función recursiva que devuelve la suma acumulada de los elementos del vector. Asimismo, informa parcialmente el número de "llamada" a la función. En la siguiente figura, se ilustran tales procesos.

```
C:\  Seleccionar D:\Java_aplicaciones_2007\Escritorio_Domingo_censo\func_r...  _ □ ×

  Ingrese  longitud  --> 3

  A[0] = 6
  A[1] = 3
  A[2] = 8

  Ud. está en llamada # 1       Suma acumulada parcial = 6
  Ud. está en llamada # 2       Suma acumulada parcial = 9

  Ud. está en llamada ..# = 3   Suma acumulada en última Llamada= 17


          ==> Se llamó 2 veces la función Recursiva <==_
```

La siguiente aplicación permite procesar información de un conjunto de n alumnos (n<=1000) usando los siguientes atributos: nombre (cadena 20) y código (solo de tres dígitos). En esta aplicación, se ilustra la técnica de diseño tipo top-down: diseño modular dependiente, basado en el concepto de procedimientos (procesos) y funciones. También se resalta las técnicas de listas y tablas (matriz) para procesar cadenas. A continuación, se describe cada módulo y la tarea específica que realiza:

a. Longitud.- Proceso para definir la cantidad de alumnos. En la siguiente figura, se ilustra la ejecución de este módulo, donde para iniciar se ingresan dos alumnos, pues existen procesos que requieren por lo menos dos o más alumnos para realizar instrucciones (ordenamiento). Asimismo, iniciar con dos alumnos es condición necesaria y suficiente. Más adelante, mediante el módulo de inserción, se pueden registrar nuevos alumnos.

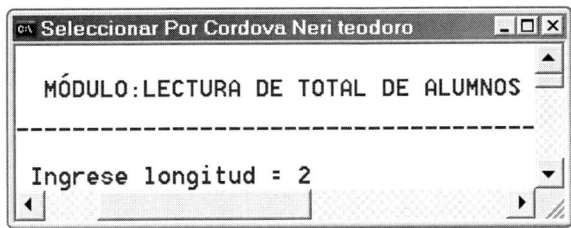

b. Lectura.- Proceso donde el usuario ingresa los datos de alumnos por nombres (cadena 20) y se almacena en una matriz. Su código se almacena en un vector según el tamaño de alumnos. En la siguiente figura, se ilustra el proceso de entrada de datos al sistema.

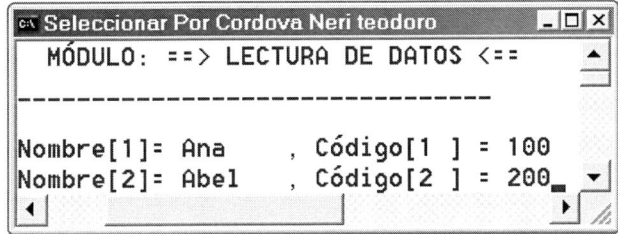

c. Informes().- Procedimiento que permite generar un listado de los alumnos y sus datos ingresados. Asimismo, indica la posición de cada registro. Este dato es importante cuando se realiza el ordenamiento y permite conocer el lugar inicial de ingreso del registro. En la siguiente figura se ilustra el proceso de entrada de datos al sistema.

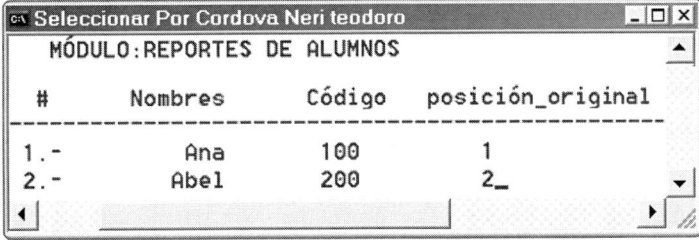

d. OrdenarNombresAsc().- Proceso que permite ordenar datos de alumnos por nombre y de forma ascendente. Usando el proceso informes(), se genera el informe respectivo.

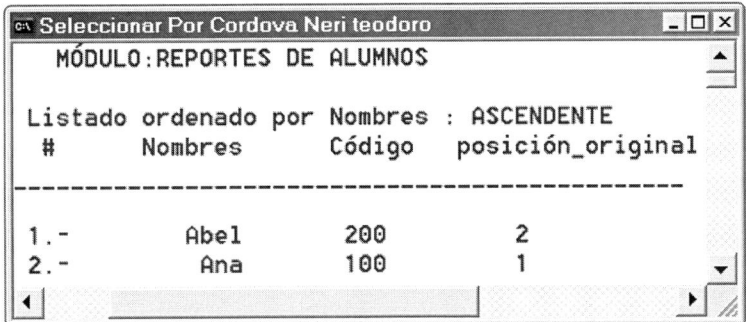

e. BuscarNombre().- Proceso que permite al usuario realizar búsquedas de alumnos por nombre. En las figuras adjuntas, se ilustra y verifica que los compiladores hacen una diferencia entre letras mayúsculas y minúsculas. Asimismo, este proceso permite al usuario, de forma interactiva, informar sobre la existencia del alumno y el reporte acumulado si hubiera varios alumnos con el mismo nombre.

f. OrdenarcodigoAsc().- Procedimiento que permite generar un informe de alumnos ordenados de forma ascendente, tal y como se ilustra en la siguiente figura.

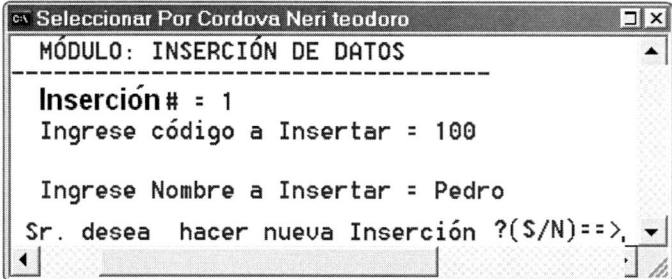

g. Insertar().- Proceso que permite insertar un nuevo registro (lo importante es mostrar cómo insertar una cadena en una matriz). Observar que el código 100 se repite, pues se hace con la finalidad de que el usuario identifique esta acción.

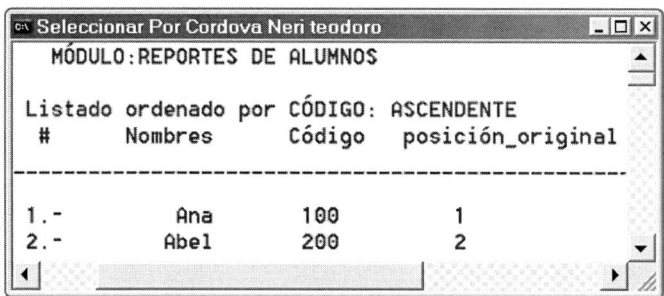

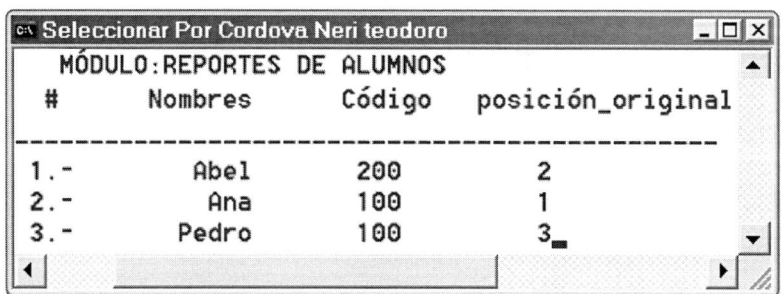

h. Eliminación().- Procedimiento que permite eliminar registros que tienen el mismo código. Ver figuras adjuntas (para esta aplicación se ha considerado el ingreso de códigos sin valida. Este dato es único en sistemas reales).

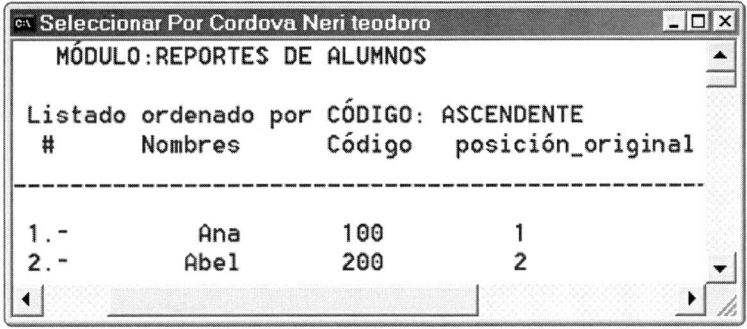

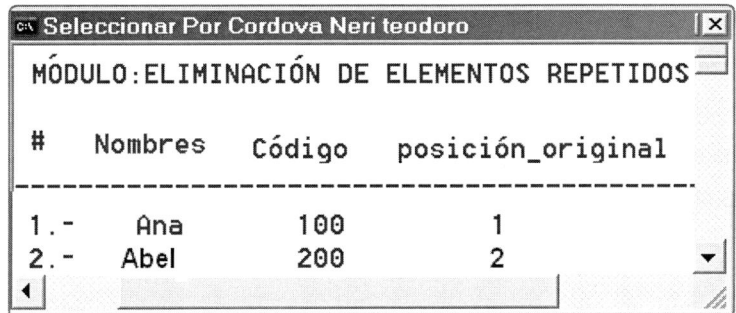

22. Diseñar un programa que contenga los siguientes subprogramas:

a. longitud(entero a).- Procedimiento que permite definir el total de elementos (cinco o más alfanuméricos) para procesar el subprograma Validación().

b. Validación(entero x).- Procedimiento que permite al usuario leer dígitos y letras. La validación del procedimiento consiste en ingresar dígito por dígito desde el teclado (capturados automáticamente). Si después de un dígito se ingresa una letra, el sistema envía inmediatamente el mensaje "Error!!! Deben ser solo dígitos, ingrese de nuevo = " e indica que vuelva a ingresar un dígito (los datos anteriores no se eliminan). Este proceso se repite hasta que se satisfaga la cantidad de elementos ingresados en el subprograma longitud(a). Después de completar el proceso, se debe generar los siguientes informes: los caracteres ingresados como una cadena y los dígitos ingresados como una cadena numérica.

```
Seleccionar C:\Documents and Settings\Teodoro\Escritorio\Reg...   _ □ ×

        Procesando datos alfanuméricos

  Edite cantidad de números a ingresar( deben ser>4): 5


  Ingrese cadena de solo números: 6m
  Error!!! Deben ser solo dígitos,ingrese de nuevo = 69k
  Error!!! Deben ser solo dígitos,ingrese de nuevo = 697p
  Error!!! Deben ser solo dígitos,ingrese de nuevo = 6971
  Error!!! Deben ser solo dígitos,ingrese de nuevo = 69712


        Caracteres Ingresados = mkp
        Secuencia de dígitos = 69712

        Secuencia invertida = 21796_
```

c. **invertirsec(entero q)**.- Función que recibe la cadena alfanumérica convertida en un número entero. Luego, procesa y devuelve el número invertido.

23. Diseñar un programa que permita usar los siguientes subprogramas:

a. **numero(entero n)**.- Procedimiento que permite leer un número entero.

b. **ordenaasc(entero r)**.- Función que recibe como parámetro el número ingresado y después procesa para devolver el número ordenado de forma ascendente.

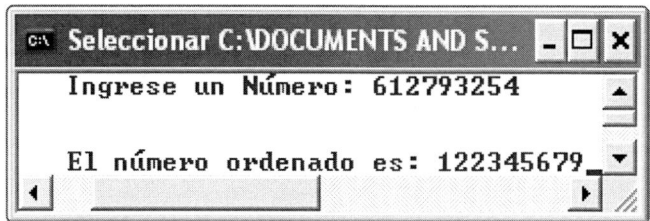

24. Diseñar un programa que permita usar los siguientes subprogramas:

a. **leenumero()**.- Procedimiento que permite leer un número N > 0.

b. **recursiva(entero N, entero aux)**.- Procedimiento recursivo que procesa el número e informa las parejas(a,b) que se pueden formar,bajo la condición a >= b.

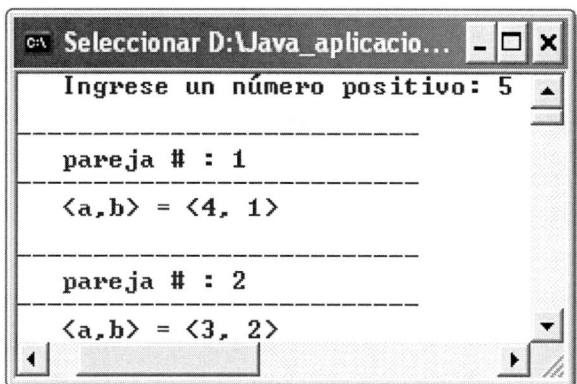

25. Diseñar un programa que contenga los siguientes subprogramas:

a. **dimension(entero n)**.- Procedimiento que permite definir la dimensión de una matriz.

b. **lectura(entero a[10][10], entero tam)**.- Procedimiento que permite al usuario leer elementos de tipo enteros y almacenarlos en la matriz respectiva.

c. **ingrese de nuevo = "**,.- Indica que se vuelva a ingresar un dígito (datos anteriores no se eliminan).

d. **sumadiag(entero a[10][10], entero tam)**.- Función que recibe datos de la matriz y la dimensión. Luego, en forma recursiva, devuelve la suma acumulada de los elementos de la diagonal de tal matriz. El programa debe ser interactivo con el usuario, para lo cual se debe leer la cadena Sí / No.

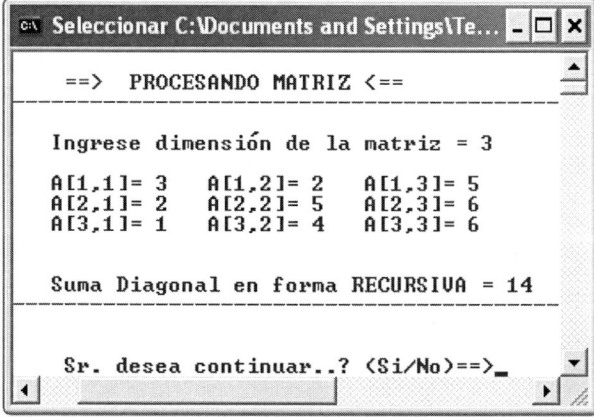

26. Diseñar un programa compuesto por los siguientes subprogramas:

a. **longitud_Vector(ib[], m)**.- Subprograma (procedimiento) para la lectura del tamaño del vector.

b. **lectura_Edades(b[], m)**.- Subprograma (procedimiento) para la lectura de edades en el rango [10..99].

c. **ordena(b[], n)**.- Subprograma (procedimiento) que ordena las edadesde forma ascendente.

d. **pares_impares(b[],n)**.- Subprograma (función) que devuelve información de vectores con edades pares e impares, además de la secuencia de edades que forman en cada vector.

e. **informes()**.- Subprograma (procedimiento) que realiza un informe de edades ordenadas de forma ascendente.

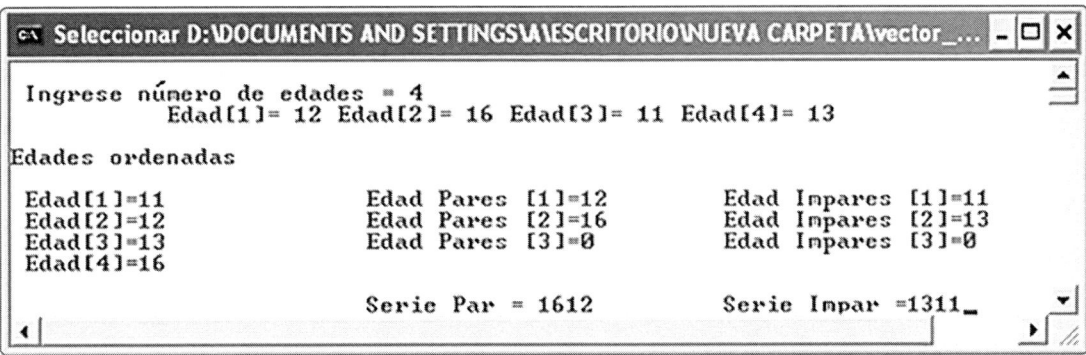